KB146737

분노란 무엇인가
Anger

고대 그리스부터 현대까지, 분노를 해석하는 12 가지 담론

분노란 무엇인가

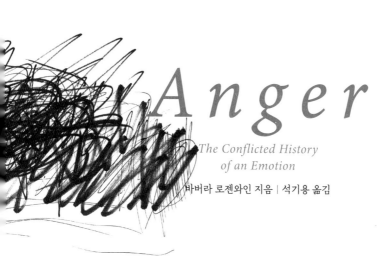

Anger

The Conflicted History
of an Emotion

바버라 로젠와인 지음 | 석기용 옮김

타인의사유

Contents

Part. 1 '거의' 절대적으로
거부되는 분노에 대하여

Part. 2 악덕과 미덕 사이의
분노에 대하여

Part. 3 자연스러운
분노에 대하여

○ 리처드 뉴하우저, 아리조나대학교 중세 영어학 교수
○ 존 제프리스 마틴, 듀크대학교 역사학과 교수

도대체 요사이 무슨 일이 일어난 걸까? 무엇이 당신을 그리 화나게 했고, 언제부터 그 화를 마음껏 표출하기 시작한 걸까? 분명 뭔가 있었던 게 틀림없다. 그전까지만 해도 분노의 기본값은 악덕이었고, 어쩌다가 미덕으로 대접받는 형편이었기 때문이다.

낙태 문제 때문인가? 브렉시트 때문인가? 기후 변화 때문인가? 민주주의의 종언 때문인가? 환경 악화 때문인가? 파시스트의 준동 때문인가? 곳곳에서 무도한 일들이 도사리고 있는 지금, 세상에는 글로 담을 수 있는 것보다 더 많은 분노의 원인이 존재하며, 그것들은 당장이라도 우리의 성미 급한 노기를 북돋아 찬양하거나 저 깊은 양심에 용기를 불어넣을 태세를 하고 있다. 그런 만큼 분노가 지금 우리 삶에 어떤 의미가 있고 또 앞으로 어떤 의미를 지니게 될지, 한 걸음 뒤로 물러나 깊이 숙고해보는 일은 현재 시점에서 특히 중요한 문제이다.

분노가 악덕인지 미덕인지에 대한 연구는 윤리학, 법학, 철학, 신학에서부터 인류학, 행동 사회학, 심리학에 이르기까지 많은 분야와 인접해 있지만, 바버라 로젠와인이 이 책에서 입증한 바와 같이 정서 연구와도 가까이 있다. 그녀의 중요한 통찰 중 하나는 우리가 똑같지 않은 많은 감정과 행동에다 '분노'라는 이름표를 똑같이 붙임으로써, 아주 복잡한 문제를 단순화했다는 것이다. 또한 서로 다른 집단들이 매우 다른 자극에 대해 저마다 자기네가 분노라고 부르는 반응을 보이는데, 이런 '정서 공동체들emotional communities'은 특정 정서를 중시하거나 경시하며 정서 표현에 대해서 그와 같은 규범을 고수한다.

가장 흔한 것은 분노를 어떤 정서적 기층의 과잉 혹은 결핍으로 여기는 것이다. 기본 감정the Basic Emotion 분석가들은 분노를 표정에서 감지하고 측정할 수 있는 인간의 천성적 요소라고 생각했다. 심리적 구성주의자들은 분노를 감정 처리 과정의 일부로 봤다. 소위 행화주의자enactivist는 '분노'라 부를 수 있는 내장 배선 회로를 이야기했는데, 이 회로는 그것이 발현되는 사회에 좌우된다. 사회구성주의자들에게 분노란 사회에서 활동하는 개인과 사회가 제공하는 도구들(언어, 사회적 배경 등)이 공동으로 빚어내는 것이다.

당연한 일이지만, 서로 다른 정서 공동체마다 분노의 도덕적 유인가誘引價(어떤 사물이나 현상이 지닌 심리적 매력 또는 심리적으로 끄는 힘의 정도-옮긴이) 역시 다르게 설정된다. 우선 한쪽에서는 분노를 도덕적으로 부정적 유인가라고 본다. 불교도는 고통과 압박에서 벗어나는 하나의 단계로서 철두철미하게 분노를 피하려 한다. 세네카 같은 스토아주의자는 분노가 생겨날 때 적극적으로 대항해 그것을 막아야 한다고 충고했다. 데카르트 같은 몇몇 신新스토아주의자는 분노를 인정하고 합리적으로 분석하여 그것을 오히려 분노를 경멸하는 도덕적 태도의 기반으로 변모시키는 것이 최선이라고 생각했다. C. 피터 뱅카르트C. Peter Bankart 같은 불교치료사에서부터 분노 관리 요법에 배어있는 신스토아주의의 흔적들에 이르기까지, 분노라는 이 위험한 정서의 효과들을 완화하고자 고안된 치료법들은 해로운 분노에 대한 성찰에 주목했다.

그렇다면 신의 지당한 노여움뿐만 아니라 자신의 노여움 역시 미덕이라고 주장하는, 즉 분노를 도덕적으로 긍정적 유인가라고 해석하는 인간들의 경우는 어떨까? 기독교 공동체는 도덕을 바로잡는 데 이바지한다면 정당한 분노로 여긴다. 성聖 아우구스티누스는 분노는 죄인이 아니라 죄를 향해야 한다고 말했다. 흄 같은 자율주의자Autonomist는 다른 사람의 악덕에 반대하기 위해 분출한 분노는 도덕의 원천이 될 수 있다고 보았다. 루소는 사회적 불의에 대한 분노를 미덕으로 변모시켰다.

누군가는 전형적인 노여움의 시대로 역사상의 다른 시기를 언급할 수도 있겠지만, 분명 지금 우리는 분노가 넘치는 시대를 살고 있다. 그러다 보니 우리의 일생에서 분노를 피하거나, 조절하거나, 방향을 바꾸거나, 관리한다는 것이 정말로 가능할지 의문이 드는 것도 사실이다. 게다가 어쩌면 우리는 정치적·국민적·민족적·종교적 정체성 상실의 위협에 맞서 싸우기 위해 다 함께 나서야 하는 분노 역사의 새 국면에 진입한 것일지도 모른다.

이런 고민의 순간, 바버라 로젠와인의 책은 '분노'에 대한 인류의 과거 행적을 정서와 윤리의 측면에서 추적한다. 그리고 이런 지적 탐험을 통해 우리 자신에 대해 더 많이 알게 될수록, 더 훌륭한 통찰과 더 나은 성과 속에서 정서적이고 윤리적이고 정치적인 삶을 살아낼 수 있을 거라 약속하고 있다.

머리말

호메로스의 『일리아드』는 뮤즈에게 이렇게 명령하는 장면으로 시작한다. "분노를, 오, 여신이여, 아킬레우스의 분노를 노래하소서!" 그렇다면 어떤 의미에서 '분노'는 서구 기록문학에 등장하는 첫 번째 단어인 셈이다. 하지만 『일리아드』를 분노에 대한 이 책의 출발점으로 삼아도 괜찮을까? 현대의 많은 주석자들이 그렇게 생각하기는 한다. 실제로 에밀리 카츠 앤홀트Emily Katz Anhalt는 분노를 애호하는 우리의 태도를 극복하기 위해 『일리아드』 같은 그리스 신화를 읽을 필요가 있다고 주장한다. 아킬레우스의 분노가 자아내는 공포를 묘사하고 있는 장면이 오늘날 우리에게 폭력의 시대에 저항해야 한다는 깨우침을 주리라는 것이다.

그러나 아킬레우스의 분노를 연구하는 것이 유용할지는 몰라도, 그의 분노가 우리의 분노와 똑같은 것은 아니다. 그의 분노는 고대 그리스의 다른 모든 분노와도 똑같지 않다. 당시에 그리스에는 분노를 가리키는 단어가 적어도 2개 있었으며, 의미도 2개였고, 그래서 추정컨대 2개의 감각이 있었을 것이다. 우리가 가진 분노는 역사의 산물이다. 우리의 분노는 호메로스가 노래한 그런 종류의 분노를 실제 포함할 수도 있지만, 그것 말고도 다른 많은 감정의 전통들도 아우른다. 이 책은 그중 가장 중요한 전통 몇 가지를 다룰 것이다.

내가 『일리아드』에서 시작하는 것을 선호하지 않는 이유가 바로 그것이다. 나는 차라리 나 자신의 이야기에서 시작하고 그런 다음 과거의 인간사를 되돌아보고자 한다.

세 살 때 내게는 사랑스러운 고무 아기 인형이 있었다. 물을 삼켜서 침을 흘리거나 소변을 보게 할 수도 있는 인형이었다. 정말, 끝도 없이 매혹적이었다. 나는 그 인형을 지독히 사랑했다. 하지만 한편으로 나는 거실 소파 뒤에 숨어서 그 인형을 주먹으로 호되게 연신 두들겨 패곤 했다. 그러다 전환점이 된 날을 분명히 기억한다. 엄마가 손님에게 이렇게 말씀하시는 걸 들은 것이다. "저 아이 안에는 분노가 많이 들어있어요." 엄마가 내 이야기를 하고 있었다. 나는 멈췄다. 부끄러웠다. 그리고 생각했다. 내가 많이 갖고 있다는 이 분노라는 게 도대체 뭐지?

어릴 때 내게는 분노의 많은 본보기가 있었다. 물론 그 불쌍한 인형에게 저지른 짓이 그런 본보기들 때문은 아니다. 우리 집에는 그 인형 말고 매 맞는 사람은 아무도 없었으니까. 하지만 부모님은 많이 싸우셨다. 평소에도 나는 여동생과 함께 소파 뒤에 숨어서 부모님의 말싸움을 지켜보곤 했다. 게다가 그런 말싸움과 별개로, 아버지는 직장과 상사에 대해 자주 노발대발했다. 반면 새내기 예술가였던 어머니는 외할머니와 아버지에게 여자가 직업을 가지면 안 된다는 소리를 들었다. 여자는 집안 살림이나 하고 아이를 돌봐야 한다는 거였다. 어머니는 날마다 외할머니와 전화로 언쟁을 벌였고 집안일을 지긋지긋해했다. 그럼에도 어쨌든 가구에 먼지 터는 일을 매일 해야 했으니, 어머니는 사실상 늘 화가 나있었던 셈이다.

어린 시절, 내 주변 어디에서나 분노를 목격할 수 있었고 경험했다는 사실은 "내 안에 분노가 많이 들어있어"라는 말을 쉽게 꺼내도록 도와준다. 이를테면 화내는 이유를 변명하기 위해 어린 시절의 경험을 핑계로 댈 수도 있을 것이다. 많은 사람이 적어도 가끔은 그렇게 한다. 지금 내가 이렇게 된 데에는 부모의 책임이 크다고 주장하는 식이다. 아니면 부모님을 비난하는 대신, 사람은 원래 분노를 많이 품고 태어나는 법이라서 나 역시 분노가 많은 거라고 주장할 수 있다. 분노는 영장류한테 고유하게 나타나는 보편 정서이고, 이성과는 별개로 생존에 유용하며, DNA를 통해 사람들에게 전수되어온 거라고 말이다.

이것들이 내 분노를 바라보는 평범한 시각들이며, 아마 다른 사람들의 분노에 대해서도 마찬가지일 것이다. 하지만 이런 시각들은 부적합하다. 먼저 DNA 논증에 이의를 제기해보자. 왜냐하면 그 논증이 옳고 우리는 그저 분노를 느끼도록 프로그래밍된 존재일 뿐이라면, 더는 알아야 할 것이 없기 때문이다. 특히 이 책에서 다루려는 주제들에 관해서라면 더욱 그렇다. 그러나 '분노'는 인간 정신에 미리 탑재된 상태로 그냥 주어지는 것이 아니다. 우리가 생을 시작할 때 그런 단어나 그렇게 잘 정의된 감정 같은 것은 주어져있지 않다. 일부 문화에서는 그런 감정에 정확히 일치하는 개념조차 없다는 사실을 고려할 때, 그런 사이비 진화론적 접근에 내재한 문제점들은 경계해야 마땅하다. '사이비 진화론'이라고 말할 수 있는 이유는 최근 과학자들이 DNA는 바뀌기 쉽고, 진화는 심지어 한 세대 내에서 매우 빠르게도 일어날 수 있다는 사실을 발견했기 때문이다. 바뀌지 않을 만큼 선천적으로 단단히 배선된 것은 아무것도 없다.

신경심리학자 리사 펠드먼 배럿Lisa Feldman Barrett은 우리 인간에게 무언가 프로그램이 있다면, 그것은 바로 '학습 행위'라고 지적한다. 우리 뇌는 매개자이자 온도조절장치이다. 뇌는 내부의 감각과 외부의 감각을 둘 다 항시 감독하고 있으며, 그런 감각들을 이해하고자 노력하고, 생존에 이바지하는 신체 상태를 만들어가는 작업에 나선다. 아기 때는 무엇이 다양한 감각을 생성하는지 알지 못한다. 그러나 주변 사람들이 소위 '화났다'라고 부르는 특정한 방식들로 대화하고 처신할 때, 우리는 그 항목 아래 다양한 감정들을 한데 뭉쳐놓고 연습하기 시작한다. 진정한 '내장 배선'은 이런 종류의 지식에서 생긴다. 즉, 우리는 특정 가족, 학교, 이웃과 함께 삶을 협의하고 그 과정에서 단서를 포착해가면서 비로소 배선을 깔게 되는 것이다. 주변 환경 속의 사람들이 특정한 감정들을 '분노'라 부를 때, 즉 고무 인형에 주먹을 날리거나 직장 상사에게 노발대발하는 행동에 '분노'라는 이름표를 붙일 때, 우리는 비로소 우리의 감정과 타인의 감정에 대한 이름을 가지게 된다. 따라서 다른 단어들을 사용하고 감정과 행동이 달리 평가되며 여타 접점들은 차단되어 있는 사회들에서는, 뇌라고 하는 그 모니터가 제공하는 매우 다른 관찰 결과들의 집합에 분노라는 이름표가 붙을 수도 있다. 더불어 그런 사회들에서는 우리가 분노라고 부르는 감정이 우리가 수치스럽거나 슬프다고 부르는 상태 혹은 수치스러우면서 동시에 슬프기도 한 상태의 감정들과 결합할 수도 있으며, 그런 감정들은 영어에서 정서를 표현할 때 사용하는 그 어떤 단어와도 연동되지 못하고 엉뚱한 이름을 부여받을 수도 있다. 'Anger(분노)'는 영미권의 용어이지 보편적인 용어가 아니다.

지금 당장은 이 정도로 DNA 논증을 처리하기로 하자. 양육에 관련된 어떤 논증은 더 복잡하다. 확실히 아동기 환경은 나중의 정서적 삶을 설명하는 데 도움을 준다. 그러나 우리의 부모 역시 그들 부모와 그들 부모의 양육으로 지금의 모습이 되었다. 우리도 그렇지만 부모도 진공 속에서 살지 않는다. 우리는 모두 소위 정서 공동체에서 산다. 이 정서 공동체라는 용어가 무엇을 의미하는지 우선 짧게 소개하겠다. 하지만 이 책을 읽어가다 보면 그 의미는 점차 더 분명해질 것이다.

정서 공동체란 정서 행동에 관하여, 그리고 더 나아가 감정 그 자체에 관하여 똑같거나 매우 유사한 규범과 가치를 공유한 집단을 일컫는다. 다음의 벤 다이어그램에 대해 생각해보자. 이 그림에서 각각의 원은 같은 시기에 존재하는 서로 다른 정서 공동체를 표시한다. 각각의 공동체는 일부 정서를 선호하고 일부 정서를 멀리한다. 각 공동체는 자신들의 정서를 어떤 특유의 방식으로 표현하며, 특정 지점들에서는 교차한다.

| 정서 공동체 벤 다이어그램 |

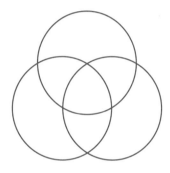

하지만 이제 이런 식의 벤 다이어그램에 관한 생각은 부디 멈춰주기를 바란다. 왜냐하면 이런 벤 다이어그램에는 적어도 네 가지 결함이 있기 때문이다. 첫째, 모든 원을 다 똑같은 모양과 크기로 그리고 있다. 둘째, 각각의 원이 다 닫혀있다고 암시한다. 분명 정서 공동체들은 개방적이고 통기성이 있으며 적응하고 변화할 줄 알며 시시때때로 통합하기까지 하는데도 불구하고 그렇다. 셋째, 원들끼리 전혀 겹치지 않게 선만 붙인 채 그릴 수도 있고, 아니면 최대한 멀리 떨어지게 그릴 수도 있다는 가능성을 무시했다. 넷째, 이 벤 다이어그램은 서로 다른 공동체 모두를, 아니 적어도 다수를 포함할 수 있는 더 커다란 원을 고려하지 않았다. 우리 가족이 대표적

이다. 내가 성장하던 시절, 우리는 힘겹게 사는 저소득 중산층의 도시 유대인 정서 공동체에 속해있었다. 우리는 확실히 소수자였고 유대인 공동체 내에서도 그랬다. 회당을 중심으로 조직화한 형태의 종교를 거부했기 때문이다. 동시에 우리 가족은 특정 지점들에서는 더 큰 정서 공동체들과 교차했다. 특히 텔레비전에 등장하는 단란한 가족의 이상을 표상하는 공동체와 그랬다. 그러면서 또 동시에 내 부모님은 그보다 더 중요한 지적 공동체, 무엇보다도 시카고대학교로 대표되는 공동체의 일원이었다. 두 분 다 그 학교에 다니셨고, 당시에 그 학교는 고귀한 정신의 거점으로 여겨졌다.

나를 보고 '화났다'라고 말했을 때 어머니는 이성적이면서 동시에 감정적인 상태에 있었다. 어머니는 '객관적'으로 관찰하고 있었다. 맞다. 하지만 배후에 어떤 감정이 있었다. 이 경우에는 거부감이었다. 이성과 감정을 가르는 확고한 경계선 같은 것은 없다. 우리는 어떤 동기가 있어서 여러 가지 일에 대해 말하고, 생각하고, 관여한다. 그러고 싶어서, 그러기 싫어서, 그럴 수밖에 없어서, 그럴 필요가 있어서 그렇게 한다. 그럴 때 우리의 감정은 아주 미지근할 수도 있고 감춰져 있을 수도 있지만, 어쨌든 작동하고 있다. 그래야만 한다. 왜냐하면 그런 감정이란 지속해서 감시하고 매개하는 우리 뇌의 산물이기 때문이다.

그리고 단지 뇌만이 아니다. 오늘날엔 모든 것을 뇌로 설명하는 게 유행이지만, 뇌가 우리의 감정과 관계가 있다는 사실은 아주 최근에서야 인정된 것이다. 많은 초기 사상가들에 따르면, 감정은 영혼과 동급이라 할 '마음' 안에 있고, 흔히 영혼과 그 안의 감정은 간, 창자, 혹은 (가장 흔하게는) 심장 안에 있다. 몇몇 현대 과학자들이 이런 아주 오래된 관점들의 타당성을 재발견하고 있다. 기억을 떠올려보면 우리도 평소에 사람들을 만나서 그냥 편하게 심장(가슴)이 감정의 거처인 것처럼 말할 때가 있다. "마음이 무겁습니다My heart is heavy." "내 가슴은 사랑으로 가득 차있어요My heart is full of love." "심장이 철렁했어요My heart skipped a beat." 우리 몸 전체가 우리의 감정과 우리가 감정에 관해 생각하는 방식에 연루되어 있다. 분노만 보더라도 그렇다. "머리 꼭대기까지 화가 치밀어 올랐어." "그녀가 내 신경을 긁고 있어." "그는 씩씩대며 당장이라도 들이받을 준비가 되어있었어." 밸런타인데이에 뇌 스캔 영상을 보내는 사람은 아무도 없다. 사랑을 뜻하는 이모티콘이 뇌 스캔 영상이 아니라 하트 그림과 웃는 얼굴인 데는 훌륭한 이유가 있다.

우리는 곧 몸과 마음이다. 그리고 몸이 단련되듯이(묵언 기도를 하며 절을 올린다거나, 마라톤을 한다거나, 학교에서 책상에 조용히 앉아있다거나), 마음도 특정 종류의 감정을 알고 반응한다거나, 일부는 승인하고 또 어떤 일부는 금지한다거나 하는 등의 단련을 할 수 있다. 나는 어머니에게 그분이 생각한 분노란 무엇인지를 배웠다. 나는 인형에게 주먹을 날리는 것은 분노를 표현하는 올바른 방법, 승인된 방법이 아니라는 것을 이해했으며, 우리 가족이라는 정서 공동체에서 분노를 어떻게 표현해야 하는지 알게 되었다. 이를테면, 슬픔을 가미해서 유창하고 극적으로 표현해야 한다는 것을 말이다.

결혼 후 남편의 정서 공동체에서 매우 다른 분노 개념을 발견했을 때, 나는 또 다른 것을 배웠다. 그 분노는 개인적인 것이 아니라 정치적인 분노였다. 그 분노는 자기연민의 분노가 아니라 정의로운 분노였다. 나는 분노가 어떤 개인이 아니라 마땅히 '시스템'을 겨냥해야 한다는 사실을 알게 됐다. 그렇다면 이런 배움이 내가 느껴왔던 분노의 방식을 정말로 변화시켰을까? 물론 그렇긴 하다. 하지만 그것이 단지 나의 이야기만은 아니다. 우리는 모두 사고의 인도를 받는다. 내 말은, 단지 철학자들이 제안하는 사상만이 아니라(실은 그런 경우는 아마 가장 드물 것이다) 우리와 중요한 관계가 있는 온갖 유형의 사람들이 전하는 생각들에 영향받는다는 뜻이다. 많은 이들이 분노의 정당화 여부에 관심이 있다. 사랑하는 사람을 향해서 표현하는 분노가 어떨 때 그럴 수밖에 없는 것인지, 뒤에서 빵빵거리는 운전자에게 격분하는 것에 아무 문제가 없는지 등에 대해서 말이다. 이는 '수용할 수 있는' 분노의 유형이 무엇인지에 관한 질문들이며, 피터 스턴스Peter Stearns과 캐럴 스턴스Carol Stearns가 30년도 더 전에 보여준 바와 같이 그런 질문에 대한 답변은 시간이 흐르면서 바뀌어왔다. 스턴스 부부는 이런 기준들의 변화에 관한 자신들의 연구를 '정서학emotionology'이라고 불렀다. 설령 분노가 보편적이라고 하더라도(실은 그렇지는 않다) 그것을 표현하거나 억압하거나 제거하거나 승화하거나 지향하기로 되어있는 방식들은 지속적인 변천의 대상이 되어왔다. 그렇다, 사람들이 새로운 기준에 충분히 관심을 두고 그것에 관해 읽어보게 되는 시점(혹은 강연을 통해 들어본다거나, 치료사에게 배워본다거나, 혹은 라디오나 블로그에서 접하게 된다거나 하는)부터 '실생활'에서 그것을 실천에 옮기게 되기까지에는 시차가 있다. 하지만 결국에는 효력을 발휘하며, 그 효력은 아주 클 수 있다. 우리는 이 책을 통해 일상생활의 분노 및 분노 행동에 관한 사고와 이론 간의 상호작용을 보게 될 것이다.

내 어머니의 "저 아이 안에 분노가 많이 들어있어요"에 생기를 불어넣는 정서론은 어머니의 DNA가 아니라 어머니의 정서 공동체, 즉 동유럽 유대인 마을에서 건너온 이민자들의 관념, 기준, 관행의 혼합물에서 유래했다. 거기에 제2차 세계대전 이후 미국을 강타했고 내 가족이 개종자다운 열의로 신봉했던 프로이트의 정신분석학적 가설들, TV 시트콤 프로그램에 비친 국내 환경, 그리고 그밖에 더 많은 요소가 영향을 미쳤다. 이 책은 바로 그 '더 많은 요소'에 관심이 있다. 만약 나 자신의 분노를(그리고 각자 자신의 분노를) 이해하고자 한다면 그것의 많은 가능성을 탐구할 필요가 있으며, 거기에는 우리가 '분노'라고 부르는 그것이 오로지 매우 다양한 감정들을 아우르는 편리한 단어로서만 존재할 개연성도 포함되기 때문이다. 내가 여기서 분노의 간략한 정의를 제공하지 않는 이유가 바로 그것이다.

우리는 분노가 어떻게 기능하는지, 우리 공동체 말고 다른 정서 공동체들에서는 그것이 어떻게 기능해 왔는지, 그런 몇몇 공동체들이 어떻게 흥하고 망했으며 그런 와중에도 어떻게 분노가 여전히 우리 주변에 남아있는지, 이런 의문들을 다양한 저술과 자료, 여러 집단의 관행과 가르침을 통해 살펴볼 필요가 있다.

분노는 아주 쉽게 이해할 수 있을 것처럼 보인다. 사람들은 누구나 자기가 언제 화를 내는지 안다고 생각하며 다른 이의 분노 역시 알아볼 수 있다고 꽤 확신한다. 그러나 넘겨짚은 이런 생각들은 진실과는 아주 거리가 멀다. 우리의 분노 안에는(그리고 저들의 분노에도) 온갖 의미의 영역이 전부 도사리고 있다. 앞으로 책장을 넘기면서 다양한 종류의 분노와 그런 분노를 대하는 매우 다양한 태도를 보게 될 것이다. 모든 것이 잠재적으로 유용하다. 실제로 결이 다른 분노 개념들과 격노, 안달, 원망, 좌절 등의 다양한 감정들이 우리 안에서, 우리 가족과 우리 이웃 안에서, 그리고 그 너머의 영역 안에서 서로를 밀치며 복작거리고 있다. 어떤 사람들은 우리의 수많은 분노(대단히 기쁘고, 무섭고, 놀랍고, 강력한)가 미묘한 사회 조직을 찢어놓지나 않을까 걱정한다. 그러나 그런 걱정을 하게 되는 부분적인 이유는 우리가 서로 다른 아주 많은 감정과 행동에 '분노'라는 이름표를 붙임으로써 매우 복잡한 문제를 단순화하기 때문이다. 이 책은 그렇게 다루기 어려운 특수한 사례들을 애써 끄집어냄으로써 우리 자신과 우리 시대에 대한 새로운 전망을 제공하고자 한다.

Part. 1

‘거의’
절대적으로
거부되는
분노에
대하여

chapter. 1

불교

:
부처의
설법에서
마음챙김
프로그램까지

나는 내가 소파 뒤에서 나쁜 짓을 하고 있었다는 것을 알았다. 어머니의 목소리 낌새가 그렇다고 내게 말해주었으니까. 아마도 약 2500년 전의 부처라면, 내 분노가 비뚤어지고 자멸적이라며 잘못이라는 데 동의했을 것이다. 또한 부처는 그 분노가 다른 대상 즉 내 인형에게도 파멸적이므로, 궁극적으로 2배로 자해적인 일이 되는 셈이라고 지적했을 것이다. 왜냐하면 모든 이가 서로에게 애착을 갖고, 심지어는 미워하는 사람에게조차 집착하듯이(부처의 견해에 따르면 그렇다) 나도 그 인형에게 애착을 갖고 매달려 있었기 때문이다.

팔리어로 써진 불교 경전 모음인 '삼장Tipitaka(세 광주리라는 뜻이며 팔리정전巴利正典이라고도 불린다. 율장律藏, 경장經藏, 논장論藏으로 구성되어 삼장三藏임-옮긴이)'을 보면, 부처가 나의 분노를 나무란다고 하더라도, 내가 그 분노를 곧장 솎아낼 수 있다고는 생각지 않았음을 알게 된다. 나의 '깨달음awakening'을 가로막아 끝없는 윤회의 굴레(아니, 더 정확히 말하자면 반복되는 죽음이다)에서 벗어나지 못하게 만들고 그로 인해 영원한 고통의 운명을 선사하는 모든 번뇌 속에서, 분노만 따로 떼어놓을 수는 없는 노릇이기 때문이다. 삶은, 모든 삶은, 모든 이의 삶은 고통을 의미한다. 쾌락이 없는 것은 아니다. 아주 많은 쾌락이 존재한다. 심지어 분노에도 나름의 쾌락이 있다. 그러나 분노의 기쁨은 나머지 모든 것과 마찬가지로 덧없고, 불확실하며, 따라서 만족스럽지 않다.

분노(팔리어로는 'kodha', 산스크리트어로는 'krodha')는 일군의 심적 번뇌에 속하는 것으로서, 더 큰 심성 범주인 '증오'에 포함된다. 우리 사회에서는 증오를 분노와 조심스럽게 분리한다. 우리 법체계에서 '증오범죄'는 다른 동기로 인해 저지르는 거의 모든 범죄보다 더 나쁘다. 대조적으로 갑작스레 격노하여 저지르는 범죄는 사실상 다른 범죄들에 비해 과실이 덜하다. 가해자 본인이 아니라 가해자의 울분을 접하고 도저히 참을 수 없었던 '옆 사람'이 범죄를 저지른 것마냥, 가해자를 바라보는 것이다.

그러나 부처는 그런 세세한 구분에는 관심이 없었다. 그의 목적은 세상과 그 세상의 덧없는 쾌락, 그리고 계속되는 고통으로부터 사람들을 떼어놓는 것이었다. 그래서 그는 분노를 일종의 증오로 간주했고, 증오와 별개로 다른 2개의 골치 아픈 심적 경향성을 분별하였다. 바로 욕망과 망상이다. 이 범주들도 너무 많았다. 왜냐하면 모두가 같은 효과를 낳기 때문이다. 우리는 그런 것들로 인해 세상에 집착한다. 우리가 욕망하는 것들은 결국 썩어서 먼지가 될 것들인데도 우리는 거기에 속박된다. 우리는 관념의 노예가 된다. 우리의 관념이란 사실은 망상이고 옳고 그름에 관한 오도된 억측이다. 편파적임에도 끔찍이 아끼면서 고수하는 것들이다. 마지막으로, 우리는 증오에 사로잡혀 있다. 증오는 자신에 대한 이기적인 생각들에서 생겨난다. 우리는 자신을 뽐내고, 자신의 상처를 보살피려 하지만, 감각이 있는 모든 존재를 아우르는 더 큰 전체에 자기가 속해있다는 사실은 인식하지 못한다. 분노는 우리의 자애심이 낳은 쓰디쓴 열매이다.

이런 것들이 우리를 구속하지만, 실은 굳이 그럴 필요도 없다. 우리를 옭아맨 사슬의 책임은 결국 우리 자신에게 있다. 우리는 마치 소중한 재산이라도 되듯 욕망, 망상, 타인에 대한 적개심에 매달린다. 진실을 말하자면, 그런 것들이 모든 불행의 원천이다. 그리고 그것들은 바로 우리 것이기 때문에 거부하려면 거부할 수도 있다. "분노를 버려라." 부처가 말한다. 분노란 나 자신을 주장하고픈 욕망이다. 그것은 우리가 세상과 맺는 관계로부터 자라나는 번민이다. "분노를 버려라." 이것은 절대적 훈계다. 분노가 옳거나 적절하다고 말할 수 있는 경우란 없다. 분노는 타인에게 파괴적인 만큼 자신에게도 파괴적이기에 결코 옳을 수가 없다. 화난 사람은 고통스럽다. 그런 사람은 마음을 괴롭히는 고통스러운 번뇌로 머릿속이 꽉 차있다. 만약 그런 정신 상태를 들여다보며 나 자신의 분노를 직접 마주한다면, 누구라도 괴로울 것이다. 화를 낸다는 것은 타인의 고통을 어루만질 기회를 놓친다는 뜻이다. 자존심에 맞서 싸우는 힘든 전투에서 진 것이며, 타인에 대한 연민이라고 하는 값비싼 포상을 잃어버린 것이다.

> 화내는 사람에게
> 불끈 성내지 않는 자라면
> 이기기 힘든 싸움도 이겨내리라.

싸움의 승리는 인내 덕분이다. 이것은 언뜻 기독교의 인내와 유사해 보인다. 그리스도도 이렇게 말하지 않았던가. "반대쪽 뺨을 내놓아라." 그러나 이 두 전통에서 인내의 의미는 꽤 다르다. 그리스도는 아담과 이브의 원죄로부터 인류를 구원하기 위해 고통을 인내하며 받아들였다. 기독교인이 반대쪽 뺨을 내놓는다는 것은 그리스도의 발자취를 따르고 그 보상으로 하나님과의 영원하고 행복 넘치는 삶을 수확한다는 의미이다. 부처는 다소 다른 목적을 염두에 두었다. 인내하며 고통을 견디는 것은 본인의 고통과 고통을 가하는 자의 고통 둘 다의 구원을 의미했다. '웨빠찟띠 수타 Vepacitti Sutta(산스크리트어로 'sutra'라고도 하는 'sutta'는 부처의 설법을 담은 경전을 의미한다)'에서 부처는 신들이 악귀들과 벌인 오래전 전쟁에 관한 이야기를 전한다. 전쟁에 지고 사로잡혀 신들의 왕 앞에 끌려 나온 악귀의 우두머리 웨빠찟띠는 연신 욕설을 쏟아냈다. 하지만 왕은 꿈쩍도 하지 않았다. 꾹 참는 것처럼 보이는 왕의 태도에 실망한 부하가 왕의 나약함을 비난하지만, 이에 응답하면서 왕은 인내를 강자의 미덕으로 칭송한다. 인내는 가해자와 피해자를 동시에 아물게 하는 치유의 힘이 있다고 그는 말한다.

누군가가 우리의 생명을 위협할 때는 분노가 정당화되지 않을까? 부처의 우화 중 하나는 그럴 때조차 아니라고 말해준다. 만약 도적들이 긴 톱으로 나의 사지를 갈기갈기 잔혹하게 썰어버린다면 화를 내야 할까? 절대 그렇지 않다. 욕심과 걱정을 버리도록 수련을 쌓고 나면, 분노에 찬 말은 전혀 하지 않게 될 것이다. 오히려 산적들에게 동정심을 느끼게 될 것이고 마음은 선한 의지로 가득 차게 될 것이다. 도적들과 이어져있음을 깨닫게 되면 내 자비심으로 그들을 '늘 채우게' 될 것이며, 이런 자비심이 온 세상 더 멀리까지 펼쳐질 것이다. 부처의 오계 중 첫 번째는 살생하지 말라는 것이다. 이것은 불가침의 훈계로 여겨지곤 하나, 앞으로 보겠지만 그 훈계를 우회하는 방도들이 있다.

부처가 살아생전에 가르침을 주던 기원전 5~4세기의 맥락에서 볼 때, 그의 교리들은 꽤 온건한 것이었다. 실제로 그 교리들은 기존의 정치·종교 엘리트층에 반기를 든 다른 수많은 종교적 방랑자들이 내세운 극단적 계율과 비교하면 '중도적'이었다. 불만을 품은 많은 종교적 구도자들은 윤리적이라기보다 그저 의례적 삶의 전문가들에 지나지 않았던 브라만 사제 계급을 절대적으로 비판했다. 체제에 반대하며 항쟁하던 사람들은 집과 일상의 집착을 버리고 속세를 떠나 출가자가 되었고, 보시에 의존해 살면서 서로 논쟁을 벌였다. 이들은 이승과 저승의 삶에 대한 매우 다양한 접근 방식들을 상세히 설명했다. 부처가 되기 전의 싯다르타 고타마는 먹지도 자지도 않는 극단적 금욕주의를 시도했지만, 그 결과에는 깨달음이 없었다. 그 길을 거부하고 난 다음에야 비로소 그는 부처가 되었다('buddha'는 'budh-'에서 파생된 말로 '망상에서 깨어나다', '이해한다'라는 의미이며, 완벽한 지식을 의미하는 'bodhi-'와 관계가 있다). 그의 새로운 중도中道의 삶은 건강한 몸과 고요하고 즐거운 마음을 강조했다. 이런 이해에 도달하고 나서 그는 초기에 그를 따랐던 수도승들에게로 되돌아왔다. 그는 그들에게 온건하게 완화된 금욕주의를 강조하는 일련의 법도를 설교했다.

일상인이건 수도승이건, 불자들이 수련하는 실천들에는 일종의 명상이 수반된다. 염불도 그중 하나다. 염불은 가장 중요한 불교의 가르침을 낮은 목소리로 고저장단의 아주 작은 변화만 주면서 계속 반복하여 읊는 것이다. 또 다른 방법은 정신 수양으로 시작하는데, 보통은 스승의 가르침에 따라 이루어진다. 이 방법은 간단히 숨을 들이마시고 내쉬는 것에서 출발한다. 긴 숨과 짧은 숨의 길이를 의식하며 바로 그 행위에만 정신을 집중하는 것이다. 그런 다음, 부처가 표현한 바에 따르자면, "전신으로 민감하게 느껴지는" 들숨과 날숨의 호흡으로 옮겨간다. 여기서 '민감하게 느낀다'라는 것은 우리의 초점을 더 확장한다는 것을 의미한다. 여전히 호흡에 강도 높게 집중하지만, 우리 몸 "그 자체에 대해 그 스스로" 똑같은 주의를 기울이는 것이다. '그 자체에 대해 그 스스로'라는 이 구절이 결정적이다. 이는 우리 몸을 세상에 어떻게 드러내느냐가 아니라 우리 몸이 어떻게 움직이고 어떻게 느끼는지에 집중한다는 것을 의미한다. 그렇게 계속 집중하는 것, 그게 곧 마음을 챙기는 것이다. 명상 수행자는 계속 호흡하는 가운데 몸에 대한 민감성에서 (어쩌면 몇 주 후, 혹은 어쩌면 몇 달 후에) 감정, 마음, 심적 특성 등으로 초점을 전환한다. 이 모든 수행의 초점은 "간절하게, 정신을 바짝 차리고, 마음을 챙기는 것이며, 세상에 관한 탐욕과 번뇌를 접는 것이다."

이런 수행은 평범한 불자들을 위한 것이었다. 수도승과 비구니에게는 더 상세하고 구체적인 규율들이 있었다. 비구니는 규율의 속박을 특히 많이 받았고, 그 규율은 주로 인사 예법 등 남자 수도승에게 복종을 표하는 방법들과 관련이 있었다. 어떤 지역에서는 비구니와 수도승이 같은 사원에서 함께 살았지만, 또 어떤 지역에서는 별개의 공동체에서 따로 살았다(그리고 지금도 그렇다). 수도승이나 비구니가 화가 났을 때는 그 잘못을 완전히 인정하게 되어있었다. 부처나 불상 앞에서 개인적으로 인정하든, 격월로 치러지는 의식에서 인정하든 어쨌든 잘못을 인정해야 한다. 이를테면, 화가 나서 기분이 상한 승려가 만약 [다른] 승려를 때렸다면, 이를 자백해야 한다. 말로 털어놓는 편이 악귀를 몰아내는 데 도움이 되기 때문이다.

분노를 버리라는 부처의 말로 다시 돌아가서, 『법구경』을 보면 이런 시구가 나온다.

> 분노를 버려라
> 자만심을 끝내라
> 모든 족쇄를 넘어서라.
> 명성이나 외형이라면 그 어떤 집착도 하지 않을 때
> -아무것도 소유하지 않을 때-
> 어떤 고통도 어떤 번민도 침범하지 않으리라.

이 구절들을 잘 풀어헤치면 결과적으로 불교철학과 그 프로그램의 요지를 파악할 수 있다. 첫 행의 분노를 버리라는 것은 명령이나 기원이라기보다는, 만약 분노를 버리면 고통과 번민이 더는 침입하지 않으리라는 약속의 한쪽 부분이다. 그다음 행인, 자만심을 끝내라는 것은 화난다는 것의 의미가 무엇인지를 설명한다. 자만심은 오만이고 우리 자아의 허영이다. 그것은 선입관, 통념의 범주 안에 우리를 가둔다. 우리는 사물을 있는 그대로 보거나 생각하기보다 배운 대로 보거나 생각한다. 이번 생을 사는 동안에만 그러는 것이 아니라 거의 끝없이 계속되는 죽음과 탄생의 순환 과정 내내 그런다. 그다음 행이 말하는 바와 같이, 우리는 뒤엉킨 생각들의 거미줄에 걸려들어 족쇄를 찬다. 그 생각들은 우리의 일부이고 우리가 느끼는 (잘못된) 내 정체성의 일부이다.

우리는 사슬에서 벗어날 수 있으나, 그런 일은 오로지 우리가 지각하는 사물들을 관찰하면서 그것들을 새로운 방식으로 생각할 때나 가능하다. 사물들이 어떻게 나타나고 어떻게 사라지는지 보고 그것들의 매력과 결함을 알아채가면서 그것들이 씌우는 올가미를 거부하는 것이다. 명상 수행을 통해서 우리는 '무無 집착'을 성취한다. 누구나 이번 생에서 그런 일을 용케 해낼 수 있는 것은 아니다. 아마도 우리는 여러 번 다시 태어날 것이며, 완벽하게 '깨우치려면' 아마도 딱 한 번 더 태어나야 할 것이다. 어떤 고통도 어떤 번민도 침입하지 않을 때, 그것이 바로 궁극적인 성취, 곧 열반이다.

불교의 본질적 통찰은 새로운 지각 방법, 사유와 감정에 대한 새로운 접근, 그리고 새로운 생활의 실천을 통해 무수한 죽음과 재탄생의 순환을 끊어내지 않는 한, 인생은 그저 고통이자 끝없이 이어지는 불행에 지나지 않음을 인식하는 데 있다. 분노는 절대적으로 거부된다. 설령 도적들이 우리를 난자할 준비가 되어있다 하더라도, 우리는 화내지 않을 것이며 다만 "선의의 마음으로 연민을 유지하고 내면의 어떤 증오도 남기지 않을" 것이다. 부처의 오계 중 첫째가 살생하지 말라는 것이다. 감각을 가진 그 어떤 존재도 죽여서는 안 되며, 심지어는 벌레도 죽이면 안 된다.

하지만 바로 이 계율들이 불교의 많은 종파를 전쟁과 살육의 장으로 이끌었다. 그것은 흔히 '동정 어린 폭력'이라는 형태로 나타났다. 처음부터 부처는 다양한 왕들의 지지를 받았고, 그 후로 불교도 통치자들 대부분이 폭력에 반대하는 불교의 비난 대상에서 면제되어왔다. 예를 들면, 초기 싱할라족의 연대기는 6세기에 불교도 왕이 자국을 침략한 적군에 맞서 유혈이 낭자한 싸움을 치른 성공적인 전투를 기록하고 있다. 왕은 참회했지만, 8명의 성불한 승려들은 그가 이번에 저지른 행실이 열반을 향한 그의 전진에 "아무런 방해도 되지 않는다"라고 말해주었다. 그가 죽인 자들은 "사악한 생명을 지닌 것들로서 […] 그냥 야수처럼 대우하면 된다"라는 것이었다. 명분은 두 갈래였다. 적들은 불자가 아니므로 사실상 존중할 가치가 없다는 점과 왕이 휘하의 불자들을 보호하려는 의도에서 '순수한 동기'로 행동에 나섰다는 점이다.

'올바른 의도'를 지닌 살상이 오직 통치자만이 누리는 특권은 아니었다. 고결한 동기에서라면 일반 불자들에게도 살인이 허용되었다. 아시아 일대에 많은 사람이 따르고 있는 대승불교 경전에 따르면, 불자라도 마음에서 나쁜 생각과 감정을 비우기만 하면 사람을 죽일 수 있다. 연민 때문에 저지른 살상이라면 더 낫다. '방편(불교에서 중생을 피안으로 인도하기 위해 잠정적으로 마련한 수단 등을 의미함-옮긴이)'이라는 개념은, 달리 생각하면 사악하다 했을 법한 행실의 변명이 되어준다. 『방편경Upayakausalya sutra』에서 부처는 젊을 때 배의 선장이었던 걸로 이야기된다. 그는 꿈에서 바다의 신들로부터 지금 승선해있는 사악한 강도가 여객 500명의 재물을 강탈하고 모조리 죽일 것이라는 계획을 전해 듣게 된다. 신들은 그에게 이렇게 말한다. "이들 500명의 상인은 모두 올바르고 완벽한 최고의 깨달음을 향해 전진하고 있노라. […] 만약 [강도가] [그들을] 죽이게 된다면, 그 잘못, 즉 그

행실이 초래한 난관은 [그 강도를] 거대한 지옥에서 불타게 하리라. 이들 [상인들] 한 명 한 명이 올바르고 완벽한 최고의 깨달음을 성취하는 데 걸리는 시간을 모두 합쳐서 아주 오랫동안 그리될 것이니라." 한 주 동안 "깊이 숙고하고 난" 후 선장/부처는 만약 자기가 그 꿈 이야기를 상인들에게 전달한다면, "그들은 성난 생각에 사로잡혀 그를 죽여 없애버릴 것이고 정작 그들 모두가 거대한 지옥으로 가게 되리라는 것"을 깨닫는다. 그러나 만약 본인이 직접 그 살인을 저지른다면, 자기 혼자만 지옥의 고통을 감내하면 될 것이다. 그는 "대단한 연민과 방편으로" 그 강도를 찔렀다. 결과적으로 강도는 "죽어서 극락에서 다시 태어났고" 500명의 상인은 끝내 깨우침을 얻기에 이르렀다. 그리고 선장은 거대한 지옥에서 영겁의 시간을 보내는 대신 발에 따가운 가시가 박히는 고통만을 겪게 되었다.

악인을 죽이는 것이 연민의 한 형태일 수 있다는 발상은 밀교Vajrayana 경전에서 더욱 발전하였다. 이에 따르면 부덕한 자를 살해하는 것은 때로는 본인이 저지른 악행karma의 결과들로부터 '해방될 수 있게' 해주었다. 불교도들이 841년에 티베트의 왕 랑다르마를 암살했을 때도 마찬가지였다. 그것은 다르마 치하에서 고통받던 불자들에게만이 아니라, 덕분에 추가로 악행을 저지르지 못하게 되었으니 피살자 본인에게도 하나의 해방적인 행위가 되는 셈이라며 정당화되었다. 그런 발상은 사악한 악귀들이 싸움에 지고 살해되었다가 환생하여 불교의 수호자가 된다는 내용의 신화로 보완되었다.

탄트라 불교는 일단 해로운 감정이 극복되고 난 다음이라면 폭력에 특히 관대했다. 이 종파는 여성 신, 남성 신으로 이뤄진 만신전萬神殿을 창조했고, 사람들이 마음을 다스리는 법을 배워 살아생전에 급행으로 성불할 수 있도록 도왔다. 그중 분노로 번민하는 탄트라 불자를 위해 '노여워하는' 신들이 있었다(남성 신들은 헤루카스Herukas, 여성 신들은 다키니스Dakinis라고 불렸다). 섬뜩한 모습을 과시하며 겉으로는 노기에 가득 찬 얼굴을 하고 있는데도, 그들은 분노를 초탈한 존재들로 이야기된다. 의심과 몰이해와 정신적 혼란을 털어낸 탄트라 수련자들은 분노의 섬뜩한 효력을 과시했다. 하지만 시체들을 짓밟고 일어설 때, 그들은 승리의 영광을 환기했다. 칼라차크라Kalacakra로 알려진 탄트라(중세 인도에서 성력性力을 교의의 중심으로 삼은 여러 종파의 성전을 총칭함-옮긴이)는 보살 왕과 회교도 군대 사이에 벌어졌던 엄청난 전쟁을 찬양한다. 왕의 군대는 야만인들을 절멸시키고, 이슬람을 파괴하고, 불교를 다시 확립한다. 11세기에 지어진 이 이야기는 당시 인도 북부 지역을 침략한 이슬람 세력에 보복하고픈 불교도의 환상을 상징한다. 이런 폭력 전통의 상당수는 오늘날에도 계속되고 있으며, 민족주의적 열정과 서구적 인종 순수성의 신화들이 때때로 이를 강화하기도 한다. 우리는 오늘날 미얀마의 시골 주민들이 군대에 가담하여 로힝야족 회교도들을 죽이고, 강간하고, 고향에서 추방하고 있다는 사실을 알고 있다. 이에 대해서는 이 책의 마지막 장에서 훨씬 더 상세하게 검토할 것이다.

○

오늘날 서구는 적절히 개조된 형태의 불교를 받아들이고 있다. 예를 들어, 지금은 프랑스 사람이 된 베트남 출신 승려 틱낫한Thich Nhat Hanh은 서구의 독자들이 일상의 삶과 통합시켜서 불교를 경험할 수 있는 책을 집필한다. 그는 한 여성 가톨릭 신자에 관한 이야기로 분노에 관한 책을 시작한다. 이 여성은 아주 단기간에 '마음챙김 명상mindful meditation'과 연민을 배워서 분노와 상호 비난으로 점철된 자신의 결혼 생활을 치유했다. 틱낫한은

'건강한 음식 먹기'에서부터 '가짜 뉴스 퍼뜨리지 않기'에 이르기까지 다양한 조언을 속인들에게 건네면서, 더불어 분노를 버리는 절차 또한 제공한다. 나의 격분을 유발한 당사자에게 나의 분노를 솔직히 털어놓기로 약속을 정하는 것이다. 그러는 한편 명상을 통해 나와 나의 '적' 둘 다 고통받고 있음을 인식하게 되면, 결국 사과를 하지 않고는 못 견디게 된다. 이것이 바로 '분노에 마음을 쓰는 것'이다.

오늘날 대부분의 서구 정서 공동체는 특정한 형태의 분노를 수용하고 심지어 찬미하기까지 하지만, 다른 형태의 분노는 피하려 한다. 앞으로 보겠지만 역사적으로 오랫동안 잘못된 형태의 분노란 극기를 통해 해결해야 할 문제로 여겨졌다. 아마도 부처라면 현실에 대한 우리의 해석을 교정해서 문제를 해결하라고 했겠지만 말이다. 그러나 최근 들어 일부 심리학자들은 '부적합한(즉, 사회적으로 수용할 수 없는)' 분노 혹은 만성적인 분노를 외부의 개입과 처치가 요구되는 심리적인 문제로 인식한다.

피터 뱅카르트 같은 불교치료사는 고통을 바라보는 불교의 관념을 수용하여 오늘날의 사람들이 분노를 극복할 수 있게 돕는다. 에바 페인들러Eva Feindler는 여러 학자들의 투고를 받아 엮은 자신의 책에서 분노 관리에 관한 다양한 치료적 접근법을 제공하고 있는데, 이 책의 한 단원에서 뱅카르트는 '앤서니 M'의 분노를 어떻게 치료할 것인지 소개한다. 앤서니의 병력은 다음과 같이 요약할 수 있는데, 이 내용은 이 책에서 분노를 치료하는 방법들을 비교할 때 여러 차례 등장하므로 기억해두길 바란다.

〈앤서니 M의 병력〉

48세 이탈리아계 백인 남성으로 냉담한 가톨릭 신자. 앤서니는 점점 더 강도가 세지는 순간순간의 격분으로 인해 아내나 딸들과 사이가 멀어질 것만 같아서 치료를 청했다. 그는 자신의 분노가 주로 사랑하는 사람들을 향해 분출되지만, 최근 들어 사람들이나 사건들이 자신의 희망과 기대를 좌절시켰을 때도 몹시 격노하게 된다는 걸 알게 되었다.

그는 치료를 청하기 직전에 '당혹스러운 사건'을 겪었다. 딸의 소프트볼팀 감독을 봐주던 중 선수들의 플레이에 화가 치밀어 오른 나머지, 소녀들에게 승리욕이 부족하다며 고래고래 소리를 지른 것이다. 몇몇은 울음을 터트리며 야구방망이를 백네트에 집어 던졌다. 그의 행동을 목격한 부모들이 감독직 사퇴를 요청했고, 그는 자기가 생각해도 '부끄럽다'고 느꼈다.

어린 시절, 어머니는 앤서니를 자주 때렸고 전반적으로 잘 챙겨주거나 다정하게 대해주는 법이 없었다. 일곱 살 때부터 삼촌이 그를 성적으로 학대하기 시작했고, 그짓은 5~6년 넘게 지속되었다. 10대 시절 그는 (본인 말에 따르면) '과도하게 남성적'이었다. 최고의 수영선수였고 재능 많은 미식축구 선수였다. 하지만 술집에서 다른 10대 청소년과 싸움에 휘말린 바람에 운동선수 대학 특례 입학 기회를 잃어버렸다. 대학에 들어가기는 했으나 끝내 학위는 받지 못했다. 툭하면 직장을 그만두는 앤서니는 가족의 주된 돈벌이를 아내가 하고 있다는 사실에 분통이 난다.

서구의 불교치료사인 뱅카르트는 앤서니 같은 사람을 수도 없이 보면서, 불교 사상을 그런 사람들의 문제에 적용하는 방법들을 고심했다. 뱅카르트는 죽음과 재탄생의 윤회를 강조하고 삶 자체에 내재한 고통을 말하는 대신, 정신질환이 불러온 고통에 초점을 맞춘다. 페인들러 책의 다른 모든 투고자도 그렇지만 뱅카르트 역시 앤서니를 만난 적은 없다. 그의 논의는 순전히 이론적이다. 그러나 그의 논의는 불교가 치유 도구가 될 수 있는 방식에 관해 훌륭한 착상을 제공한다.

우선 뱅카르트는 앤서니의 고통이 그의 욕망과 집착에 연결되어 있음을 지적한다. 처음에 앤서니는 자신의 분노가 정당하다고 확신할 것이다. 그는 소프트볼 시합에 출전한 소녀들이 시합에는 아무 관심도 없다는 듯 행동하고 있어서 격분했다고 말할 것이다. 소녀들의 무관심한 태도는 "대단히 잘못된 것"이라고 하면서 말이다. 그러나 뱅카르트는 앤서니에게 "세상이 자기가 원하는 대로 돌아가기를 바라는 욕망에 분별없고 이기적으로 집착한 것"이라고 말해줄 것이다. 뱅카르트에 따르면 이것은 더 일반적인 문젯거리의 일면이다. 그것은 바로 앤서니가 지닌 "올바른 사람, 존중받는 사람, 복종시킬 수 있는 사람이 되고픈 욕망"이다. 뱅카르트의 견해에 의하면, 앤서니는 사람들에게 인정받고 싶은 탐욕에 속박되어 있다. 그는 자신이 다른 사람들과 연결되어 있으므로 그들과 본인 양쪽에 모두 연민을 느끼기 마련이라는 사실을 깨닫지 못한다.

뱅카르트의 역할은 무엇보다도 이런 연민의 '본보기'를 선보이면서 앤서니와 고통과 기쁨을 함께 나누는 것이다. 그는 앤서니가 본인에게 절망하거나 변명거리를 찾는 것이 아니라 오히려 자신의 분노가 독이라는 사실, 자신의 마음을 둘러싸고 "좀먹어 들어오는 바깥 까풀"이라는 사실을 깨달아야 한다고 강조할 것이다. 앤서니의 내면에는 '부처의 본성'(사랑과 연민의 본성)이 있다. 그것이 자기중심주의라는 단단한 껍데기를 뚫고 나오기만 하면 된다. 하지만 어떻게?

뱅카르트는 불자의 수행을 명상 수련 프로그램과 통합한다. 이 프로그램은 일과 중 여러 차례의 짧은 수련 시간을 갖는 것으로 시작한다. 처음에는 단지 호흡에만 초점을 두지만, 그다음 차례는 몸이다. 몸의 운동, 균형, 신축력, 만지고 보고 맛보는 감각 등에 주의를 집중하는 것이다. 명상은 점차 생각들을 아우른다. 앤서니가 생각들의 자각에 이르러 특히 자신이 도덕적으로 올바르다는 잘못된 믿음을 충분히 의식하게 될 때, 뱅카르트는 그에게 일기를 쓰고 전화와 이메일로 자기와 늘 연락을 취하라고 말해줄 것이다. 이것이 앤서니가 서서히 예전의 집착들에서 벗어나게 되는 방식이다. 뱅카르트는 앤서니에게 족쇄가 된 문화적 가치들에 민감하다. 앤서니가 속한 미국의 소셜 사회에서 화난 남성들은 "옳고 그름의 절대적 규칙들"에 매달리면서 그 규칙들을 정당화하기 위해 수없이 많은 추상적 원칙들을 끄집어낸다. 그들은 미국 문화에 부합하고 폭력에 특권을 부여하는 경향이 있는 남성적 표준에 맞춰 살아야 한다고 확신한다. 앤서니의 정서 공동체에서 남성들은 자기들을 배제하는 모든 권위를 불신하며, 엄혹한 개인주의, 영웅적 의로움, 그리고 "옳은 일을 위해 분연히 일어선" 슈퍼맨에 가산점을 얹는다. 그들은 타인이 자기들 생각에 동의하지 않을 때 희생당했다고 느끼며 격노한다. 실제로는 통제할 대상이 아닌데도 통제가 필요하다고 생각하는 경우도 아주 흔하다. 뱅카르트는 그들의 분노는 세 가지 독약의 혼합물이라고 결론 내린다. 그들은 지배와 복종을 갈망하고, 자신들을 못마땅해하거나 따르지 못하는 사람들에게 적대적이며, 현실에 대해 망상적이다.

앤서니가 어느 정도 익숙해지면, 이제 뱅카르트는 앤서니에게 마음챙김 수행에 10단계 프로그램을 더하라고 요청할 것이다. 이 프로그램은 앤서니에게 지금껏 본인이 사용해온 권위주의적 수사법을 반성하라는 요청으로 시작한다. "남성적 분노라고 하는 성별 포장지 전체를 벗겨내서 치료의 과정을 거치게 해야 한다." 그런 다음 앤서니는 자기가 실행해온 습관적인 패턴을 알아보는 쪽으로 옮겨가야 한다. 타인과 삐걱거리며 의견 충돌을 빚고, 괜한 시비를 걸며, 실망감을 느끼고, 그런 다음에는 격분하게 되는 패턴 말이다. 그는 적어도 머리로라도 (부처가 말한 것처럼) 분노는 타인에게만 상처를 입히는 게 아니라 자멸적이기도 하다는 사실을 인정해야 한다. 나머지 치료는 새로운 습관을 창조하는 작업이다. 앤서니에게 경쟁적인 행위보다 애정 어린 행위를 실천에 옮기게 하고, 그를 통해 타인에게서 얻게 되는 기쁨을 즐기라고 요청하는 것이다. 결국 앤서니는 유년기로 되돌아가 그때의 고통을 그가 사랑하는 사람들에 대한 보호로 전환해야 한다. 자기를 학대한 사람들을 용서함으로써 자기를 치유해야 한다.

뱅카르트가 볼 때 분노는 아무런 쓸모도, 윤리적 정당성도 없다. 그는 부처가 명한 "분노를 버려라"를 되뇐다. 분노는 인간 본성의 일부가 아니냐는 반박에 대해 아마도 그는 인간 본성, 참된 인간 본성은 '부처의 본성'이라고 응수할 것이다. 우리가 평소에 당연시한 것들은 인생은 고통이라는 통찰과 마음챙김 명상의 수행을 통해 바뀌어야 하며, 또한 실제로 바뀔 수 있다.

○

분노란 무엇인가? 영구불변의 정의定意 같은 것은 아무 의미가 없다. 여느 감정이 다 그렇듯 분노도 현미경으로 들여다보거나 도구를 사용해 조작할 수 없다. 분노는 오로지 사람들이 그것을 어떻게 정의하는지 관찰함으로써만 알게 되며, 아마도 그들이 머리에 떠올리는 것은 모욕, 커진 목소리, 혈압 상승, 뇌의 특정 영역에 나타난 산소화 등과 같은 분노의 원인과 결과일 것이다. 분노로 '여겨질 수 있는' 것은 정서 공동체에 따라 다양하며, 사람들이 분노를 판단하는 방식 또한 마찬가지이다. 내 어머니는 내가 화났다고 결론 내렸다. 왜냐하면 내가 인형에 주먹질했기 때문이다. 나는 부모님이 말다툼할 때 그분들이 화가 난 것이라고 확신했다. 어머니는 내 행동을 승인하지 않았던 것이고, 나는 부모님의 행동이 몹시 무섭고 불편했다. 그러나 내 정서 공동체에서는 누구도 '분노를 버려야 한다'고 제안하지 않았다. 다투면서 오해가 풀린다는 말에 일리가 있다고 생각했으며, 인형을 때리는 나의 행위조차도 '분노를 배출'한다는 점에서 어느 정도 괜찮은 일로 여겨졌다. 마치 분노가 내가 방출해 버려야 할 가스나 독성 식품이라도 되는 듯이 말이다. '억압'이라는 용어를 유행시킨 프로이트가 억압에서 정신질환이 비롯된다는 가설을 세웠듯이, 차라리 분노를 표출하는 편이 억압하는 것보다 훨씬 더 낫다고 생각했다.

하지만 부처에게는, 불안, 불만, 승인, 속마음 털어놓기 등의 것들은 전혀 논점이 아니었다. 분노는 고통을 의미했다. 그것은 배출하거나 억압해야 하는 것이라기보다 초월해야 하는 것이었다. 그것은 자아의 문제였다. 우리는 서로 모두 연결되어 있으므로 그 '자아'를 포기해야 한다. 웨빠찟띠의 이야기에서, 부처의 본보기는 해를 입는 것도 그에 대한 앙갚음으로 해를 입히는 것도 거부한, 이른바 '테플론teflon(음식 등이 들러붙지 않도록 그릇에 입히는 코팅제를 가리키는 말로, 나쁜 짓을 저질러도 그로 인해 곤경에 빠지지 않고 평소의 상태를 지속할 수 있다는 비유적 의미로 쓰임-옮긴이)' 신이었다.

오늘날 미국에서 분노를 다룰 때 뱅카르트 같은 치료사는 분노를 '남성적'이고 정의로운 것인 양 부추기고 있는 미국 문화 내부의 특정 하부 집단에 맞춰 불교철학을 개조할 필요가 있음을 깨닫는다. 하지만 그렇다고 그가 분노란 어떤 형태의 것이건 상관없이 화난 사람과 화낸 대상 둘 다를 고통스럽게 만들 수밖에 없다는 부처의 견해에서 방향을 튼 것은 아니다.

9세기에 랑다르마 왕을 살해한 불교도들은 자기들이 화가 났다고 생각하지 않았다. 대신 그들은 '화내지 않는 폭력'이라는 오래된 전통에 속해 있었다. 그러나 불교에는 많은 종파가 있고 많은 불교적 정서 공동체들이 있다. 모두가 살인을 정당화하는 것은 아니다. 오늘날 미얀마에서 로힝야족에 대한 박해가 계속되고 있기는 하지만 일부 마을은 불교-로힝야 제휴를 장려한다. 2014년에 불교의 고위 승려인 우 위투다U Witthuda는 미얀마 중부에서 빚어진 유혈 충돌을 피해 도망친 수백 명의 회교도에게 사원의 문을 열어주었다. 곧 사원 밖에 적대적인 군중이 모여들어 난민들을 넘겨달라고 요구했는데, 승려는 이렇게 대답했다. "나는 곤경에 처한 이 사람들을 돕고 있습니다. [⋯] 만약 그들을 데려가고 싶다면 나를 먼저 죽여야 할 것입니다. 그들을 내어줄 수 없습니다." 무리는 물러갔다.

○

수많은 불법佛法이 존재한다. 한 종파는 모든 살상은 분노에서 비롯되는 것이기 때문에 나쁘다고 말한다. 또 다른 종파는 불교의 존속을 핑계로 분노와 폭력을 정당화한다. 또 다른 종파는 만약 분노 없이 행해지기만 한다면 살상도 때로는 연민의 한 형태라고 가르친다. 미얀마에서 우 위투다 사건이 보여주는 바와 같이, 사람들은 불교 안에서 불편하게 공존하는 신념들 또는 상충하는 정서적 규범들을 마주칠 때 망설일 수 있다. "분노를 버려라"라는 말은 불교의 절대적 계율이지만, 그것이 의미하는 바는 어떤 상황에 부닥치느냐에 따라서 해석의 여지가 있는 것이다.

chapter. 2

스토아주의

:
분노를
피하는
세네카식
처방전

많은 사람이 스토아주의와 불교의 유사성을 발견한다. 그러나 고대 로마의 정치가이자 스토아주의 철학자인 세네카Seneca(서기 65년 사망)가 부처에 관해 알았더라면, 아마도 그는 부처가 몹시 이상한 낙관주의자라고 생각했을 것이다. 그의 견해에 따르면 올바른 철학에 힘입어 제대로 양육 받은 사람이라 해도, 분노에서 벗어날 수 있는 사례란 극히 소수(주로 남자들이고 여자는 한두 명이나 될까)에 불과하기 때문이다. 그것은 추구해야 할 목표이자 모두가 열망해 마땅한 것이지만, 그 목표를 달성할 가능성은 거의 없다. 인간 본성, 삶, 그리고 자연의 질서에 관해 세네카가 염두에 둔 전제들은 부처와 매우 달랐다.

무엇보다 세네카는 자신이 분노 버리기를 성취했다고 주장한 적이 결코 없었다. 실제로 세네카는 생애 말년에 친구인 루실리우스Lucilius에게 쓴 편지에서, 최근에 화가 불같이 치밀어 올랐다며 그 순간을 기술했다. 그는 시골 별장 중 한 곳에 들렀다가 집 상태가 황폐해서 못쓰게 된 지경에 이른 것을 발견했다. "나는 화가 났다네." 세네카가 인정했다. "그리고 내 화를 뿜어낼 수 있는 가장 가까운 구실을 찾았다네." 그가 말한 '가장 가까운 구실'은 별장 관리인이었다. 이 불쌍한 고용인은 집이 너무 오래돼서 수선할 수 없었노라고 설명했다. 여기서 세네카는 유머를 발견했다. 세네카 본인이 그 집을 지었고 자신도 그 집과 함께 늙어가는 신세였다. 세네카 본인 역시 너무 늙어 고칠 수가 없지 않은가? 이런 유머 감각이야말로 분노를 피하는 세네카식 처방의 일부였다.

세네카에게는 위기일발의 순간이었다. 그 가엾은 하인을 대면하기 10년도 더 전에 그는 분노에 관한 책을 세 권이나 썼다. 대화 형식으로 된 논고에서 그는 분노에 관한 한 모든 게 잘못이고 볼품없는 것이므로 분노는 완전히 피해야 할 대상이라고 주장했다. 모든 수사학적 정거장마다 차를 세워가면서, 세네카는 분노란 추악하고 보기 흉하며 인간적 유대를 망각한 채 오로지 남에게 고통을 가하고만 싶어 하는 것뿐이라고 기술했다. 분노로 타인을 짓밟았을 때조차 그것은 분노한 사람 본인을 깨진 기와 조각으로 변모시켰다.

라틴어로 글을 쓴 세네카는 분노에 해당하는 단어로 'ira'를 사용한다. 이 단어는 다른 많은 라틴어 단어 'iratus(노한), iracundus(성을 잘 내는), iracundia(울화)' 등의 어근이며, 영어 단어 'ire', 'irascible', 'irate'의 먼 조상이다. 라틴어에는 사실상 같은 의미를 갖는 다른 두 단어가 있다. 영어 단어 'indignation(분개, 원한)'의 어원에 해당하는 'indignatio', 그리고 'bile(짜증)'의 어원인 'bilis'로써, 간에서 분비되어 쓸개에 저장되는 황갈색의 쓴 액체, 즉 담즙을 가리키는 말이다. 분노에 관해 말할 때 세네카는 온건한 형태를 상상하지 않았다. 아니, 그렇게 상상할 수가 없었을 것이다. 그의 'ira'는 매우 강한 감정이었다. 이런 사실이 분노에 역사성을 부여하는 데 도움을 준다. 분노란 설사 많은 경우 그것을 서술하기 위해서 같거나 유사한 단어들을 사용한다고 하더라도, 모든 시대 모든 문화에서 과거에 똑같이 느꼈거나 혹은 지금 똑같이 느끼고 있는 그런 것이 아니다.

우리는 어째서 세네카가 분노의 정서를 철저히 꾸짖었으면서도 편지에서는 자신이 화를 냈다고 순순히 인정했는지 궁금히 여겨야 한다. 실제로 그는 모순적인 면이 많았다. 부유했지만 부자들을 저주했다. 황제의 조언자였지만 권력을 경계했다. 화를 잘 내는 사람이었지만 타협을 모르는 분노 비판자였다. 그는 자기가 분노에 관한 논고를 쓴 이유가 동생인 노바투스Novatus가 "화를 달래는 방법을 처방해 달라"고 요청했기 때문이라고 말했다. 하지만 실제로 그는 '달래기'의 문제는 거의 건드리지 않았다. 대신 그는 어째서 우리가 분노를 철저히 피해야 하는지, 그리고 그러기 위해 시도해볼 법한 방법들이 뭐가 있는지에 대해 글을 썼다. 분노에 관한 그의 '모 아니면 도'의 태도는 스토아주의의 근본 가정에 속하는 것이었고, 세네카는 철두철미한 스토아주의자였다. 젊은 시절에 그는 스토아주의의 스승들과 함께 공부했다. 그는 그런 스승 중 하나를 따라서 매일 밤 자기 성찰의 시간을 실천에 옮겼다고 말했다. "나는 나의 오늘 하루 전체를 되돌아본다." 매번 그렇게 되돌아볼 때마다 그는 같은 실수를 다시 저지르지 않겠노라고 맹세했다.

처음에 스토아주의는 알렉산더대왕이 정복 전쟁에 나선 여파로(즉, 기원전 323년 이후에) 탄생한 그리스의 발명품이었다. 스토아주의는 당시까지 지배적이던 고전 그리스 철학의 전통, 특히 플라톤과 아리스토텔레스의 전통을 거슬렀다. 플라톤의 대화록은 늘 다소 애매하고 결말이 열려있기는 하지만, 인간 영혼을 세 부분으로 나누고 위계적으로 배열하여 시각적으로 그려볼 수 있다는 점만큼은 명료했다. 불멸의 부분은 가장 상위인 말 그대로 머리에 있다. 그 아래 심장과 간에 감정이 거주한다. 남자다움, 분노 같은 더 나은 정념은 심장에 있고, 반면 훨씬 아래 위치한 간은 욕구와 욕망으로 가득 차있다. 나중에 플라톤주의자들은 머리가 이성이 있는 곳이고, 심장은 기운차고 성마른 정념들의 보관소이며, 간은 욕망과 정욕의 감정들이 거주하는 소재지라고 말했다. 플라톤에게 분노란 그것이 (다른 모든 감정과 마찬가지로) 이성의 명령에 복종하는 한, 활력과 용기를 불러일으키는 좋은 것이었다. 그러나 그는 성마른 정념들은 난폭해지는 경향이 있다는 점을 경고했다. 그런 정념들은 길들이기가 어렵고 항상 이성의 지배 아래 있는 것도 아니었다.

한때 플라톤의 제자였던 아리스토텔레스는 이에 완전히 동의하지 않았다. 그는 감정들을 영혼의 지성적 부분, 즉 이성을 품고 있는 부분 안에 위치시켰다. 비록 감정들 자체는 그 안에서 논리와는 무관한 한쪽 절반의 영역 안에 위치하지만, 이와 짝을 이루는 나머지 논리적 절반은 이 영역에 속한 것들과 함께 작업할 수 있고 또 그래야 한다. 올바른 시간에 올바른 이유를 쫓아 올바른 방식으로 느껴진 감정이라면 유용하고 덕을 산출할 가능성이 있기 때문이다. 이에 대해서는 6장에서 다시 살필 예정이다.

어쨌거나 플라톤이나 아리스토텔레스와는 다르게, 스토아주의자들은 영혼을 부분들로 쪼개지 않았다. 그들에게 영혼(마음이기도 한)이란 신체 안에 들어가 있는 통합 명령 센터였다. 전략적으로 위장, 심장, 폐 근처에 자리를 잡은 마음은 정신임에도 불구하고 신체적 성질을 지녔다. 성인의 경우 마음은 이성적이다. 소파 뒤의 어린 소녀는 선택하고 결정할 수 있는 능력이 없고, 저 목표보다 이 목표를 앞에 둔다거나 할 수 있는 능력이 없다. 그러나 성인은 오염되지 않은 이성을 간직하고 있기만 하면 그런 능력이 있다. 감정은 이성의 질병이며 이성의 행패이고 이성의 발광이었다. 분노는 결코 플라톤과 아리스토텔레스가 생각한 것과 같은 방식으로 이성의 통제를 받을 수 없다. 왜냐하면 일단 분노로 오염되고 난 이성은 그 자체로 망가져 엉망진창이 되어버리기 때문이다. 세네카는 분노에 감염된 마음을 절벽에서 떨어진 사람의 몸통에 비유했다. "마음의 추락을 막는 것은 허락되지 않는다. 악덕 그 자체의 무게와 하향의 본성은 마음을 끌고 가 저 깊은 나락에 처박히게 하는 게 틀림없다." 여기서 악덕vitium이라는 단어에 주목할 필요가 있다. 장차 긴 수명을 얻게 될 말이다. 여느 스토아주의자들처럼 세네카는 그 단어를 사람들이 돈, 음식, 심지어 건강과 목숨 등과 같은 이른바 '외적인 것들'에 푹 빠져드는 상태를 가리키기 위해 사용했다. 외적인 것들은 우리의 통제 밖에 있다. 대조적으로 관용, 외적인 것들을 적절히 활용하는 법, 친구들을 사랑하기 등과 같은 미덕은 우리에게 달려있다.

분노에 굴복한다는 것은 이성의 상실을 의미하며, 인간은 본성상 이성적인 존재이므로 화를 낸다는 것은 실제로 나 자신의 상실을 의미한다. 화가 났을 때보다 더 추해질 수는 없다. 그보다 더 심하게 낯선 무언가의 노예가 되는 경우란 없다. 그보다 더 사악하고, 더 불성실하고, 더 범죄적인 것은 없다. 분노는 혈관을 터트리고 몸을 고통스럽게 하고 마음을 미치게 만든다. 간단히 말해, 분노는 그것이 해를 입히고자 한 상대방만큼이나 화를 낸 본인에게도 아주 큰 상처를 입힌다. 세네카의 통찰은 불교에서 말하는 것처럼 삶이 고통이라거나 고통에서 벗어나기 위해 집착을 버려야 한다는 것이 아니다. 오히려 그의 통찰은 우리가 삶이 제공하는 것들을 활용해야 하고, 삶이 제공하지 않는 것들은 감수해야 하며, 우리의 통제하에 있는 것, 즉 나 자신을 통제하려 애써야 한다는 것이다.

우리는 본성상 이성적이다. 우리는 판단하고 결정을 내린다. 예를 들어, 음식이 필요할 때 가게에 가서 먹을 것을 사는 것은 이성적이다. 그러나 이성이 무오류는 아니다. 우리는 이따금, 아니 자주, 이성을 잘못 사용한다. 감정은 나쁜 판단의 결과물이다. 분노란 누군가가 우리에게 의도적으로 부당한 해를 입혔으니 그 자에게 벌을 주건, 복수하건, 앙갚음하건 뭐든 보복 조치에 나서야 한다는 잘못된 관념이라고 세네카는 말했다.

아리스토텔레스는 언뜻 유사해 보이는 분노의 정의를 제시했다. 세네카와 마찬가지로 그는 분노란 전혀 그럴 권리가 없는 다른 누군가에게 경멸을 당했다고 생각할 때 복수하고픈 욕망이라고 말했다. 하지만 세네카와 달리 그는 그런 욕망이 매우 이성적일 수 있다고 생각했다. 물론 그럴만한 권리가 있는 사람에게 경멸을 당했을 때(예를 들어 주인은 노예에게 손상을 입힐 권리가 있다) 화를 내는 것은 불합리하고 사악한 일이 될 것이다. 그러나 자신에게 해를 입힐 권리가 없는 누군가에게 상처를 입었을 때라면, 격분하는 게 정당할 뿐만 아니라 실은 도덕적으로도 마땅히 그래야만 하는 것이다. 아리스토텔레스는 분노란 육체와 영혼 둘 다의 자연스러운 기능이며 사회 정치적으로 분노하기에 적합한 상황들이 분명히 존재한다고 가정하였다. 대조적으로 세네카를 비롯해 대체로 스토아주의자들은 분노란 자연스러운 것이 아니라고 생각했다. "정신 상태가 뒤틀리지 않았을 때, [인간 본성보다] 더 온순한 것이 무엇이란 말인가?" 세네카는 분노를 유발할 수 있는 거의 무한대의 경우들이 존재한다는 것을 알았지만, 그 어떤 경우도 정당하게 분노를 유발할 수는 없었다.

확실히, 어떤 사람들은 책망을 들어야 할 필요가 있다. 그러나 세네카는 '이성적인 처벌'과 분노 폭발을 차별화했다. 잘못을 저지른 사람에게 화가 난 것처럼 가장할 수는 있지만, 진짜 목표는 '해를 입히는 것을 가장하여 치유하는 것'이 되어야 한다. 판사는 처음에는 점잖은 말로 훈계해야 한다. 만약 그게 효과가 없는 것으로 드러나면, 온건한 벌칙을 부과해야 한다. 사형은 드문 경우가 되어야 하며 대체로 사회에 유익한 만큼이나 그 범죄자에게도 유익한 경우여야 한다.

세네카는 분노에 활력을 제공하는 효과가 있을 수 있다는 플라톤의 발상도 비웃었다. 정반대로 세네카는 이렇게 말했다. 로마가 분노로 자극된 적들을 상대로 냉정하게 계획을 세워 승리를 거둔 사례들은 분노가 병사에게 저해 요소가 된다는 것을 입증한다고 말이다. 전쟁에서조차 쓸모가 없다면, 평화기에 분노의 적절한 기능이란 도대체 무엇일 수 있겠는가? 그렇다면 이런 경우를 가정해보자. 그 현자 세네카가 '아버지가 살해되고 어머니가 강간당하는 장면을 목격한다'면 어떻게 될까? 세네카는 그래도 분노를 느껴서는 안 되며, 오히려 "상응하는 헌신의 감각"을 느껴야 한다고 대답했다. 그는 계속해서 이렇게 말했다. "만약 누군가 내 아버지를 살해하려 한다면, 나는 아버지를 보호할 것이다. 이미 살해된 상태라면, 그런 문제에 적합한 결론을 내릴 것이다. 그리하는 것은 그게 옳은 일임을 알기 때문이지, 내가 불만을 느껴서가 아니다."

이 점에서 세네카는 스토아주의의 '강경 노선'에서 약간은 벗어나고 있다. 로마인들이 그리스를 정복하기 이전인 스토아주의의 형성기에는 보복을 '적합한 결론'으로 여기는 데에 동의하지 않았다. 하지만 세네카는 그부류에 속하지 않았다. 그는 소수의 부유하고 특권적인 엘리트의 기분에 가족, 군대, 궁정 내 권력이 좌우되던 환경에서 살았다. 만약 세네카가 복수 자체를 근본적으로 부도덕한 것으로 깨끗이 단정해 버렸다면, 그의 말을 듣는 사람은 아무도 없었을 것이고 자신의 신념에도 충실할 수 없었을 것이다. 그는 자기가 글을 쓰고 있는 대상인 바로 그 엘리트층의 일원이었다. 분노에 관한 논고를 집필하던 시기에 그는 클라우디우스 황제가 명했던 망명길에서 돌아와 궁정 대신의 자리를 되찾은 상태였다. 그는 이제(아니, 곧 그렇게 될 참이다) 훗날 네로 황제가 될 소년의 개인 교사가 되었다. 네로가 권력을 잡았을 때 세네카는 그의 조언자 중 하나였고 가끔 그의 변호인이 되었다. 예를 들면, 그는 어머니를 살해한 네로의 행동을 변호하기 위해 원로원에 편지를 써 보냈다. 세네카는 복수의 풍토 속에 살았다.

그가 보복이 잘못인 경우들에 관해 글을 쓰고 그런 보복에서 분노의 역할을 우려한 데에는 더 많은 이유가 있다. 그는 스토아주의자들이 일반적으로 주장한 바처럼 분노란 그저 이성을 가끔 잘못 적용하는 경우가 아니라고 주장했다. 그것은 습관적인 오판이며, 양육, 교육, 사회적 지위, 문화적 기대가 그런 오판의 길을 닦아놓게 된다. 이런 경험들은 어째서 대부분 사람은 화를 내고 어째서 일부 사람들은 이른바 기질적으로 성마른 것인지 설명하는 데 도움을 주었다. 세네카는 사람들이 태생적으로 분노의 성향을 지닌 채 태어날 수도 있다는 점을 인정했고, 고대판 DNA 이론에 찬동했다. 이에 따르면 사람들은 불, 물, 공기, 흙과 이에 각각 어울리는 네 가지 속성인 온, 냉, 건, 습으로 만들어졌다. 서로 다른 조합에서 변이가 생기는데, 예를 들어 습하고 물 같은 성질은 좀체 화를 내지 않는다. 뜨겁고 불 같은 성정을 지닌 사람은 쉽게 화를 낸다.

그렇기는 하더라도 사람들이 단지 그렇게 애초에 부여받은 성질의 산물에 불과한 것은 아니었다. 인생 경험이 성격을 형성해간다. 질병, 고된 노동, 수면 부족, 절망적인 사랑 경험 등과 같은 좌절들이 마음을 나약하게 만들고 잘못된 판단을 내리기 쉬운 상태로 만든다. 양육도 똑같이 중요하다. 어쩌면 소파 뒤의 어린 소녀가 성마른 성품을 갖고 태어났을 수도 있지만, 소녀의 어머니는 아이가 그 구덩이에 빠지는 것을 막아줄 수 있다. 아이를 기른다는 것은 아이의 나약함을 보완하고 아이에게 힘을 길러주는 것을 의미한다. 세네카는 아이가 분노를 표출할 때는 꾸짖어야 하고 강인한 정신을 드러낼 때는 격려해줘야 한다고 생각했다. 여기에는 까다로운 측면이 분명 있다. 칭찬은 훌륭한 자아상으로 이어질 수도 있으나 또한 오만을 부추길 수도 있기 때문이다. 그중에서 최악은 아이를 응석받이로 만들거나 아이가 원하는 대로 모두 허용하면서 아이를 버릇없이 기르는 것이다. 아이의 어떤 충동도 훼방 받지 않을 때, 부모가 '안 돼'라는 말을 한 번도 입 밖에 내지 않을 때, 아이의 분노는 버릇이 된다. 당대의 정치가들을 관찰해본 세네카는 이 말이 진실임을 알 수 있었다. 본인도 그런 사람 중 하나였다. 본인도 조심해야 했다. 왜냐하면 별장 관리인과의 일화가 보여주는 바와 같이, 그조차도 쉽게 성을 내는 사람이기 때문이었다. 하지만 응석받이로 만드는 것보다 더 나쁜 것은 아이에게 무제한의 자유를 허용함으로써 아이의 분노가 잔인성으로 굳어지는 것이다. 잔인한 사람은 화난 사람이 아니다. 그들은 아주 비뚤어진 사람들로, 타인을 때리고 해치고 죽이는 데서 기쁨을 얻는다. "그것은 분노가 아니라, 야수성이다."

따라서 습관과 양육은 미덕과 악덕 둘 다의 열쇠가 된다. 최악의 경우, 습관과 양육이 힘을 합쳐 사람을 괴물로 바꾸어놓을 수 있다. 그 둘이 나약하고 일관성 없고 성급하게 판단하는 마음을 만들어내는 경우는 흔히 볼 수 있으며, 강하고, 부단하고, 신중한 마음을 형성하는 경우란 극히 드물다. 세네카가 살해 욕구를 가진 고대 세계의 소시오패스들이 비난받아 마땅하고 생각했을지는 불분명하다. 그러나 다른 모든 경우에서, 그는 사람이라면 누구나 자신의 판단과 의견에 책임을 져야 한다고 역설했다. 대개 사람들의 마음은 아주 완벽하게 수미일관하지 않고 상충하는 다양한 판단을 옹호함으로써 감정의 마수에 붙들린다. 이리저리 끌려 다니는 그들은 통제력을 상실한 것처럼 보인다. 하지만 그렇지 않다. 왜냐하면 그들 자신이 그렇게 끌려 다니기로 동의한 것이기 때문이다. 오로지 상상 속의 현자 같은 사람만이 완벽하게 조율된 믿음 집합을 보유하여 덕성에 부합하는 '훌륭한 감정들'을 승인하게 될 것이다. 훌륭한 감정이란, 예를 들면, 관대하게 행동할 때 생기는 기쁨이나 추잡한 대상을 쳐다보기도 싫어하는 반감 등을 말한다.

이렇게 일상인의 감정이 오판이라면, 세네카는 생리적인 변화를 어떻게 이해했을까? 오늘날 많은 사람들이 두근거리는 심장, 땀이 차오르는 손바닥 등을 감정의 중요한 양상들로 여긴다. 하지만 세네카는 동의하지 않았다. 전율, 홍조, 두통 등의 발생은 우리의 통제를 넘어서는 현상이다. 세네카는 그런 현상들을 '시초의 운동'이라고 불렀고, 더 다채롭게 '충격' 혹은 '쏘임'이라고 표현했다. 그런 현상은 어떤 평가가 이루어지기 이전에 발생한다. 그런 현상이 곧 감정은 아니지만, 사람들이 그것의 유의성을 판단하는 바람에 위험이 따라온다.

분노의 경우, 심장의 두근거림이 시초의 운동이라고 생각해보자. 우리의 마음이 최초의 충격에 동의하는지 고려하는 동시에 '두 번째 운동'이 시작된다. 우리는 자신이 경멸을 당했다고 상상하고, 그것이 마음에 복수심을 불러일으킨다. 하지만 신체 반응과 마찬가지로 이런 생각은 아직 감정이 아니다. 왜냐하면 다른 판단이 그 생각을 중단시킬 수도 있기 때문이다.

여기 그럴듯한 시나리오가 있다. 우리가 적당한 속도로 길을 따라 운전하고 있는데 갑자기 누군가 뒤에서 경적을 울린다. 즉시 우리는 최초의 충격을 받는다. 시초의 운동이다. 그다음 두 번째가 따라온다. 자신이 빵빵거림의 대상이 된 것을 부당한 대접이라고 생각하는 것이다. 이에 대한 응답으로 무언가 적대적인 일을 하고 싶은 잠정적인 소망을 갖는다. 이 두 번째 운동이 '분노'인가? 아니다. 세네카는 이렇게 적었다. "나는 그것을 분노라고 부르지 않는다. 분노란 이성과 무관하게 비약하여 이성을 낚아채 끌고 가버리는 그 무엇이다." 그 '낚아챔'이 세 번째 운동이다. 즉, 우리는 결과가 어찌 되던 앙갚음을 하고 싶다. 그래서 세 번째 운동은 보복을 가하고자 하는 더 고의적인 판단이다. 이 자동차 경적 시나리오에서, 만약 그 빵빵거림이 고약한 짓이라고 판단한다면, 우리는 경적을 울린 뒤차 운전자를 조롱하기 위해 자동차의 속도를 떨어뜨리기도 한다. 이런 행동은 심지어 나 자신의 이익에도 부합하지 않는데 말이다. 물론 많은 경우 그런 세 번째 운동은 일어나지 않는다. 이를테면 단지 내 차 머플러에서 연기가 난다는 걸 알려주려고 빵빵거렸다는 걸 깨달을 때가 그렇다. 그럴 때 우리는 마음이 바뀌고 진정하게 된다.

이 세 운동에 관해 말하자면, 오로지 두 번째 운동만이 통제에 따를 여지가 있다. 우리는 최초의 쏠임을 막을 수 없으며, 세 번째 단계에서 정념의 손아귀를 저지할 수도 없다.

일부 인지 심리학자들은 오늘날 세네카가 말한 연쇄적 진행의 전반적 윤곽에 동의한다. 예를 들면, 낸시 스타인Nancy Stein과 그녀의 동료들은 이렇게 적는다. "미성년자나 성인이나 둘 다 특정 유형의 자극에 대해서는 자동적인 감정적 반응을 한다. 자동적인 신체 반응은 정보에 대한 진단 없이 고정된 행위 패턴으로 양산된다." 세네카의 용어 사용에 따르면, 이러한 반응들이 시초의 운동을 형성한다. 세네카도 그랬듯 스타인도 마찬가지다. 그런 반응은 감정이 아니다. 하지만 그런 반응은 그것에 주의를 집중하게 하는 심리적 변화를 실제로 생성한다. 그런 다음 우리는 그런 변화가 자신의 안녕에 미치는 영향을 진단하기 위한 평가에 나선다. 그것은 세네카의 두 번째 운동과 유사하다. 마지막으로 우리가 그 자극에 반응함에 따라 취해야 할 행위들에 관한 믿음들이 활성화된다고 스타인은 말한다. 이것은 세 번째 운동에 비교할 만하다. 이 단계는 세네카에게는 통제 불능이지만, 반대로 스타인의 공식에서는 여전히 평가 과정의 일부에 속한다. 분노의 경우, 스타인이 설명하는 단계는 다음과 같다. (1) 사이드미러를 쳐다보게 하는 빵빵 소리 같은 돌발 사건이 (2) 중요한 목표를 달성하는 데 실패하거나 혐오적인 상태를 모면하지 못하는 상황으로 이어지고 (그것이 누군가가 내게 고의로 해를 입힌 것으로 판단할 때) 그에 뒤이어 (3) 초점이 된 그 목표를 어떻게든 복구할 수 있다거나, 혹은 혐오적인 상태를 제거할 수 있다거나, 혹은 목표 달성 실패의 원천이 제거될 수 있다는 믿음이 따라 나온다. 스타인이 '감정적 국면'이라고 부른 이 마지막 단계는 표면적으로는 세네카의 마지막 단계인 복수보다 더 일반적이고 이성적으로 보인다. 하지만 세네카는 또한 온갖 가능한 형태의 응보를 염두에 두었으며, 거기에는 단지 해를 입히고 싶은 소망도 포함된다. 두 이론가가 볼 때, 감정이란 반드시 이런 종류의 전개 과정을 거친다.

더군다나 세네카와 오늘날의 인지주의자(또는 평가 이론가들appraisal theorists)는 둘 다 가치와 목표를 논한다. 양쪽 모두, 감정이란 양육, 교육, 마음의 습관 등을 통해 오랜 기간에 걸쳐 형성되는 믿음들을 수반한다고 주장한다. 그러나 세네카가 화를 내는 것이 절대적으로 옳지 않다고 주장하는 반면에 스타인의 동료들은 어떤 특별한 가치체계에 찬동하지 않는다. 실제로 단지 '개인적으로 유의미한 목표들'을 언급할 뿐이다. 또한 그것 말고도 세네카는 분노 즉 누군가가 해로운 짓을 했다는 인식이 언제나 한 가지 욕망, 바로 복수의 욕망으로 이어질 것이라고 말한다. 반면에 스타인의 연구팀은 최소한 추상적으로라도 다른 여러 가능성을 염두에 두고 있다.

해를 입었다고 생각했는데 알고 보니 내 잘못이었음을 깨닫는 순간에 대해 가정해보자. 세네카는 이 윤리적 판단의 순간을 이렇게 설명한다. 우선 우리는 그 '해악'이 고의가 아니었음을 알게 된다. 혹은 소위 가해자에게 나름의 이유가 있었음을 깨닫는다. 만약 아이들이 화를 돋운 것이라면, 아이들의 나이를 꾸짖어야 한다. 만약 여성이 그랬다면 실수를 저지르는 여성의 표준적인 성향을 책망할 필요가 있다(매우 전형적인 고대의 여성관이다). 만약 누군가가 명령이나 생명의 위협 때문에 어떤 행동을 하고 있다면(세네카는 둘 다 경험한 바 있다), 우리는 그 사람의 관점에서 문제를 바라볼 필요가 있다. 세상 사람 누구도 완벽하지 않다. 우리는 모두 인간이고 그러므로 다른 사람의 처지가 된다는 게 어떤 것인지 이해해야 한다.

세네카가 보기에는, 다른 모든 감정과 달리 오로지 분노만이 집단 전체에 영향을 끼칠 수 있다. 세네카의 이런 주장은 그가 지금 시대와 얼마나 동떨어져 있는지를 보여준다. 세네카가 공언한 바에 따르면, 우리는 결코 전 국민이 사랑에 불타오르거나, 전 사회가 돈벌이에 눈이 멀거나, 경쟁에 나선 모든 사람이 출세에 목을 매는 광경을 볼 수 없다는 말이지 않은가. 세네카는 독일 나치의 '총통 만세'나 북한 주민의 집단적인 눈물이 전하는 찬양의 감정을 상상할 수 없었을 것이다. "이따금 사람들 전체가 떼를 지어 분노하게 된다"라고 그는 관찰했다. 그는 "살생과 독살, […] 도시 파괴, 족속 전체의 일소, […] 불태워진 거주지"가 수반되는 전쟁의 폭력성도 바로 그런 격노 탓이라고 보았다.

"분노를 버려라"라고 부처는 말했다. "분노를 완전히 파괴하라"라고 세네카는 말했다. 차이가 있다. 전자는 우리가 새로운 진실에 '눈을 뜨면서' 분노를 내버린다는 것이다. 후자는 우리가 화를 돋우는 세상의 유혹들과 함께 여전히 세상의 수렁에 빠져있으며, 전투에서 끊임없이 싸워야 한다.

하지만 세네카의 희곡을 보면, 그는 때때로 노여움의 매혹에 저항하기보다 오히려 복수의 달콤함을 선호하는 것 같기도 하다. 예를 들어, 그가 희곡에서 묘사한 메데이아Medea는 적극적으로 뜨거운 격분의 에너지를 불러내려 한다. "노여움으로 무장하라!" 그녀는 자신에게 이렇게 명하는데, 그 이유는 아르고 원정대의 주인공이자 그녀가 낳은 두 아들의 아버지인 이아손이 그녀를 버리고 또 다른 여인인 크레온 왕의 공주와 결혼하기 때문이다. 이아손 본인의 해명에 따르면 그럴만한 이유가 있었다. 그냥 있었다면 그와 가족이 복수심에 불타는 아카스토스 왕의 손아귀에 죽임을 당했으리라는 것이다. 이제 그와 아이들은 새로운 장인인 크레온 왕의 보호를 받게 되었다. 하지만 메데이아는 꿈쩍하지 않는다. 그녀는 마법의 재주를 부려 이아손의 새 아내를 죽게 만든다. 그리고 그녀는 이아손에게 가장 소중한 존재가 두 아들이라는 걸 알기에, 바로 그 아이들을 살해하여 이아손에게 지독한 슬픔을 남긴다. 세네카가 자신의 논고에서 말하는 바대로라면, 그녀는 자기 자식들을 살해함으로써 확실히 자신의 파멸을 불러온 셈이었다. 그러나 희곡은 그녀의 승리로 막을 내린다. 그녀가 "날개 달린 마차에 앉아 바람을 타고" 승천하기 때문이다.

세네카의 '메데이아'는 이렇듯 분노에 관한 그의 논고와 모순되는 것처럼 보인다. 그러나 그 희곡의 최근 편집자 겸 번역자인 보일A. J. Boyle은 그 둘이 어떻게 화해할 수 있는지를 보여준다. 분노가 각자 개인에게 낳는 결과들을 논한 세네카의 논고와 달리, 세네카의 극본은 계속 이어지는 분노와 복수의 순환이 불러오는 장기적인 파멸을 보여준다는 것이다. 우리는 희곡의 등장인물들이 자신을 정당화할 때 그런 형태의 분노들에 관해 배운다. 예를 들면, 아카스토스의 아버지가 메데이아의 계략으로 살해되었고, 크레온은 그렇게 아버지를 잃은 아카스토스의 노여움으로부터 이아손을 보호하는 중이라고 말한다. 한편 신들도 제 나름의 복수의 이유가 있다. 이아손의 아르고호는 바다를 항해한 최초의 배였다. 이아손의 여정 이전에는 물과 땅이 각자 분리된 영역을 차지하고 있었는데, 그가 바람의 힘을 배의 돛 안에 가둠으로써 바람에 대한 새로운 법칙을 세웠고, 그런 점에서 그는 원형적인 자연의 조화를 배신했다고 볼 수 있었다. 신들이 이아손을 벌한 것은 잘못이 아니었다. 스토아주의자들은 자연의 법칙을 존중했고, 그런 법칙이 실로 이아손의 오만불손 때문에 손상을 입었기 때문이다. 메데이아의 복수는 신들의 수단이었다. 세네카는 모든 복수를 비난하지 않았다. 그것이 '적합한 결론'일 때는 말이다.

세네카는 당대에는 특별히 인기가 있거나 영향력이 크지 않았다. 오히려 르네상스 이후에 당시 유럽 상류층을 매료시킨 신스토아주의 철학 운동의 일부로 세네카가 소환되면서 그의 사상이 영향을 미치게 된다. 그럼에도 세네카의 견해는 로마제국에서 분노의 위치를 이해하는 데 중요하다. 그가 '전형적'이기 때문은 아니다. 오히려 로마 사회에서는 오늘날의 우리 사회처럼 다양한 정서 공동체들이 각자 나름의 방식으로 감정을 경험하고, 표현하고, 존중하고, 멸시했다. 세네카는 오히려 아주 작은, 하지만 영향력이 있는 정서 공동체의 전형적인 인물이었다. 그것은 사회적 집단이라기보다는 일종의 문예 집단으로서, 분노에 관한 스토아주의의 가르침을 새겨듣던 추종자 무리였다. 키케로와 카이사르가 바로 그 무리에 포함된 주요 인물들이다.

고전학자 윌리엄 해리스William Harris는 로마인들이 바로 자기네 나라의 기반을 분노와 결부시켰음을 보여주었다. 카인과 아벨의 이야기에서처럼 로마 건국 설화도 형제지간의 살해 사건과 관련이 있다. 로마의 역사가 리비Livy는 로물루스가 화가 나서 레무스를 죽였다고 말했다. 로마 역사에서 서기 14년에 막을 내린 공화정 시대는 황제가 아닌 엘리트층이 로마를 통치하던 시기였다. 대체로 이 시기에 정치 생활에서 발생한 문제에 대해 화를 냈다고 비난받은 로마인은 거의 없었다. 오히려 로마인들은 부패와 야망에 저주를 퍼부었다. 우리 눈에는 분노가 보일지 모르지만, 로마인의 눈에는 탐욕과 비행이 보였다.

그러다가 이런 태도가 바뀌게 되었다. 일부 로마 원로원 의원들이 그리스 사상에 빠져들면서(기원전 146년에 그리스가 로마제국에 합병된 이후 점점 더 분명해진 사실이다) 서서히 그러나 분명하게 분노를 생생한 윤리적 쟁점으로 간주하기 시작했다. 웅변가이자 정치가이자 철학자인 키케로가 당시 그리스 속주 총독으로 부임한 아우 퀸투스Quintus에게 조언의 편지를 썼을 때, 그는 퀸투스의 한 가지 결함인 성마른 기질을 따로 언급했다. 퀸투스는 제 성질을 참지 못했다. 키케로는 이렇게 썼다. "왜냐하면 네 마음이 분노로 먼저 충격을 받게 되니 냉철한 계산으로 그것을 막을 길이 없기 때문이다." 그러니 구제책은 "신중하게 미리 대비하고 […] 최대한 주의를 기울여 너의 혀를 억누르는 것이다." 혀를 붙잡아 매라는 것은 분노를 파괴하라는 세네카의 훈계와는 매우 거리가 멀다. 그러나 이것은 키케로가 이 문제를 민감하게 생각하고 있었음을 입증해준다.

퀸투스가 과연 형의 조언에 유념했는지 확인할 증거는 없다. 하지만 같은 무렵에 역사가 살루스트Sallust는 카이사르가 분노의 유독한 효과에 관해 강한 어조의 진술을 했다고 전한다. 그 상황은 로마에서 불만 많은 집정관 후보자 카틸리나Lucius Sergius Catilina가 주도한 반란의 여파로 빚어졌다. 원로원 의원들이 음모에 가담한 자들의 운명을 결정하고 있을 때, 카이사르는 처형에 반대하는 주장을 폈다. 카이사르는 처형은 감정적이고 비이성적인 대응이라고 말했다. 그는 격정에 주의하라고 경고했다. "증오, 우정, 분노, 동정으로부터 자유로워지는 것이 완전한 인간이 되는 길"이라고 그는 주장했다. 그런 감정들은 이성을 내쫓는다. 그렇게 휘둘리는 상황에서는 아무도 올바른 판단을 내릴 수 없다. 그리 중요치 않은 사람들이라면 분노에 휩싸여 행동하더라도 크게 문제가 될 것은 없다. 그러나 공공의 무대에서 심의하고 결정을 내리는 사람들에게는 선택의 여지가 적다. 이런 사람들은 냉철하게 보여야 했으며, "화를 내는 것은 특히 어울리지 않는다. 왜냐하면 다른 사람들이라면 성마른 성질이라고 볼 수 있는 것들이 권세 있는 사람들의 경우에는 자만과 잔인성이라 칭해지기 때문이다." 이 연설은 일부를 설득시켰지만 잠시뿐이었다. 키케로가 최종 발언에 나서서 처형을 요청했기 때문이다. 키케로는 분노 때문에 그 자리에 나섰다고 주장하지는 않았다. 정반대로 그는 "뛰어난 인류애와 자비심"에 고무되었다고 말했다. 그는 격노하고 있는 게 아니라 로마를 구원하고 있었다. 그는 "우리와 우리 아내, 우리 자식을 살해할" 음모를 꾸민 자들을 마주하여 사실상 진정 자비롭고 품위 있는 대응을 조언하고 있었다. 그의 입장이 받아들여졌고 음모자들은 사형당했다.

간단히 말해서, 서기 1세기 중반 로마 엘리트층에 속하는 몇몇 사람들은 성난 듯 보이기보다 자비롭게 보이는 것이 정치적으로 유리하다는 사실을 인식하고 있었다. 분노에 대한 로마식 맹비난의 초창기에는 몸소 보여주는 것이 요점이었다. 설령 속으로는 달리 느끼더라도 어쨌든 화나지 않았음을 '보여주는' 것이다. 그러나 그렇게 보여주기를 한다고 하더라도, 그런 분노로부터의 탈피가 일반적으로 칭송받았던 것은 아니었다. 권세 있는 사람들은 해를 입었을 때 행동에 나설 것이고 또 그래야만 한다는 점이 여전히 널리 받아들여졌다. 마르쿠스 카엘리우스_{Marcus Caelius}의 범죄를 변호하면서 키케로조차 통상적인 관점을 인정했다. "원기 왕성한 사람들은 다쳤을 때 고통받고, 화가 날 때 자제력을 잃고, 공격당했을 때 싸운다." 그러나 그가 그런 사람들을 끌어다 댄 이유는 오로지 고발자에게 유리한 증인이 될 수 있는 그들의 역할을 헐뜯기 위해서였다. "오, 판관들이여, 그들의 지나침을 숙려에서 배제해주기를."

키케로와 세네카가 대표한 소수 의견은 그 이후로도 수 세기 동안 계속 소수 의견으로 남았다. 4세기 말엽 기독교가 로마제국의 공식 종교가 되었다. 5세기와 6세기에 이뤄진 야만족의 정복도 그 사실을 바꾸어놓지 못했다. 야만족들도 이미 이런저런 형태의 기독교 신앙을 고백했거나 곧 고백하게 되기 때문이다. 기독교인들은 일반적으로 로마인의 가치관을 물구나무 세웠다. '하느님의 병사들'은 순교자들이지 전쟁터의 전사들이 아니었다. 가족, 신체, 재산 등 그간 훌륭하다고 여겨져 온 로마적 삶의 오래된 기반들이 꼼꼼히 살펴지고 대체로 거부되었다. 그러나 분노에 대한 로마의 양면적인 감정은 그대로 남았다.

이것은 부분적으로는 기독교 자체가 분노에 관해 서로 화해할 수 없는 수많은 모순적 본보기들을 보유했기 때문이었다. 구약성서에는 종종 '정의롭게' 분노하는 신이 등장한다. 대조적으로 신약성서에서 예수는 거의 화내는 법이 없다. 마가복음 3장 5절에서 예수는 안식일이라며 손이 오그라든 남자를 전혀 도와주지 않는 회당의 유대인들을 분노와 비탄 속에 둘러본다. 산상수훈에서(마태복음 5장 22절) 그는 자기 형제에게 화를 내는 모든 사람을 꾸짖는다. 네 복음서 모두에서 예수는 신전에 들어와 장사하는 상인들을 내쫓는다. 그리고 일부 판본에서는 환전상의 탁자를 뒤집어엎는다. 그러나 신전 사건에 대한 이들의 설명 어디에도 예수가 화를 냈다는 말은 없다. 이 일화에 관해 글을 쓴 교부 저술가들도 이때 예수에게 어떤 감정이 있었는지는 생각하지 않았다.

구약성서의 하느님도 중요하기 때문에, 분노를 완전히 싸잡아 비난하는 기독교 사상가나 실천가는 거의 없다. 그렇기는 해도 소수의 사람은 세네카의 전통을 기독교적 맥락에 어울리게 접목하는 과정에서 그 불씨를 살려두었다. 초기에 세네카의 논고에 크게 열광한 사람은 6세기 브라가의 대주교 성 마르티노Martinus de Braga, St.였다. 세네카가 동생이나 그밖에 로마 엘리트층 사람들을 위해 글을 썼다면, 마르티노는 자기처럼 기독교 공동체의 구원을 염려하던 이베리아반도의 한 동료 주교를 위해 글을 썼다.

이 사제들의 관심은 철학이 아니라 사목에 있었다. 따라서 마르티노는 자기가 한 말들 대부분을 세네카에게서 빌려왔음에도 불구하고 세네카의 원전을 철저히 재구성하고 축소했다. 그는 분노의 끔찍한 효과들(추악함, 광기, 고집불통)을 요약한 후 세 가지 실천적인 치료법으로 넘어가 간편한 지침을 제공했다. 그는 '분노를 억누르는' 세 가지 방법이 있다고 말했다. 첫째, 그냥 안 된다고 말하라. 분노에 굴복하기를 거부하라. 둘째, 일단 분노의 '분출'을 허용한 상태라면, "잠시 지연시켜라. […] 기다리면 멈출 것이다." 셋째, 다른 사람들의 분노를 치유하라. 그들의 분노를 지연시킬 방법을 찾아라. '고통에 공감하는 동료' 역할을 연기하기 위해 스스로 화가 난 체하라. 아니면, 그들이 창피해하거나 두려워하게끔 어떻게든 꾸며보라.

마르티노의 조언은 효과가 있었다. 격노한 국왕, 맹렬한 내전, 흉포한 피의 복수 같은 야만적인 유럽의 초상은 대체로 6세기 때 투르의 주교 그레고리Gregory de Tours가 프랑크족 사람들에 대해서 쓴 설명에 기초한다. 그러나 그레고리의 역사는 객관적이지 않았다. 거기에는 무엇보다 그 시대의 악이란 가장 유독한 형태의 분노가 빚어낸 결과라는 그의 확신이 착색되었다. 그는 『열 권으로 엮은 역사』 서문에서 그 시대의 고통을 사람들의 야수성과 왕들의 격노 탓으로 돌렸다. 동료 주교들에게도 책임을 물었다. 그는 분노를 그들의 주된 악덕과 동일시했다. 본인에 관한 한 그는 냉소, 익살, 아이러니를 휘둘러 자신의 분노에 저항하였다. 그레고리는 브라가의 마르티노와 친분이 있었다. 어떤 의미에서 그는 타인의 분노를 치유하라는 마르티노의 조언을 받아들였다. 그의 『역사』는 당대의 국왕들, 주교들, 그리고 학식 있는 속인들이 자신의 격노를 창피해하고 두려워하게 만들려는 의도가 있었다.

그러나 6세기 이후로 분노에 관한 세네카의 사유는 오랜 동면에 빠졌고, 실은 스토아철학이 전반적으로 그러했다. 11세기부터 13세기에 이르기까지 세네카의 분노에 관한 논고는 오로지 이탈리아 남부 지방에서만 읽히고 필사되었다. 그리고 그곳에서도 오로지 수사들만 그 책을 읽었다.

하지만 13세기에 파리에서 프란치스코회의 탁발 수사들이 그 책을 재발견했다. 그들은 브라가의 마르티노가 그랬듯이 사목적인 목적에서 그 책을 활용했다. 탁발 수사들의 청중이 마르티노의 청중보다 훨씬 더 폭넓었다는 것은 큰 차이점이다. 유럽 도심지의 남녀들이 청중을 이뤘고 그 안에는 종교인과 속인이 함께 포함되어 있었다. 그러나 곧 가톨릭교회의 독점권이 분쇄되었다. 종교적 차이를 빌미로 한 전쟁이 분노를 혐오할 새로운 이유를 제공했고 새로운 신봉자들의 등장을 예고했다.

○

스토아주의를 바라보는 대중의 시각과 달리, 이 철학의 고전적 형태의 요점은 어깨를 으쓱하며 무시하는 냉담도 아니고 그냥 꾹 참는 인내도 아니다. 목표는 이성적인 존재가 되는 것이었고, 우리가 완벽한 정복을 꿈꿔볼 수 있는 유일한 대상, 즉 나 자신을 통제하는 것이었다. 그들이 보기에 분노는 자연스러운 것도 필연적인 것도 아니었다. 사실 그것은 고약하고 해로운 것이었다. 의심할 바 없이 대부분의 사람은 분노의 모진 아픔과 복수에 대한 덧없는 생각을 경험한다. 그러나 사람들은 또한 올바른 현장 판단, 감정의 관찰, 일상적 활동에 대한 검토, 자신의 어리석음에 대한 실소, 자기 실수로부터의 배움 등 정신을 차리게 해줄 도구들도 보유하고 있다.

chapter. 3

폭력과
신스토아주의

:

데카르트와
마사 누스바움

인형에게 주먹질했을 때 어머니는 내가 화가 났다고 선언했다. 내 감정이 어땠는지 어머니는 어떻게 알았을까? 혹시 내가 주먹을 날리면서 무슨 말이라도 했다면, 그것은 아마 "나 화났어"가 아니라 "넌 못된 인형이야, 못된 인형이야"였을 것이다. 내가 인형에게 가하던 폭력은 나로서는 아무리 봐도 적절한 판단이었다. 세네카가 '합당하다'라고 불렀던 그런 종류의 처벌이었다. (아마도 내 마음속에서는 인형이 무언가 나쁜 짓을 저질렀다고 생각했던 것 같다.) 그러나 어머니는 나의 행위를 승인하지 않았고 나의 가격을 '분노'로 해석했다. 우리는 흔히 분노를 우리가 비난하는 폭력 사례들과 동일시한다. 그에 따른 귀결은, 사람들을 교도소에 가두거나 사형을 지지하거나 전쟁터로 자랑스레 행군할 때처럼 자신이 찬성하는 폭력에 대해서는, 분노가 이런 행위들의 활력소가 된다고 거의 생각하지 않는다는 것이다.

분노는 늘 폭력을 수반하는가? 앞으로 보겠지만 반드시 그런 것은 아니다. 그러나 많은 정서 공동체가 그런 연결고리를 만든다. 네덜란드, 독일, 프랑스, 영국을 집어삼킨 종교개혁은 16세기와 17세기에 악의에 찬 종교 전쟁을 촉발했다. 그 시대에 살았던 많은 이들에게 그런 폭력은 불합리하고 불가해한 것으로 보였다. 일부는 스토아주의자들을 본보기로 삼았고 그중에서도 특히 세네카가 꼽혔다. 역사가들은 그런 사람들을 신스토아주의자라고 부른다. 그러나 이런 신스토아주의자들 가운데서도, 고난의 시기를 겪고 있는 것이 분노 탓이라고 보는 사람들과, 설령 강도를 당하거나 추방을 당하거나 약탈하는 군대와 적대 국가들 때문에 고초를 겪는 중이라 해도 평정을 잃지 않는 법을 찾기 위해 스토아주의에 기댄 사람들을 구분할 필요가 있다. 이는 분노를 찬양한 근대 초기의 일부 정서 공동체들과는 정반대의 견해였다.

흔히 최초의 신스토아주의자로 여겨지곤 하는 유스투스 리프시우스 Justus Lipsius(1606년 사망)의 일생을 가장 잘 묘사하는 말이 바로 '고초'다. 리프시우스는 고향 벨기에를 떠나야만 했고 그런 다음에 독일에서도 마찬가지였다. 그는 분노에 관한 논고를 포함해 세네카의 저술을 한데 모은 결정판을 출판했는데, 그러니 당연히 분노와 폭력을 등가로 본 세네카의 견해에 의존할 수도 있었을 것이다. 하지만 그는 그러지 않았다. 오히려 그는 스토아주의의 평정심과 기독교의 인내를 화해시켰다. 그는 '항상성'을 옹호했고, 그것을 '올바르고 흔들리지 않는 마음의 힘'으로 정의하였다. 그 힘은 이 세상의 비애에는 신적인 목적이 들어있다는 추정에서 나온다. 분노와 폭력을 바라보는 진정 세네카다운 접근방식을 찾으려면 리프시우스 그 너머를 살펴봐야 한다.

우리는 그 방식을 요한 바이어Johann Weyer(1588년 사망)의 저술에서 발견한다. 그는 율리히-클레베-베르크의 공작 윌리엄 1세William the Rich, duke of Jülich, Cleves, and Berg를 섬긴 궁중 의사 중 하나였다. 북부 독일과 네덜란드에 걸쳐져 있어서 곧장 전쟁의 표적이 된 지역들을 한 묶음으로 통치하던 윌리엄은 신교도 일반 대중과 스페인의 가톨릭 군주 카를 5세 사이에서 늘 줄타기를 해야 했다. 카를 5세의 군대는 윌리엄의 영토를 자주 침범했다. 충돌의 한가운데서 살았던 바이어는 세네카의 '살생과 독살'이 되풀이되는 광경을 목격하였다. 실제로 그는 그런 말들이 마치 자기가 사는 시대를 가리키는 말인 양 인용하였다.

바이어는 세네카에게 동의했다. 폭력은 분노의 자손이었다. 하지만 분노를 이성의 착오로 간주했던 세네카와 달리 바이어에게 분노란 진짜 질병과 같았다. 그가 상세히 밑그림을 그렸던 다면적인 치료법이 약이었다. 널리 알려져있던 갈레노스의 의학 이론에 따르면 신체 건강을 결정하는 네 가지 기본 요소, 즉 체액들은 식단, 운동, 그리고 음악을 통해 균형을 유지해야 했다. 동시에 새로운 일상의 과제들을 실천하여 분노를 억제해야 했다. 세네카는 낮에 분노를 느꼈던 모든 순간을 그날 밤에 검토해보는 것이 유익하다는 사실을 깨달았다. 여기에 바이어는 아침의 회계감사를 보탰다. 아침이건 저녁이건 이렇게 자문해야 한다는 것이다. "나는 어떤 나쁜 행동을 바로잡았나?", "나는 어떤 악덕에 저항했나?", "나는 분노를 억제했나?" 요점은 '나 자신을 극복하는 것'이었다. 더불어 낮 동안에도 바이어의 그 가상의 '환자'는(항상 남자이다. 아내는 남편이 분노 치료를 받는 동안 침묵하고 있어야 했다) 수많은 과제를 수행해야 했다. 그는 분노의 끔찍한 효과들을 경고하는 다양한 간편 격언들을 반복해서 되뇌어야 했다. 또한 교훈적인 역사적 사례들을 명상하고, 조금이라도 성날 조짐이 보일 때면 자신을 꾸짖어야 했으며, 개인 트레이너(친한 친구면 된다)를 모셔다 자신의 행동거지를 감시하게 해야 했다.

이 모든 조치에도 불구하고, 바이어는 우리가 분노하지 않고 살 수 있을 거라 생각하지 않았다. 세네카와 달리 바이어는 원죄에 관한 오랜 기독교 전통과 씨름해야 했다. 그 전통은 인간 본성은 부패해서 악에 물들기 쉽다고 가르쳤다. 바이어는 우리 중 가장 현명한 자라 할지라도 분노하게 되는 것은 불가피하다고 생각했다. 그러므로 그런 일이 벌어질 때 즉각 거울 앞에 달려가 자신의 모습을 비춰봐야 한다. 우리의 화난 얼굴보다 더 "역겹고, 추하고, 구역질나는" 것은 아무것도 없기 때문이다. 스토아주의자들 또한 거울을 들여다보라고 권고했지만, 그들의 목적은 분노를 거부하라고 설득하려는 것이었다. 반면 바이어의 목적은 이미 허용한 분노를 잘 관리하게 하려는 것이었다. 바이어가 꼭 진짜 거울을 생각하고 있었던 것도 아니다(틀림없이 16세기라면 거울은 그리 녹록치 않은 재화였을 것이다). 우리는 마음의 눈으로 나 자신을 바라보면서 단지 겉으로 드러난 모습만이 아니라 불규칙한 맥박, 두근거리는 심장, 긴장된 신경까지 내면에서 진행 중인 동요들도 관찰할 수가 있다. 우리는 자신의 분노를 대면하고 회개함으로써 그것을 극복해낼 수 있다.

바이어는 세네카에게 의존했지만, 그가 생각한 인간의 조건은 달랐다. 스토아주의자들은 인간을 이성적이고 자기충족적인 존재라고 생각했지만, 바이어 부류의 기독교인들은 인간은 신의 은총이 허락하는 한도 내에서만 자기 삶의 통제권을 갖는다고 믿었다. 인간의 이성은 그 자체로 연약한 것이었다. 세네카는 적어도 소수의 몇몇 정도는 분노를 완벽히 근절하는 것이 가능하다고 생각했지만, 바이어는 분노는 기껏해야 즉각 멈출 수 있는 정도가 최선이며 그것도 오로지 일생에 걸친 항구적 치료에 참여한 사람들만이 그렇게 할 수 있다고 생각했다. 바이어에게 분노란 미쳐 날뛰는 이성의 끔찍한 오판이 아니었다. 그것은 마음뿐 아니라 육체에도 영향을 미치는 질병이자 유행병으로, 자칫하면 다른 사람들도 감염시키고 그 여파로 전쟁과 폭력의 온갖 고통과 폐허를 불러오는 것이었다.

바이어는 자기가 처방한 '약'을 사람들이 정말 잘 삼킬 거라고 기대했을까? 그 약은 아홉 가지 수련 과제를 수반하는 것이었고, 그중 상당수는 답이 정해져 있지 않으며, 시간을 많이 잡아먹을 가능성이 컸다. 이 과제들을 평생에 걸쳐 매일 실천에 옮겨야 했다. 아마도 바이어는 그렇게 했을 것이다. 도덕적인 수련 과제를 풀면서 하루를 마감하는 것은 그 시대에는 흔한 일이었다. 가톨릭 신자 귀족들은 일상의 활동 중간 중간에 기도를 올리기 위해 시도서Books of Hours를 사용했다. 수사들은 하루를 시간으로 나눴다. 그들은 하루 일곱 번 교회로 가서 찬송, 일과日課(조석으로 읽는 성경 구절), 기도를 올렸다. 바이어가 자신의 프로그램을 다듬던 대략 비슷한 시기에, 로

욜라의 이냐시오Ignatius de Loyola는 『영신 수련Spiritual Exercises』이라는 자신의 양생법을 저술하고 있었다. 그것은 하루 세 번의 자가 검사와 다양한 추가 활동들을 갖춘 방법이었다.

당시 감정에 관한 선구적인 철학자였던 르네 데카르트Rene Descartes(1650년 사망) 역시 스토아주의에서 영감을 얻은 분노 관리 프로그램이 있었다. 그는 『영혼의 정념들에 관하여』라는 논고에서 모든 정념에 관한 일반론을 제시한다. 그러나 그중에서도 맹렬한 분노는 최악이자 가장 심혈을 기울여 회피해야 하는 것이었기 때문에, 데카르트 입장에서 보면 그것은 일종의 '포스터 어린이poster child(가장 전형적이라는 의미를 담은 관용적 표현—옮긴이)'였다.

그의 이론을 간략히 요약해보자. 그의 유명한 발언 "나는 생각한다, 고로 존재한다"에서 시작할 수 있겠다. 데카르트에게 의심의 여지없이 참인 유일한 것은 사유하는 실재實在인 자아 즉 영혼이다. 그러나 일부 해석자들이 생각하는 것처럼 이것이 영혼과 육체를 떼어놓는 것은 아니었다. 영혼은 자신이 육체를 통해 '배운' 것들에 대해 생각하기 때문이다. 육체는 내부 세계와 외부 세계를 항시 감각하고 감시한다. (하나 예외가 있다. 의심은 영혼이 육체에 의존하지 않고도 가질 수 있는 딱 하나의 사유이다.)

영혼은 육체의 모든 부분과 철저히 "결합해"(데카르트가 한 말이다) 있다. 뇌 안의 송과선은 뇌가 작동하는 특권적 장소로서, 바로 그곳에서 육체와 영혼의 상호작용이 발생한다. 육체의 내면 상태들(갈증, 열기, 냉기, 고통 등) 못지않게 외부 세계에 관한 표상들(색깔, 소리, 모양 등)도 신경을 통해 영혼에 전해진다. 이런 것들이 사유의 원자재들이다.

일부 사유는 "활동적"이다. 뒤에서 빵빵거릴 때 귀를 통해 듣는 소리는 신경을 거쳐 영혼으로 전송된다. 그러면 (영혼의 능동적 기능 중에서) 이성과 판단력이 그 지각을 평가한다. 평가 결과 빵빵 소리가 별로 중요치 않다는 결론이 나오면, 우리의 자유의지(또 다른 능동적 기능인)가 아마도 관심을 다른 데로 돌릴 것이고, 그럼으로써 그 소리에는 거의 주의를 기울이지 않을 것이다. 하지만 만약 빵빵 소리가 문제시되고, 그것이 나에게 "타인이 저지른 악행"이며, 나에게 복수하고픈 소망이 있는 것으로 평가된다면, 나는 분노를 느낄 것이다. 분노는 "수동적" 유형의 사유이다. 우리는 다른 유형보다 그런 유형의 사유들, 그런 "정념들"에 훨씬 더 크게 좌지우지된다. 빵빵 소리를 듣고 그것이 무슨 소리이며 어떻게 그 소리가 만들어지고 그 소리가 큰지 작은지, 그로 인한 결과는 어찌 될 것이며, 그 소리가 다른 것들과 어떻게 연결될 수 있을지 등을 알게 되는 온갖 종류의 능동적 사유들과 달리, 분노의 감각은 "혼란스럽고 불명료하다." 그러나 수동적 사유는 능동적 사유만큼이나 강력하며, 또한 신체 반응으로 이어질 수도 있다. 분노의 경우, 얼굴이 전형적인 모양으로 찌그러질 것이고 뺨은 창백해지거나 붉어질 것이다. 피가 끓어오를 것이고, 손을 쳐들어 뒤차 운전자에게 저속한 손가락질을 할 수도 있을 것이다.

또 다른 가능성이 있다. 분노를 느낄 때 우리의 자유의지/이성은 그 상황을 다시 평가하도록 도와줄 수 있다. 그리고 그런 재평가는 우리의 감정과 반응 둘 다를 바꾸어놓을 잠재력을 지닌다. 가장 간단한 교정의 경우, 이성이 그 빵빵 소리를 내 자동차나 운전에 무언가 부적절한 점이 있음을 친절하게 알려주는 신호로 다시 정식화할 수 있다. 더 심원하고 중요한 역할로서, 이성은 우리의 다양한 분노 경험을 자신의 판단에 반영할 수 있다. 그럼으로써 설령 그 빵빵거림이 부당하고 대단히 신경 거슬리는 행태라할지라도 보복은 타인에게나 자신에게나 나쁜 결과를 낳는다는 사실을 인식할 수 있게 된다. 분노를 느끼면서도 설득력 있는 이유로 그 분노에 반대할 수 있다면, 그럴수록 우리는 더 윤리적인 존재가 되는 것이다. 즉, 분노는 우리가 사회적 삶과 주위 환경을 더 폭넓은 시각으로 바라볼 수 있게 하며, 그런 점에서 분노 자체가 우회적으로 분노의 극복을 돕는 셈이다. 분노가 초래하는 폭력, 후회, 상처를 거듭 경험함으로써 우리는 분노 대신 '도량 générosité'을 느끼는 법을 배운다. 그렇게 무장함으로써 우리는 "자신을 절대적으로 통솔"한다. 왜냐하면 우리는 자존심, 사회적 지위, 타인에게 휘두르는 권력 등을 포함해 남에게 "빼앗길 수 있는 것이라면 무엇이건 그리 대단히 존중하지 않기" 때문이다. 도량이 분노를 대신하고 나면, 분노는 이제 무엇으로 남는가? 새로운 도덕적 감수성이다. 흔히 다른 사람들을 기분 상하게 하는 잘못된 처사들을 경멸하거나 혹은 기껏해야 의분을 터트리는 것이다. 데카르트의 도량은 아이러니하게도 모든 감정 중에서도 가장 불온한 감정을 경험함으로써 생겨나는 일종의 평정심이었다.

데카르트는 '30년 전쟁'(1618~1648)을 거치며 살았다. 정념에 관한 논고는 그 전쟁이 끝난 다음 해에 모습을 드러냈다. 그는 자신이 그런 다툼과는 무관하다는 허상을 애써 쌓았지만, 실상은 정치적인 쟁점들에 깊게 관여했다. 그에게 분노 제거를 위한 9단계 프로그램 같은 것은 없었지만, 데카르트도 결국 바이어와 상당히 비슷한 말을 하고 있다. 우리가 분노를 근절할 수는 없으나 분노를 발동함으로써 오히려 분노에 대한 저항력을 기른다고 말이다. 분노를 느끼고, 그것이 어느 모로 보나 아무 의미도 없으며, 사실상 자신과 타인에 해로울 뿐임을 생각하고, 분노를 느끼는 일이 거의 없어질 만큼 아주 습관적으로 분노를 극복하는 것이다.

바이어, 리프시우스, 데카르트의 사상은 사람들이 분노를 느끼고, 분노와 더불어 살아가는 방식에 근본적으로 영향을 미쳤을까? 확실히 당시 유럽 전역의 학자들은 감정은 억압하거나 극복해야 한다는 신新스토아주의적인 관점을 칭송하기 위해서 입에 발린 소리를 내놓느라 열심이었다. 하지만 어떤 감정을 존중하고 어떤 감정을 억압해야 하는지에 대해 합의를 이룬 '신스토아주의 정서 공동체'는 존재하지 않았다. 리프시우스는 분노는 길들여질 수 있다고 생각했다. 바이어는 분노를 질병처럼 다루기를 원했고 치료 방법을 제안했다. 데카르트는 근육이 위축되고 싶지 않다면 질량과 중력이 있어야 하듯, 인간의 도덕적 근성을 강화하는 한 가지 방법으로 분노를 정당화했다.

일부 역사가들은 근대 초기의 국가 통치자들이 사회적 행동(여기에는 온갖 종류의 감정이 포함된다)을 통제하기 위해 사용한 명분들에 신스토아주의가 반영되었다고 주장한다. 다른 이들은 그 사상이 프로테스탄트 교회에서 통했다고 보았다. 이로써 중세식의 '감정 지향적인 신앙'은 종지부를 찍었고(그들이 그렇게 주장한다) 루터 같은 개혁가들은 "일부 형태의 [감정] 표현들은 그 강도를 낮추고, 다른 형태의 것들은 완전히 억압하고, 또 다른 승인된 유형의 감정들은 적절하게 재단하고자" 노력했다. 그런 이론들에 따르면, 다른 감정 담론처럼 분노 담론은 16세기와 17세기에 특히 신교도 지역들에서는 마땅히 쇠퇴했어야 했다.

당시 영국 식민지였던 매사추세츠 케임브리지의 한 청교도 교회에 입회하고 싶어 한 남녀들이 내놓은 신앙 증명서 뭉치들을 통해, 이런 가설을 옹호하는 일부 증거를 볼 수 있다. 토마스 셰퍼드Thomas Shepard(1649년 사망)가 이끄는 그 교회는 (유사한 다른 많은 교회가 그러하듯이) 예배자가 회중에 합류할 수 있으려면 먼저 각자 공개적으로 신앙고백을 해야 한다고 요구했다. 이런 발상은 신자들마다 자신이 교회의 일원이 될 자격이 있다는 증거를 제시하는, 일종의 영적 자서전을 제출한다는 의미였다. 셰퍼드는 1648년부터 1649년까지 그런 취지의 구두 해명 열여섯 건을(남자가 아홉 건, 여자가 일곱 건이다) 공책에 기록해두었다.

이들 증명서에서 온갖 유형의 유행병, 고통, 천벌로 모습을 드러내는 신의 분노는 죄악에 대한 처벌로 이해되었다. 스티븐슨 여사가 말한 바에 따르면, "주님이 기꺼이 제게 죄악을 일깨우려 하셨을 때, 그것은 역경을 통해서였습니다. […] 저는 하느님의 노여움 한가운데에 있었습니다." 구킨 부인은 본인 생각에 주님이 "분노하여 [그녀에게서] 등을 돌렸다고" 걱정했다. 하지만 인간적인 분노는 언급되지 않았다. 셰퍼드의 신도 지망생들은 사랑, 희망, 공포의 감정들을 거듭해서 언급했다. 그들은 자신의 얼어붙은 황폐한 마음을 한탄했다. 그러나 그들은 결코 화냄에 관해 말하지 않았다. 여기서 우리는 '신스토아주의 정서학'이 사람들의 자아 인식에 어떤 영향을 미쳤는지 보게 된다.

하지만 영국과 영어권 식민지 전체를 고려한다면, 이런 결론의 근거가 충분한 것은 아니다. 1430년에서 1700년 사이에 영국에서 출간된 책들을 아우른 거대 표본은 17세기에 '분노anger'나 '노여움wrath' 같은 단어들의 사용이 눈에 띄게 증가했고, 그 증가 추세가 1640년과 1680년 사이에 확연히 절정에 달했음을 보여준다. 그렇다면 신스토아주의의 시대가 분노의 종말을 불러왔던 것은 아닐 것이다. 그리고 이런 사실은 시급히 새 질문을 제기한다. 분노에 대한 고조된 관심이 더 심해진 폭력 상황과 혹시 상관관계가 있었던 것일까? 같은 시기에 '폭력'이라는 단어의 사용 빈도가 근본적으로 근접한 상승 추세를 보이는 것은 실제로 그러리라는 것을 암시한다.

그러니 분노와 폭력은 아마도 관련성이 있었던 것 같다. 적어도 문자로 남아있는 기록에서는 그래 보인다. 역사적 사실의 측면에서도 둘이 잘 맞아떨어질까? 그 최고조의 시기가 실제로 더 폭력적인 시기였던가? 답은 아마도 '그렇다'일 것 같다. 1640년대는 성공회 신자들(위계와 종교 의례에 우호적이었으며, 찰스 1세로 대표된다)과 '청교도들'(국가가 후원하는 형태의 프로테스탄티즘을 불쾌하게 생각했고 개인의 신심信心에 초점을 두어 교회의 형식적인 요소들을 정화하고 싶어 했던 사람들을 가리키는 다목적 용어로서) 사이에 종교적·정치적 균열이 점점 벌어져가는 모습을 볼 수 있었다. 1640년에 다수의 청교도가 장악한 의회가 소집되었다. 직후에 의회는 군주 정치에 반기를 들고 반란을 일으켰으며, 자체 군대를 조직하여 내전을 벌였다. 1649년에 청교도들은 국왕을 처형하고 올리버 크롬웰Oliver Cromwell의 영도하에 공화국을 건설했다. 다시 1660년에 찰스 2세가 군주제를 복원했다.

그렇다면 당시 사람들이 자기네 시대의 폭력을 분노 탓으로 여겼다고 결론 내려도 될까? 일부 증거는 그 방향을 가리킨다. 예를 들어 에식스Essex의 청교도 목사인 존 워런John Warren(1696년 사망)은 의회에서 행한 연설에서 시편 76편 10절의 한 대목에 관해 긴 설교를 늘어놓았다. "진실로 사람의 노怒는 장차 주를 찬송하게 될 것이요, 그 남은 노怒는 주께서 금하시리이다." 인간의 노怒는 분노이고, 그것을 그는 "불타오르는 영혼의 정념"이라고 일렀다. 첫째 원인은 불붙기 쉬운 연료의 역할을 하는 "인간 본성의 악의"다. 둘째는 "처음에는 하느님에 맞서고 그런 다음에는 하느님의 백성에 맞선 사탄의 적의"로서 그것이 "사악한 자들의 마음속"에 들어있는 숯덩이에 불을 붙이고 부채질을 한다. 워런은 독실한 사람들을 거역하는 인간들의 노여움을 잘 보여주는 사례로 화약음모사건Gunpowder Plot을 언급했다. 17세기 초에 군주제를 무너뜨리려고 가톨릭 세력이 꾸민 의회 폭파 시도로 알려진 사건이었다. 그런 방식으로 그는 분노를 폭력과 명시적으로 연결했다. 반면 그는 분노가 건전하게 사용되는 방식들도 인정했다. "죄악이 선동한 대상에 대한 분노는 좋은 것이다. 죄악은 지당하고도 격에 맞는 분노의 대상이다. 신의 분노는 오로지 죄악에 대해서일 뿐이다."

바이어나 리프시우스나 데카르트 같은 사람들의 고상한 경지와는 아주 거리가 먼 이런 설교는, 바로 그런 이유에서 사람들이 실제 삶에서 분노에 대해 어떻게 생각했는지를 직접적으로 드러낸다. 그러나 워런이 분노 일반을 비난했다고 한다면, 동시대의 다른 정서 공동체들은 세네카식의 색채가 훨씬 옅었다. 바이어가 독자에게 분노의 순간을 명상하며 몰두해 있는 동안에는 아내를 조용히 있게 하라고 조언했다는 점을 상기해보라. 아내는 이를 어떻게 느꼈을까? 화가 났을까? 일부 남성들은 그럴듯하다고 생각했다. 제임스 1세 국왕의 궁중 의원이었던 헬키아 크루크Helkiah Crooke(1648년 사망)는 이렇게 적었다. "우리 대부분은 분노의 정념이 남자보다 여자에게 더 빠르고 더 격렬하다는 사실을 지독한 경험을 통해 알고 있다. 왜냐하면 여자는 아주 사소한 원인 때문에도 쉽게 열을 내기 때문이다." 분노가 여성적이고 여성은 남성에게 복종하기로 되어있는 존재라면, 실제로 누군들 무슨 수를 써서라도 분노를 피하기를 소원하지 않겠는가? 신스토아주의자가 되고 싶지 않은 사람이 어디에 있겠는가?

하지만 공교롭게도 이런 관점에 반대하는 일부 목소리가 제기되었다. 이를테면, 익명의 저자가 쓴 『제인 앵거 그녀의 여성 보호Jane Anger her Protection for Women』는 여성의 분노를 옹호했다. 이 맹공은 저자가 현재 진행 중인 '재판'이라고 부른 과정 중 일부분이었다. 이 재판은 남녀를 싸움 붙인 일종의 유령 법정 공방으로서 여성들은 변호인을 필요로 했다. 여자들을 공격한 한 무명 남성에게 응수하면서, 저자는 '앵거'가 자신의 가명이

기도 하지만 그뿐만 아니라 정말로 앵거 그 자체가(즉, 분노가) 변론을 쓰는 중이라고 주장했다. "남자들의 거짓말에 이거 정말 기분이 안 좋군요. 그자들의 마음은 [폭언과 함께] 자주 광란을 일으키곤 하지요. […] 우리 여자들처럼 그렇게 학대받고, 비방당하고, 마구 욕을 먹거나, 말도 안 되는 악의적인 취급을 받은 적이 한 번이라도 있었던가요?" 남자는 여자의 연약함과 친절한 본성을 이용하며, 여성의 그런 미덕을 악덕으로 몰아간다. 남자가 여자의 노기를 비난할 때, 그것은 실제로 훌륭한 조언을 거부하는 것과 같다. 남자가 여자 보고 "노여워한다"라고 말할 때 실제 의미는 여자가 "남자의 무뢰한 같은 행동을 참지 않겠다"라는 뜻이다. 간단히 말해, "만약 우리의 찡그린 얼굴이 그렇게 끔찍하고 우리의 분노가 그렇게 치명적이라면, 그런 증오의 기회를 제공한 남자들은 너무나 어리석은 것이다." 남자들은 음란하고, 게걸스럽고, 기만적이며, 통제 불능의 인간들이다. 아내를 십자가로 착각한 그 술고래는 "멍청이"였는데, 아내가 "남편이 술에 취하는 무익한 [습관]에 물들지 않게 막아서며 그를 몹시도 기분 나쁘게 만들자, 그자는 환장하게 되었다." 제인 앵거의 통렬한 비난 속에서 여성의 분노는 사려분별 있는 것이고 남성의 분노는 미개한 것이었다. 그러나 분노가 없는 사람이란 아무도 없고, 그런 기대는 누구에게도 할 수 없다. 그윈 케네디Gwynne Kennedy의 말마따나, "앵거는 화난 여자라면 잔소리가 심하다거나 징징거린다는 꼬리표를 달지 않은 채로 욕설을 퍼부을 권리가 있다고 주장한다." 케네디는 앵거와 같은 견해를 취한 동시대의 수많은 저자들을 확인한다. 신스토아주의의 시대는 분노에 반대하는 태도가 지배적이었지만, 압도적인 것은 아니었다.

오늘날 신스토아주의가 유력한 규범이라고 말하기는 어렵다. 하지만 일부 분노 관리 요법에는 분명 영향을 미쳤다. 거의 모든 임상의가 어떤 분노는 정상적이며 건전한 것이라는 데에 동의한다. 모든 신스토아주의자 역시 그렇게 주장한다. 현대적 개념인 이른바 '정상 상태normalcy'를 염두에 둔 생각은 아니지만, 어쨌든 그들도 분노에 몇 가지 훌륭한 쓸모가 있다고 인정했다.

리프시우스는 분노가 용기를 굳건히 해준다고 생각했다. 바이어는 범죄와 죄악에 맞선 분노를 칭송했다. 데카르트는 이 두 설명에 동의했다. 다만 모두가 '과도한' 분노는 제거하기를 원했다. 오늘날 많은 분노 관리 요법이 희망하는 것도 정확히 그것이다. 예를 들면, 분노 관리 치료사인 하워드 캐시노브Howard Kassinove와 레이먼드 칩 타프레이트Raymond Chip Tafrate는 어떤 이의 분노가 빈도와 지속성 측면에서 과도한지, 그리고 분노를 촉발한 사건이나 사람에 견주어 불균형적인지를 결정하기 위해 '객관적 판단'에 의존한다고 말한다. 실제로 의뢰인 본인, 가족 구성원이나 동료, 학교나 교정시설, 치료사 등이 그런 결정을 내리는데, 치료사의 경우에는 표준화된 다양한 검사법을 사용해 그 장애의 완전한 매개 변수들을 평가할 가능성이 크다.

캐시노브와 타프레이트의 인지행동적 접근법은 스토아주의나 신스토아주의의 모형들과 일부 공통점이 있다. 두 치료사는 분노에 이르는 이원적 '경로'를 상정하는데, 이는 세네카의 두 가지 운동에 상응하는 것으로서, 첫째는 자동적이고 불변하며, 둘째는 고차원의 인지 과정에 의존한다. 그러나 상응 관계는 여기까지다. 왜냐하면 세네카는 최초의 '충격'에 대한 반응을 바꿀 방법이 없고 그 반응은 어쨌거나 진짜 분노는 아니라고 생각했지만, 캐시노브와 타프레이트는 조건화를 통해 그런 '반사' 작용을 고칠 수도 있다고 말한다. 데카르트처럼 그들은 반복 노출이 효과가 있다고 본다. 그들은 의뢰인에게 전형적 분노 유인에도 분노하지 않고 반응하는 법을 연습하라고 요청한다. 예를 들면, 환자와 치료사가 함께 그 빵빵 소리 에피소드를 연기해보거나 상상해볼 수 있다. 그런 다음 '두 번째 운동'으로 나아가면서 치료사는 그 사건을 새롭고 더 순응적으로 생각하는 방법들을 제안한다. 이를테면 교통 상황을 더 큰 시야에서 바라보게 하는 것이다.

사람마다 서로 다른 개입 프로그램이 요청된다는 점을 강조하기는 하지만, 캐시노브와 타프레이트가 앞서 소개했던 〈앤서니 M의 병력(p.31~32)〉을 논의한 내용은 그들의 전략이 무엇인지 말해준다. 리프시우스, 바이어, 데카르트처럼 캐시노브와 타프레이트 역시 자신들이 평정에 이르는 훌륭한 방법을 제공한다고 생각하고 있으며, 그들은 자신들이 제안한 기법들이 습관이 되기를 원한다. 우선 그들은 앤서니에게 자신의 분노 발현 사례들을 상세하게 검토해서 무엇이 분노를 촉발하는지 알아내고 그런 분노 발현의 부정적인 결과들을 인식하라고 요청할 것이다. 세네카와 바이어의 '날마다 검토' 전통과 상당히 비슷하게 그들은 앤서니에게 자신의 분노 발현 사례들을 기록해두라고 요청할 것이다.

계속해서 그들의 치료는 '변화 전략들'로 이어진다. 바이어처럼 그들은 분노 유인을 피하는 방법들을 제공한다. 데카르트처럼 그들은 노출에 의존한다. 예를 들면, 앤서니에게 매일 PMRProgressive Muscle Relaxation(점진적 근육 이완법)을 연습하여 분노에 대처하는 법을 가르칠 것이며, 그에게 '비非반응성을 유지'하라고 가르치기 위해 분노를 유발할 만한 가시 돋친 언어를 대면시킬 것이다. 그들은 바이어가 좋아하는 격언들과 매우 비슷한 '인지적 대처 진술cognitive coping statements'을 고안할 것이다.

캐시노브와 타프레이트의 신스토아주의적인 분노 관리법은 인간 정신에서 분노가 모조리 제거되기를 희망하지 않는다. 다만 단지 도움이 필요한 사람들에게 분노로 인한 문제를 덜어주고 싶을 뿐이다. 그들 역시 분노의 신관을 제거하는 일에 초점을 두긴 하지만, 불교에서 말하는 모 아니면 도 식의 '분노 버리기'나 세네카의 '분노에 저항하기'는 그들의 신념이 아니다.

○

17세기의 신스토아주의자들이나 요즘의 분노 관리 치료사들과는 달리, 현대 철학자 마사 누스바움Martha C. Nussbaum은 세네카의 더 절대적인 태도가 부흥하기를 소망한다. 더불어 그녀가 주석자 겸 번역자로서 밀접한 관계가 있는 세네카의 저술도 함께 그러기를 바란다. 바이어처럼 누스바움도 지금 당대의 폭력을 우려한다. 그녀는 마틴 루서 킹 주니어Martin Luther King Jr와 넬슨 만델라Nelson Mandela를 본보기로 소환한다. 그녀 책의 마지막 구절은 이것이다. "평화에 기회를 주어라." 그녀의 입장은, 공적인 삶에서 분노를 높게 평가하는 추세에 반대하는 강력한 목소리를 내자는 것이다. 누스바움은 분노와 폭력의 결합이 만연해 있음을 인정하고 복수라는 발상이 부조리하다는 것을 주장함으로써 스토아주의자들의 비판을 확장한다. 위해를 입힌 가해자를 해치는 것은 잘못을 바로잡는 일이 아니다. 그럴 수가 없다. 그녀가 사용한 '페이백payback(비유적으로 보복이나 복수를 의미하는 말로 쓰이나 원래는 환급, 원금 회수 등을 의미함-옮긴이)'이라는 말은 마술적인 사고에 의존한다. 이 말은 '우주적 균형'을 상정하지만, 그런 것은 존재하지 않으며 애초의 침해보다 더 나쁜 결과로 이어질 뿐이다.

누스바움도 분노에 일부 사소한 용도가 있을 수 있음을 인정한다. 그러나 그녀는 그런 얼마 안 되는 경우에조차 분노를 더 생산적인 감정으로 변환해야 한다고 요청한다. 그녀는 정서적 전이Transition(그녀는 여기서 특별히 대문자 'T'를 사용한다) 만들기를 이야기한다. 올바른 전이는 결코 '용서'가 아니다. 용서 과정에서 매겨지는 무자비한 '점수 기록' 덕분에 용서는 용서해주려 하는 바로 그 대상자의 인격을 떨어뜨리고 그럼으로써 그 자체로 '페이백' 즉 보복의 한 형태가 되어버린다.

누스바움은 삶의 영토를 '인간적 상호작용의 세 영역'으로 나누고 분노의 맥락들과 거기서 요구되는 다양한 전이들을 살펴본다. 첫 번째는 내밀한 영역이다. 즉 사랑하는 사람들 사이의 관계들이다. 그녀의 해결책을 시험 삼아 내 가족에게 한 번 적용해보자. 내 부모님은 누스바움이 '분노의 덫'이라고 부르는 것에 빠져들기보다는 논쟁을 멈추고 쌍방의 실패들을 인정했어야 했다. 그러면서 '건설적인 미래 지향적 행동'을 취했어야 했다. 어머니는 집안일을 끔찍이 싫어하셨다. 아버지는 얇은 월급봉투를 가져오셨다. 전이를 이루려면 어머니의 분노는 직업을 얻는 데 필요한 자신감으로 바뀌어야 했다. 아버지의 분노는 어머니의 절망에 대한 공감과 아내가 직업을 갖는 것을 허용하는 새로운 남성미의 개념으로 전환되어야 했다. 부모님의 삶이 1950년대 정서론의 올가미에 사로잡혀 있다는 사실이 누스바움에게는 큰 의미가 없었다. 나와 달리 그녀는 집단의 더 커다란 생활양식이라 할 수 있는 정서 공동체의 가치관과 관행이라는 관점에서 생각하지 않는다. 그녀는 각자가 자아의 주인이라 생각하며, 우리의 개인적 분노가 얼마나 쓸모없는지를 사람들이 알게 되길 원한다. 그리고 그 필수적인 전이를 꼭 이루어낼 것을 요청한다.

누스바움의 소위 중간 영역은 세네카의 세계에 가장 가깝다. 이 영역은 지인이나 판매사원과 불쑥 대면하는 상황, 복수심에 불타는 고용주나 파렴치한 의사, 강도, 성폭행 범죄자, 살인범 등과 대면하는 상황과 관련이 있다. 그녀는 이런 상황에서는 스토아주의자들이 대체로 옳다고 본다. 이런 만남 대부분은 울화를 터뜨릴 가치가 없다. 그러나 몇몇 경우는 다르다. 특히 우리의 건강과 안전에 관련된 경우는 더 그렇다. 만약 세네카의 현명한 여인이 빵빵거리는 운전자를 만났다면 아마 최초의 충격조차 승인하지 않았을 것이다. 그러나 누스바움의 현명한 여인은 '조심스럽게 제한된 전이-분노'를 용인할 것이다. 그녀는 그런 빵빵거림은 '무도한' 짓이라고 선언할 것이며, 만약 그로 인해 본인이 위험에 빠진다면(혹시 사고라도 유발되어) 경찰에 전화할 것이다.

마지막으로 누스바움은 정치 영역으로 논의를 전환한다. 누스바움의 관점에서는 법체계(적어도 이상적인 법체계라면)가 세네카의 현자와 동급에 해당한다. 그녀는 오늘날의 사법기관들이 범죄가 반드시 보복해야 하는 모욕 행위라도 되는 양 운신하는 경우가 너무 흔하다는 점을 인정한다. 그녀는 법 자체도 전이를 이루기를 원한다. 응보로써가 아니라 세네카가 말하곤 했던 바와 같이 이성과 연민으로 범죄를 처벌하라는 것이다. 이런 조건 아래서, 화를 돋우는 빵빵 소리와 뒤이은 교통사고를 겪은 그 현명한 여인은 경찰에 전화를 걸고, 병원에 입원하고, 삶을 영위해 나갈 것이다. 누스바움은 메데이아의 복수가 사악할 뿐만 아니라 어리석기까지 하다고 주장한다. 그런 행동은 그녀가 배우자도 없고, 사랑도 없고, 대화도 없고, 돈도 없고, 자녀도 없다고 하는 현실적인 절망에서 벗어나는 데 아무런 도움도 되지 않는다. 그녀는 자신이 잃어버린 것들을 애석해하며 넘어갔어야 했다.

누스바움은 이들 모든 영역에서 "불교 전체만이 아니라 기독교, 힌두교, 아프리카 전통 종교의 유의미한 요소들과 반대 요소들"을 마음에 새기는 정신의 도량을 요청한다. 다른 말로 하면 그녀는 분노를 (거의) 절대적으로 거부하는 정서 공동체에 합류할 것을 우리에게 요청하는 것이다.

스토아주의라고 하는 고대의 이론은 근대 초기에 유의미한 재기에 성공했다. 모진 전쟁이 유럽을 휩쓸고 지나갔을 때, 사람들은 성난 보복의 참상을 대면했다. 혹은 그렇다고 상상했다. 그들의 해결책이 정확히 세네카의 해결책은 아니었다. 그들은 분노를 피하기보다는 그것을 단단히 억누르거나 혹시 가능하면 도덕적 사유와 활동의 동맹군으로 변모시킬 수 있기를 희망했다. 분노와 폭력은 함께 갈 수밖에 없는 것이었나? 아마도 아닐 것이다. 분노의 격정을 누그러뜨리는 일이 신스토아주의의 목표였다. 그 책무는 프로테스탄트의 종교 사상 속으로 흘러 들어갔고, 여러 세기를 지나 현대적인 분노 관리 치료법과 누스바움이 말한 많은 전이들로 옮겨졌다. 그와 동시에 새로운 여성주의 문예는 분노와 폭력의 젠더화 즉, 그 둘을 여성의 전속 영역으로 만들려는 시도를 반박했다. 세네카가 그랬듯, 정의가 고취한 거친 태도와 격정이 낳는 광기를 분리한 것이다.

chapter. 4

평화로운
왕국들

:
"우리는
결코 화내지
않습니다"

누스바움의 신스토아주의는 폭력과 분노를 주저 없이 연결했다. 분노가 유발한 보복이야말로 정확히 그녀가 우리에게 넘어설 것을 요청한 바로 그 충동이기 때문이다. 그녀의 관점에서 분노의 해독제는 평화이다. 하지만 오늘날 많은 사람의 마음속에 깊게 뿌리 내려 상투적인 생각이 된 폭력과 분노의 결합은 현장의 실상을 제대로 반영한 것이 아니다. 사실, 누스바움이 말한 '평화'조차도 국가의 폭력, 다시 말해 법을 적용할(그녀가 희망컨대 인도적으로) 경찰과 사법기관의 폭력 혹은 잠재적 폭력을 수반한다. 다른 방향에서 문제에 접근하려는 법인류학자들은 '반목 속의 평화'를 이야기한다. 그들은 바로 그런 폭력의 위협 덕분에 평화가 유지되는 것이라고 주장한다. 하지만 그런 종류의 평화가 반드시 분노 없는 상태인 것은 아니다.

분노, 폭력, 평화는 모두 구성적이고 논쟁적인 어휘들이다. 우리는 앞선 세 장에서 분노를 탐구해왔지만, 아직도 분노가 무엇이고 또 무엇이었는지 거의 알지 못한다. 폭력도 똑같은 문제가 있다. 우리는 통상 신체 폭력을 생각하지만, 페이스북 깡패의 정신적 폭력, 적으로 돌변한 친구의 독설, 빈곤의 구조적 폭력, 위협적인 국가의 강압 등 다른 유형의 폭력들도 있다. 평화는 이 세 용어 중 가장 애매하고 상대적이다. 만약 가족 구성원들이 대화 단절 상태에 있다면, 그래도 이들은 '평화로운' 것인가? 미국은 아프가니스탄에서 평화를 유지하고 있는 것인가, 전쟁을 치르고 있는 것인가? 유죄 평결을 받은 살인범의 영혼은 사형장에서 처형을 기다리고 있는 동안 평화로운가? 수단의 '평화유지군'은 평화를 유지하고 있는가, 만약 그렇다면 어떤 종류의 평화인가?

우리는 분노와 폭력을 한데 묶는 사슬을 더 자세히 들여다보아야 한다. 그리고 그 묶음의 거울상처럼 보이는 분노 결여와 평화를 한데 묶는 사슬도 마찬가지이다. 분명한 출발점은 평화로운 왕국의 원형인 이른바 '천국'이다. 성 아우구스티누스가 제시한 대로 천국은 평화다. 그렇다면 이는 천국에 분노란 존재하지 않는다는 뜻인가? 폭력도 없는가? 꼭 그런 것은 아니다. 일부 천국 관련 서술들은 거의 무심결에 분노의 존재를 드러낸다. 한 가지 사례는 천국에서 화가 난 성 베드로를 보았다는 7세기 수도자 성 바론또Barontus의 환영이다. 바론또가 자세히 설명한 바에 따르면, 자신이 임종 자리라고 생각한 곳에 누웠을 때 악령들이 그의 영혼을 찾아왔고, 천사 라파엘이 간신히 막아냈다. 라파엘 천사가 그의 영혼을 천국으로 데려갔고 악령들이 그 뒤를 쫓다가 베드로를 만났다. 악령들은 바론또가 저지른 죄악을 열거하면서 베드로에게 자신들의 행동이 정당하다고 으스댔다. 성인은 그 수도자의 미덕을 들어 반박했다. 악령들은 끄덕였다. 마침내 베드로가 격분했고 악령들에게 떠나라고 소리쳤다. 악령들이 거부하자 베드로는 자신의 열쇠로 그들을 후려치려 했다. (유사한 줄거리를 묘사한 11세기의 삽화도 있다.) 단테의 천국에도 자신의 역할을 강탈한 성직자들 때문에 격분하여 얼굴이 붉어진, 화난 성 베드로가 등장한다. 그는 그 성직자들을 "목자의 복장을 한 탐욕스러운 늑대들"이라고 불렀다.

그렇다면 천국의 평화는 분노와 폭력 둘 다 수반할 수 있어 보인다. 그런 것들은 지상에서 평화를 이루는 데 걸림돌이 아니었다. 걸림돌은 인간의 죄지음이다. 그것이 바로 아우구스티누스의 요점이었다. 더 나은 사람들의 세상은 어떨 것 같은가? 천국의 환상은 상상 속의 한 가지 해답이었다. 여러 유토피아의 환상도 마찬가지였다. 하지만 그런 이야기의 저자들은 지금 논하고 있는 용어들을 어느 것 하나 언급한 바가 거의 없다.

천국을 제외한 평화로운 왕국의 추구는 19세기 후반의 산물처럼 보인다. 인류학이라고 하는 학술 분야가 개척된 여파로 그런 생각이 등장했다.

인류학은 '더 단순하고, 더 원시적인' 문화들을 고찰함으로써 서구 사회의 법칙들을 연구하고자 한 학문이다. 그런 문화들이 마치 과학 실험실의 이상적인 조건들을 제공하는 것처럼 여긴 것이다. 평화로운 문화의 '비밀들'을 탐색하는 연구는 20세기 초에 시작되었지만, 제2차 세계대전 이후에 더 확연한 유행을 타게 된다. 당시에 미국의 G. I. 법안 덕분에 참전용사들이 대학 교육을 받을 수 있게 되었는데, 미국 대학이 엘리트 구성원이 아닌 보통 학생들로 채워진 것은 그때가 처음이었다. 50년대 중반에 소련 우주선 스푸트니크의 발사와 더불어 미국 전역의 유능한 인재를 뽑아 교육하라는 또 다른 압박이 가해졌다. 이들 신흥 엘리트 계층 학생 중 일부가 인류학자가 되었고, 이들은 다른 문화를 연구함으로써 본인들의 정체성과 사회 문제에 대한 해답을 탐구하려 했다. 1970년대에 이르러, 그들은 전쟁과 평화의 열쇠를 발견했다고 생각했다. 수렵채집 사회가 '평등주의적이고 일반적으로 평화로우며' 반면 사냥 문화는 '가부장적이며 [그리고] 호전적'이라는 것이다.

이런 식의 일반화는 분노를 방정식에 끌어들이지 않았다. 그러다가 로버트 녹스 덴턴Robert Knox Dentan에 의해 분노 변수가 처음 도입되었다. 그는 분노에 관한 자신의 견해가 결과적으로 자기가 연구한 민족의 자기 통찰에서 비롯한 것이라고 밝혔다. 그의 연구 대상은 말레이시아반도의 세마이족이었다. 세마이족 사람들은 덴턴에게 이렇게 말했다. "우리는 화가 나지 않습니다." 그리고 "우리는 때리지 않습니다." 그들은 마치 폭행의 유일한 원천이 분노이고, 분노 결여가 본인들의 비폭력과 평화로움의 유일한 이유인 것처럼 이 두 주장을 연결했다. 실제로 그것은 전반적으로 맞는 말처럼 들렸다.

세마이족은 폭력의 모든 것을 알았다. 영국 식민지 정부가 부추긴 비非토착 말레이인들이 18세기부터 1950년대까지 차차로반도를 지배했을 때, 세마이족은 짐승 취급을 받고 강제로 끌려가 노예처럼 살아야 했다. 그들은 게릴라 전술로 자신들을 보호하는 법을 배웠다. 무엇보다 사라지는 수법을 썼다. 세마이족은 구릉지로 도망을 쳤는데, 그곳 땅은 거의 쓸모가 없어서 적들이 그들을 쫓는 게 상대적으로 무익했다. 거기서 그들은 폭력을 쓸모없게 만드는 세계관과 삶의 방식을 함양했다. 그럴 수 있었던 이유는 그들이 정확히 분노를 피했기 때문이다.

세마이족의 삶의 양식은 어떻게 분노와 폭력의 계기들을 비켜가는 것일까? (여기서는 이 문제를 현재 시제로 논하겠지만 현재 그들 삶의 여건은 급속히 변화하고 있음을 참고하길 바란다.) 세마이족은 음식, 섹스, 그리고 여타 탐나는 것들에 대한 타인의 요청을 거절하지 않으려고 노력한다. 지킬 수 없는 약속은 하지 않는다. 서로 협력하기는 하지만 다른 사람의 일에는 간섭을 삼간다. 각자의 자율성을 존중하는 것이다. 그들은 평등주의적이다. 그들은 공유한다. 만약 맛있는 음식을 오로지 제철에만 얻을 수 있다면 제철이 오기를 기다린다. 그다음 배분한다. 사람들은 수확물을 받고도 고맙다고 말하지 않는다. 마땅히 받을 것들이기 때문이다.

이런 과도한 친절성과 극단적인 아량의 배후에는 만약 사람들의 욕망이 충족되지 않으면 끔찍한 피해, 부상, 심지어 죽음이 뒤따를 수도 있다는 확신이 자리한다. 세마이 전통에서 부상은 분노가 아니라 신이 개입한 결과물이다. 우리의 현대적인 서구식 분노 시나리오의 사례를 통해 말하자면 이런 식이다. 세마이족 문화에서는 뒤차 운전자가 경적을 울려도 화내지 않는다. 군이 그러지 않아도 신이 내 차를 사고 나게 만든 뒤 뒤에서 빵빵거린 운전자에게 책임지게 할 것이다. 그는 어떻게든 그 피해를 보상해야 할 것이며, 또한 더 큰 재난을 입기도 할 것이다. 물론 세마이 문화에는 자동차가 없으므로, 이 사례는 불합리하다. 더 적합한 예시로, 어떤 세마이족 사람이 제철 과일을 받지 못한 경우를 생각해보자. 과일을 못 받은 그 사람은 죽을지도 모른다. 그러면 과일을 나눠주지 않은 사람들은 아마도 그 일에 책임을 지고 벌을 받게 될 것이며, 예측할 수 없는 재난을 입게 될 것이다.

세마이의 신은 사랑과는 정반대이다. 추악하고 잔인하고 외고집이며 대량 파괴에 재미를 느낀다. 세마이족은 번개가 번쩍하고 천둥이 으르렁거리며 비가 역수같이 쏟아져 언덕과 계곡이 황폐해지는 끔찍한 폭풍우를 보면서 신을 떠올린다. 어머니들은 이 기회를 이용해 아이들에게 올바른 반응을 가르친다. "두려워하라! 두려워하라!"

모든 좌절된 욕망과 모든 망가진 기대에 재앙이 쏟아질지 모르는 상황에서, 사람들은 정념에 재갈을 물리려 노력한다. 그들은 무언가를 직접 요구하지 않는다. 기대되는 의무들에 대해서 모호한 태도를 보인다. 욕망을 숨긴다. 어떤 감정도 거의 드러내는 법이 없다. 인류학자 클레이턴 로바첵 Clayton A. Robarchek 은 자신의 글에서 이렇게 말한다. "감정의 분출은 거의 일어나지 않는다. 남편과 아내가 말싸움하는 일이 거의 없고, 이웃들도 다투지 않으며, 아이들은 거의 싸우지 않는다. […] 슬픔은 억제되며 심지어 웃음조차 삼간다."

이렇게 보면, 세마이족은 분노, 폭력, 평화를 서로 결부시킨 것으로 보일 것이다. 분노를 드러내지 않음으로써(아니 실제로 분노를 느끼지 않으며 그럴 기회도 없다) 그들은 비폭력과 평화로움의 신호를 보낸다. 그러나 이것이 이야기의 전부는 아니다. 왜냐하면 세마이족의 말에도 분노를 의미하는 'lesnees'라는 단어가 있으며, 때에 따라 그들도 화가 날 것이기 때문이다. 특히 어린이와 실연당한 연인들이 그렇다. 더군다나 그들 역시 이따금 다투며, 분쟁 해결을 위한 비공식적이지만 잘 알려진 기제를 보유하고 있다. 족장이 중재에 나서는 것이다. 분쟁 당사자들이 자유의사로 족장의 중재를 무시할 수는 있으나, 어쨌든 마을 회의가 소집되고 그 자리에 분쟁 당사자들과 양측을 지지하는 친족들이 각자 편을 들어 참석한다. 하지만 '분노나 여타 감정'을 표현하는 법은 없다. 그러면서 그 자리에 참석한 모든 이가 저마다 발언권을 갖는다. 이런 모임은 여러 날 동안 계속되기도 한다. 그런 다음 족장이 무리의 합의 사항을 말로 알린다. '잘못한' 쪽은 벌금을 물게 되지만 그 돈은 나중에 선물을 받거나 하는 식으로 전액 혹은 일부를 돌려받는다. 그런 다음 양측은 다시 통합하여 공동체를 이룬다. 늘 그렇게 되는 것은 아니지만, 일반적으로 그렇다. 덧붙이자면, 세마이족도 사람을 죽일 수 있으나, 그것이 분노로 인한 행동은 아니다. 말레이 군대에 징집되었을 때, 그들은 마치 홀린 사람처럼 살상을 저질렀다. 만약 살인이 폭력의 한 형태라는 사실에 동의한다면, 때에 따라 세마이족은 화를 내지도 않고, 평화 유지를 위한 다양한 사회적 전략들을 상실하지도 않은 채, 폭력을 행사하는 셈이다. 결국 세마이족은 평소에는 평화롭고 보통은 화를 내지 않지만, 한결같이 그러는 것은 아니다. 화가 났다고 자인하지 않으면서도 사람을 죽일 수 있다는 사실을 보면, 선상에서 강도를 죽인 부처/선장을 떠올리지 않을 수 없다. 분노는 폭력의 유일한 원인(혹은 핑계)이 아니다.

그렇다면 통상 평화롭다고 하는 다른 사회들의 경우는 어떤가? (우리 사회도 통상 평화롭다고 말할 수 있지 않은가란 주장은 일단 논외로 할 것이다.) 진 브릭스Jean Briggs는 우트쿠히카릭 에스키모Utkuhikhalik Eskimos, 줄여서 '우트쿠Utku'라 부르는 부족에 대한 자신의 연구서에, 『분노란 결코 없다Never in Anger』라는 제목을 붙였다. 그녀는 세마이족처럼 거의 화내는 법이 없는 부족을 기록에 남겼다. 우트쿠족은 분노를 유치한 감정으로 생각한다. 보통은 덩치만 크고 속은 덜 자란 아이가 느끼는 감정이라는 것이다. 분노에 대한 두려움 속에 살면서 분노를 일으킬 수 있는 상황들을 피하는 그들은 분노를 일종의 불행으로 여긴다. 실제로 분노를 뜻하는 그들 단어 중 하나인 '우룰루urulu'는 문자 그대로 '웃지 않는다'라는 의미다. 어른들은 아이들에게 우룰루를 느끼지 말라고 가르치며, 사람들은 타인의 난폭한 성질에 불만을 표하기 위해 그런 사람을 '우룰루주크urulujuq'라고 부른다. 이에 따른 당연한 귀결은 행복이 매우 존중된다는 것이다. 사람들은 미소 짓고, 웃고, 농담하고, 킥킥댄다. 그들의 훌륭한 유머 감각은 그들이 화내지 않는다는 신호이다. 웃음은 우트쿠족이 분노와 도덕적 질책에 대처하는 흔한 방식이다. 짜증나는 일들에서 재미를 찾음으로써 그 두 가지를 다 부인하는 것이다. 농담은 분노가 아닌 행복의 신호이며 익살을 많이 부리는 사람들은 무서울 게 없다.

반면, 세마이족의 경우처럼 우트쿠족도 지나친 웃음은 나무란다. 감정은 이성의 통제 아래 있어야 한다고 말한다. 아이들은 자라면서 감정 어린 행동을 삼가도록 배운다. 그렇게 해서 조심성 있고 차분한 사람이 되는 것이다. 어른은 아기에게 무한정 애정을 베푼다. 하지만 어느 정도 자란 아이에게나 성인들끼리는 '과도한' 사랑을 피한다. 그런 과도한 사랑은 사랑을 주는 본인에게도 고통스럽고(사랑을 준 상대와 떨어져 있으면 외로움을 느끼니까) 사랑을 받는 사람에게도 침해가 된다고 그들은 말한다.

세마이족처럼 우트쿠족도 분노를 고려할 가치가 없는 것으로 만들려는 의도가 담긴, 비공식적인 사회적 관행이 있다. 만약 무언가를 원한다면, 대개 노골적으로 요청하기보다는 완곡하게 암시를 준다. 그럼으로써 대립의 위험을 모면하는 것이다. 마찬가지로 다른 사람들이 원하는 것을 자기가 갖고 있을 때, 대개 요청이 없더라도 그냥 제공한다. 타인의 요청을 거절하는 일이 생기지 않도록 늘 경계한다.

　세마이족과 마찬가지로 우트쿠족도 분노를 폭력과 연결한다. 그들에게
는 이런 속담이 있다. "화가 나서 이성을 잃어본 적이 한 번도 없는 사람일
지라도 정말 화가 나면 사람을 죽일 수 있다." 브릭스가 보기에, 당시 마을
사람 중 하나가 '내면의 격렬한 긴장'을 통제하고자 애쓰는 것처럼 보였는
데, 주민들은 그 사람을 성나게 만들지 않으려고 특별히 조심하는 것 같았
다. 브릭스는 말한다. "내가 그에게서 적절한 패턴들이 무엇인지 배울 수
있었던 것은 부분적으로 바로 그의 비정형성 덕분이었다." 그런 패턴들에
는 부드러움을 드러내고 다른 사람에게 최대한 점잖게 요구하는 것이 포
함된다. 그렇다고 우트쿠족이 절대 폭력적이지 않다는 뜻은 아니다. 그들
은 개를 때리면서 '훈육 행위'라고 부른다. 그들은 친족과는 다정히 지내
지만 타인에게는 원망을 드러낸다. 하지만 그런 원망은 미묘하게 표현되
거나 대개는 강하게 부인되곤 한다. 싫어하는 사람의 등 뒤에서 험담을 늘
어놓는 일에도 열심히 가담한다.

　인류학자들은 세마이족과 우트쿠족을 분노 없는 공동체의 사례로 항시
인용하지만, 이들 집단만이 '비非분노'를 실천하는 것은 아니다. 예를 들면,
뉴기니의 포어Fore족에게서도 매우 유사한 관행을 발견한 기록이 남아있
다. 세마이족이나 우트쿠족과 매우 유사하게, 포어족 역시 '음식, 애정, 노
동, 신뢰, 쾌락'을 공유했다. 폴 에크만Paul Ekman이 수행한 한 유명한 실험
에서 감정을 드러내는 서양식 표정이 나타난 얼굴 사진들을 보여주었을
때, 그들은 빈번하게 '잘못 해석했다.' 이를테면, 슬픔과 공포를 봤을 것으
로 기대되는 얼굴 사진에서 분노를 확인한 것이다. 에크만의 실험에 주목
하고 비평했던 인류학자 E. 리처드 소렌슨E. Richard Sorenson은 분노는 포어족
생활양식의 본질적 요소인 집단 협력에 위협이 되기 때문에 "분노뿐 아니

라 심지어 분노의 전조마저도 심각한 문제로써 미리 제압해야 할 대상이었다"라고 언급했다. 소렌슨은 포어족 아이들을 연구하면서 부모가 아이에게 양보하고 아이의 욕구를 들어줌으로써, 나중에도 아이가 좌절하거나 마음속에 원망을 품을 이유가 없게 되는 방식에 주목했다. 즉 "분노, 언쟁, 다툼은 그들 생활의 자연스러운 요소가 아니었다." 설령 분노를 표했더라도 잠깐뿐이었다. 포어족의 어떤 사람이 다른 사람에게 '폐를 끼쳤어도' 그냥 재미로 여기고 웃고 지나쳤다. 어떤 포어족 가족이 이웃에게 곤경을 겪었다면, 오히려 그 가족이 다른 곳으로 이주했다. 그렇지만 동시에 소렌슨은 포어족이 습격과 살인 보복에 가담한다는 사실을 알았고, 그 바람에 호주 정부군이 질서 유지를 위해 주둔해야만 했던 것에도 주목했다.

"우리는 화를 안 냅니다." 왜 아니겠는가? 분명 세마이족, 우트쿠족, 포어족은 분노의 영향력을 완화하는 사회적 관행을 보유하고 있다. 요구하면 내주고, 너무 많이 요구하지 않고, 웃고, 때리지 않는다. 세마이족은 아이들에게 두려워하라고 가르친다. 우트쿠족은 아이들에게 즐거워하라고 말한다. 포어족은 아이들을 좌절시키지 않는다. 이들 사회는 전반적으로 평화롭다. 그러나 아무리 그렇더라도 그들 역시 분노를 뜻하는 단어가 있으며, 상황에 따라 발끈 성을 내기도 하고 때로는 화가 나지 않았는데도 폭력적으로 처신한다. 서구의 인류학자들이 '평화로운 왕국들'(물론 실제로는 왕국이 아니다!)에서 '가져온 것'은, 신뢰와 공유라는 특정한 사회적 관행이 주어진다면, 부처가 말한 '분노 버리기'와 세네카의 '분노의 회피'가 전반적으로 가능하다는 것이다. 따라서 오로지 비서구권 사회들만 분노의 통치를 종식할 수 있다고 생각할 마땅한 이유는 없다. 실제로 분노의 정서론에 관해 스턴스 부부가 쓴 선구자적인 저서는 "분노 억제의 목표는 […] 미국인의 특징 가운데 중요한 한 측면이 이상적인 형태를 갖추게 하는 것"

이라고 결론 내린다.

○

　그러나 분노 결여가 폭력을 종식하지는 않을 것이다. 아마도 이 점은 평화로운 여러 왕국이 아니라 오히려 진정한 디스토피아를 고찰함으로써 가장 분명하게 드러난다. 나치의 강제수용소 아우슈비츠를 생각해보라. 1944년에 이탈리아의 젊은 화학자 프리모 레비Primo Levi가 그곳에 압송되었다. 요새 학제 연구에서 합의된 바에 따르면 좌절, 위협, 모욕, 불의의 느낌, 그리고 대개 '목표 방해'가 분노를 유발한다. 그러나 이 모든 유인 요소가 존재했던(실은 그냥 존재한 정도가 아니었다) 아우슈비츠에서 죄수들은 오로지 아주 드물게만 분노를 드러냈을 뿐이었다. 이것은 적어도 레비가 자신의 경험을 적은 수기에 잘 드러나 있다. 분명히 그는 아우슈비츠를 자기가 속한 정서 공동체가 제공하는 렌즈를 통해 이해했다. 이탈리아의 유대계 지식인의 렌즈였다. 그런 의미에서 레비의 아우슈비츠는 개인적으로 그의 눈에 비친 '광경'이었다. 하지만 이런 식의 반론은 다른 모든 설명에도 똑같이 적용될 것이다. 어쨌든 그런 사실을 인정하기로 하고, 레비의 보고서를 이용해 아우슈비츠에서 분노, 감정, 폭력의 위치가 어떠했는지 탐구해보자.

　세마이족 공동체나 우트쿠족 공동체에 관해 이야기할 수는 있어도, 아우슈비츠의 공동체에 관해서는 그럴 수가 없다. 수감자는 끊임없이 바뀌었고, 외부인이 주거와 노동 패턴을 결정했기 때문이다. 그럼에도 세마이족과 우트쿠족처럼 아우슈비츠 사람들 역시 겉보기에는 거의 분노를 느끼거나 표현하는 법이 없었다. 이곳은 황폐한 지옥이었다. 수감자들은 먼저 언어에 따라 분리되었다. 매일같이 사람들이 죽어나가고 새로운 사람들이 도착했다. 약 40개의 별도 수용시설에 다양한 처우를 받는 서로 다른 집단들이 수용되었다(유대인 남자들은 이쪽 막사 단지에, 정치범들은 저쪽에, 여자들은 비르케나우Birkenau 인근 막사 단지에 수용되었다). 궁핍과 고초가 이루 상상할 수 없을 만큼 극심했다. 이곳은 어떤 존재를 인간으로 만들어주는 바로 그 기반들을 상실한 상태였다. 사람들은 망연자실했고 괴로워했다. "내 안의 굶주림과 언제나 따라다니는 추위와 비바람을 빼면 이 밑바닥에는 있는 게 아무것도 없다."

세마이족과 우트쿠족이 분노 제거에 활용하는 기제들과 유사한 그 어떤 기제도 보유하고 있지 않은 아우슈비츠에서 어째서 분노의 발화가 드물었는지를 설명하는 데는 위의 저 말이 틀림없이 도움이 될 것이다. 요청을 거절하는 것보다 더 일상화된 일은 없다고 생각해보라. 죄수마다 자기 빵 조각, 숟가락, 대접, 얇은 셔츠, 나무로 만든 신발을 지키기에 급급했다. 절도는 만연해있었고 저마다 옆 사람을 경계해야 했다. 일부 공유하기도 했지만, 친구인 두 사람(보통은 같은 나라 출신들끼리 친구가 되었다) 사이에서나 가능했다. 이외 경우에는 누구나 다 그랬듯이 레비 역시 음식이나 온기를 바라는 다른 사람의 울부짖음에 신경 쓰지 않았다. 아니, 쓸 수도 없었다. 전쟁이 끝나고 독일인들이 수용소에서 도주하고 나자 식당에서 더는 음식을 먹을 수 없게 되었다. 이때 비좁은 양호실에 입실해있던 레비와 몇몇 사람들은(레비는 당시 성홍열을 앓고 있었다) SS 주둔 구역에서 물자들을 용케 뒤져냈다. 옆방의 이질 환자들이 음식을 좀 나눠달라며 악을 썼다. 레비가 수프를 조금 가져다준 후에도 간청이 그치지 않았다. "그들을 구제해줄 길이 없었다. 막 눈물이 나오려는 게 느껴졌다. 하마터면 그들에게 욕설을 퍼부을 뻔했다." 우리는 이 대목에서 어렴풋한 분노를 본다. 관용의 이상을 추구하며 살 수 없다는 무력함과 그 환자들이 그런 사실을 상기시켜주고 있다는 것에 대한 분노였다.

평등주의 사회와는 전혀 다르게 아우슈비츠는 위계질서 위에서 자라났다. 맨 꼭대기에 SS가 있고, 그 밑에 간수들, 그리고 그 밑에 다양한 특권을 가진 죄수들이 다른 죄수들을 쥐락펴락했다. "모두가 우리의 적 아니면 경쟁자였다." 레비가 아직 수용소 풋내기였을 때, 철로에 있는 무거운 짐을 보관창고까지 운반하라는 작업 지시가 떨어졌다. 2명의 죄수가 다른 죄수들에게 짐을 얹어주는 꿀맛 같은 보직을 맡았고, 그들은 그 특권을 유지하기 위해 무시무시한 속도로 일했다. "이로 인해 내 마음은 분노로 가득 찼다. 특권 있는 자들이 특권 없는 사람들을 억압하는 것이야말로 정상적인 사물의 질서에 속한다는 것쯤은 이미 알고 있었지만 말이다." 여기서 다시 한번 분노가 등장한다. 동료 죄수라면 감시자들이 아니라 함께 갇힌 자들과 한마음이 되어야 한다. 그러나 드물게 나타나는 이런 어렴풋한 인식도 오로지 레비가 수용된 초기에만 드러났다는 점에 주목할 필요가 있다.

권력을 가진 자들도 자주 분노를 느끼거나 표출하지 않았다. "어떻게 사람이 다른 사람을 화내지 않고 때릴 수 있을까?" 레비는 독일인 간수들에게 처음 주먹세례를 받았을 때 이렇게 자문했다(그리고 독자들에게 던지는 질문이기도 하다). SS 장교가 양호실 막사에 들어와 그날 저녁 누가 죽고 누가 살 것인지를 결정할 때, 장교들이건 그런 통지를 받은 자들이건 그 누구도 아무런 감정을 노출하지 않았다. "이렇듯 어떤 분노도 드러내지 않고 분별 있고 진중하게 이뤄지는 대량 학살이 이 사람 저 사람 툭툭 건드리면서 매일 양호실 병동들을 훑고 지나간다." 함께 수감된 범죄자 무리로서 다른 수용자들을 감시하는 역할이 맡겨지는 이른바 카포Kapo들이 명령을 휘두를 때, 일부는 "순수한 야수성과 폭력성에서 그렇게 한 것이었지만 다른 일부는 거의 사랑스럽게, 마치 마부가 꾀부릴 줄 모르는 말에게 하듯 이, 우리를 때렸다."

아우슈비츠에서는 뭐든 감정이라는 것이 거의 없었다. 죄수들은 가끔 두려움을 느꼈지만, 아무것도 느끼지 못하는 경우가 훨씬 흔했다. '둔감한 무감각 상태'에서 그들 삶의 몸짓들은 그냥 얼버무려졌다. 인류학자들이 연구한 평화로운 사회들에서 분노를 완화하고 무효화하는 역할을 했던 웃음이 이곳에서는 불가능했다. 감정의 결여, 아니 적어도 감정을 인식하고 표현할 수 있는 능력이 부재하고, 그러고 싶은 의지가 부재하다는 사실 그 자체가 바로 정서적 삶의 일부인 셈이다. 그것이 강제수용소의 또 다른 섬 뜩한 일면이었던 것처럼 보인다.

그런 상황임에도, 한 가지 감정만은 아우슈비츠의 모든 사람이 항상 느 꼈고 어디에나 표현되었다. 늘 있는 일이라 완전히 익숙해지는 바람에 시 시때때로 둔감해진 면이 있었지만, 그것은 바로 증오심이었다. 죄수들은 수용시설 중앙에 감시탑을 세웠다. "마치 바벨탑처럼 벽돌들은 […] 증오, 증오와 불화로 접착되었다. […] 우리는 그 탑을 우리 주인들의 광기 어린 웅대한 몽상이자 신과 인간에 대한, 우리 인간에 대한 그들의 경멸로 간주 하고 증오한다." 그리고 감시자들 역시 증오했다. 가장 증오를 받고 또 증 오로 가득 차기도 한 사람들은 '유대인 특권층'이었다. 이들 유대인은 다 른 유대인에게 권력을 행사할 수 있는 지위를 부여받았다. 이들은 "반사 회성과 무감각의 괴물들"이었다. "자기네를 억압하는 자들을 향해서는 충 분히 발산하지 못했던 그들의 증오 능력이 자기네가 억압하는 사람들에 게는 말도 안 되게 흘러넘치게 되는 것이다." 독일인에 관해 말하자면, 처 음에 그들은 증오 자체를 한 것 같지 않았고, 오히려 이렇게 되뇌는 것처 럼 보였다. "내 앞에 있는 이 뭔가(지금은 바로 레비를 가리킨다)는 분명히 억눌러 마땅한 종에 속한다." 그것은 어떤 원한도 없이 바퀴벌레를 짓이겨 죽이는 모습과 상당히 유사하다. 그러나 레비가 관찰한 바에 의하면, 전쟁이 끝나가면서 "독일 민간인들은 오랜 지배 야욕의 몽상에서 깨어나 자신의 파멸을 목격하면서도 도저히 그것을 이해할 수는 없는, 이른바 확신에 찬 인간이 드러내는 격정에 휩싸여 몹시 사나워졌다." 절대 권력의 거품 방울 안에서 살았던 그들은 새롭고 불명예스러운 환경을 이해할 수 없었다. 전반적으로 독일인들은 "위기의 시간을 보내며 혈연과 지연의 유대감을 느꼈다. 이 새로운 사실이 증오와 몰이해의 뒤엉킴을 원초적인 수준으로 떨어뜨렸다."

바를람 샬라모프Varlam Shalamov(1982년 사망)가 소설화한 『콜리마 이야기』에 기록된 굴라크 수용소와 레비의 아우슈비츠를 비교해보면 유익하다. 여기서도 우리는 다시 한번 오로지 한 사람의 경험과 관찰을 다룬다. 이번 경우는 사회적 태생과 정치적 신념 둘 다에서 공산주의자들의 박해를 받은 한 사제의 아들이다. 1937년에 샬라모프는 스탈린의 강제 노동 수용소 중에서도 가장 크고 가장 무자비한 곳인 콜리마 행을 선고받았다. 그는 중간에 짧게 집행정지로 풀려났다가 다시 그곳으로 보내졌고 1951년이 되어서야 최종 석방되었다. 북극 지역에서 금을 비롯해 여타 금속을 채굴하기 위해 건설된 콜리마는 아우슈비츠 같은 절멸의 수용소는 아니었다. 그런데도 수십만 명의 죄수들(어쩌면 그보다 더 많을지 모른다)이 영양실조, 추위, 질병 그리고 가혹하기 짝이 없는 중노동에 시달리다 죽었다.

1961년에 쓴 '내가 수용소에서 본 것과 이해한 것들'에 관한 미완성 목록에서 샬라모프는 "나는 인간이 가장 길게 보존하는 감정이 분노라는 사실을 깨달았다. 굶주린 사람에게는 오로지 분노를 느낄 만큼의 육욕만 남아있을 뿐이다. 다른 모든 감정은 무정한 그를 건드리지 않는다." 이어서 두 가지 모순적인 관찰이 뒤따랐다. "나는 사람들이 분노를 먹고 살 수 있다는 것을 깨달았다. [···] 나는 사람들이 무정한 태도를 먹고 살 수 있다는 것을 깨달았다." 샬라모프는 안드레예프라는 이름의 죄수에 관한 이야기에서 그 두 가지가 어떻게 함께 작동하는지 사례를 보여주었다. 그는 그냥 무심했다. 금광에서 강제 노동하면서 18개월간 고초를 겪고 난 뒤, 그는 삶의 모든 두려움, 삶의 모든 사랑을 똑같이 다 잃어버렸다. 분노만이 그대로 남았다. "그의 영혼 안에는 분노 말고는 아무것도 없었다."

하지만 콜리마에서 분노가 폭력을 끌어내는 경우는 매우 적었다. 물론 어떤 죄수를 호명했는데 대답하지 않자 간수가 "화가 나서 통 위에 놓인 그 죄수의 '보관함'에 들어있던 얇은 노란색 종이철을 집어 던지고 발로 뭉갠 것"은 사실이다. 그러나 심각한 폭력은 "권력을 향한 열망, 마음대로 사람을 죽일 수 있는 권력을 바라는 열망"에서 나왔다. 이것은 꼭대기에 있는 모든 사람의 특전이었다. "수용소장과 간수들은 그를 깔보았다. 경호원처럼 부리는 싸움 잘하는 행동대원들을 거느린 간수장도 역시." 하지만 간부 대부분은 비록 투박하고 거칠었지만, 사람을 죽이지는 않았다. 일상적으로 살인을 저지른 사람들은 깡패들 무리였다. 이들은 훔치고, 매수하고, 협박하고, 돈도 왕창 벌고, 특권을 부여받은 죄수들로서, 아우슈비츠의 '유대인 특권층'에 해당하는 콜리마 사람들이었다. 여자 수용소 한 곳에서는 시첼이라는 여의사가 "밑에서 간호사로 일하던 재소자 크로시카의 도끼에 찍혀 죽었다." 남자 수용소 한 곳에서는 가르쿠노프라는 불운한 수용자가 깡패의 칼에 찔려 죽었다. 아끼는 모직 스웨터를 넘겨주지 않겠다고 버텼기 때문이다. 샬라모프는 이렇게 요약했다. "수용소에서 도둑놈들이 저지른 사악한 행위는 셀 수 없을 정도이다."

무정함, 즉 모든 감정이 모조리 사라져버리는 일은 표준이었다. 사람들은 어떤 감정도 느끼지 못했고, 무감각했으며, "정신은 무디어졌고," "연민 따위는 도무지 보이지 않았다." 실제로 모든 것에 냉기가 스며있었다. 얇은 겉옷을 걸치고 고무 신발을 신은 채(양말도 없이) 종일 바깥에서 수행해야 하는 강제 노동 덕분에 수용자들의 발가락은 "생기 없이 뻣뻣해졌으며" 밤에 자는 동안 "머리카락은 베개에 얼어붙었다." 가혹한 북극 지역의 겨울은 뇌세포를 "시들게" 했으며, 바로 그 영혼마저 "오그라들게" 만들었다고 샬라모프는 적었다. 사람들은 더는 음식 맛을 볼 수 없었다. 먹는다는 것은 이제 단지 따뜻한 (그러나 절대 채워지는 않는) 위장을 통해 얻는 잠깐의 망각 시간을 의미했다. 현실은 "기상나팔에서부터 작업 중지 명령이 있을 때까지의 분, 시간, 하루였다." 두가예프라는 수용자가 작업량을 채우지 못해 끌려 나가 죽임을 당하게 되었을 때, 그가 한 유일한 생각은 "이날 종일 일하고 고생하느라 내 시간을 다 써버렸다는" 것이었다.

우정은 불가능했다. 어떤 우정도 "배고프고, 춥고, 잠 못 잔 사람들 사이에서 생겨날 수 없었다." 이 수용소에 있는 모든 사람의 유일한 공통점은 "불신, 분노, 그리고 거짓말"이었다. 서로의 물건을 훔치는 일은 "북쪽에서는 주요한 미덕"이었다. 한 사람이 집에서 물건을 보내와 받았는데, 같은 막사에 있던 다른 이들이 그를 때려눕히고 몽땅 훔쳐 갔다. 그 가엾은 동료가 정신을 차렸을 때 모두가 "악랄하게 즐거워하며" 그를 쳐다보았다.

무정함과 잔인성이 판치는 가운데에서 간혹 품격이 번뜩였던 것도 사실이다. 한 목수는 목공 일을 전혀 모르는 두 사람이 자기 수제 도낏자루들을 가져다 자기들 것인 체하는 것을 눈감아 주었다. 덕분에 그들은 공장 난로 옆에서 며칠 동안 온기를 쬘 수 있었다. 몇몇 수용자들은 담배를 나눠 피웠다. 아니, 적어도 담배꽁초는 그랬다. 의사는 환자를 친절히 대해주었다. 말할 것도 없지만, 이런 행동 중 어떤 것도 표준적인 것은 아니었으며, 어떤 것도 '평화로운 왕국'의 기본 원칙이 아니었다.

아우슈비츠와 콜리마에서는 많은 폭력이 있었고, 확실히 샬라모프는 다수의 분노 사례를 보고했다. 그러나 두 장소 모두에서 분노가 폭력의 원인이었던 경우는 극히 드물었다. 이것이 중요한 이유는 현대 서구의 정신 속에서 분노, 폭력, 억압은 거의 반사 작용 수준으로 끈덕지게 결부되어 있기 때문이다. 그런 결합은 이탈리아에서 발생한 아프리카 이민자 공격의 여파를 다룬 최근 《뉴욕 타임즈》 기사에 "반이민의 분노가 끓어오르자 이탈리아의 대중영합주의자들이 압박 수위를 높이다"라는 제목이 달린 이유를 설명하는 데 도움을 준다. 반이민 폭력의 원인을 분노 탓으로 돌린 것은 대개 의심 없이 받아들이는 가정에서 나온 논리적 귀결이다. 어째서 반이민 폭력을 공포나 혐오나 증오나 순수성과 인종주의의 이념 탓으로 돌리지 않는 것일까?

확실히 이들 디스토피아에서 우리가 지금까지 본 상당수 폭력은 분노가 아닌 다른 원인에서 비롯된 것이었다. 첫째 불평등한 계급 구조라는 사실이 존재했다. 맨 꼭대기에 있는 인간들은 상당 수준의 폭력을 요구하는(최소한 그들 문화에서는) 권력층의 위치에 있었고, 그런 폭력은 남성성이나 지배욕이나 이데올로기 같은 관념들에서 기인했을 수 있다. 더불어 아우슈비츠에서는 유대인에 대한 증오가 있었다. 유대인 증오는 문화적 인공물로서 오랜 세월 일종의 동면 비슷한 상태로 있다가, 권력을 쥔 정서 공동체가 자극함으로써 다시 생기를 되찾은 것뿐이었다. 우리는 오늘날 미국에서 도널드 트럼프와 그의 지지 세력들이 미국의 특정 정서 공동체들에서 오랫동안 번성했던 반흑인 정서와 반이민자 정서에 갑자기 호소하고 나선 데서 그와 유사한 현상을 목격한다.

분노와 폭력은 둘 다 많은 이의 이목을 끈다. 평화도 그렇다. 그러나 이들 요소 사이의 연결 관계는 논란이 있다. 이 용어들 모두 우리의 정의는 자주 변하고 손발이 맞지 않으며, 서로 다른 정서 공동체들은 그런 용어들을 다채로운 방식으로 뭉뚱그려 사용한다. 천국의 평화를 보여주는 광경들이 성나고 폭력적인 성 베드로를 수반할 수 있다. 반면, 아우슈비츠와 콜리마 같은 지상의 지옥들은 철저히 폭력적일 수 있으나 그런 폭력이 분노 때문인 경우는 극히 드물다. 그러나 그렇다면 어째서 분노는 그렇게도 자주 폭력과 연결되는 것일까? 아마도 그 이유는 사람들이 통상 분노를 비이성적인 힘으로 여기며 일단 고삐가 풀리면 통제할 수 없는 파괴력을 지닌 것으로 이해하기 때문일 것이다. 분노의 몸짓, 자세, 언행의 배후에는 무차별 폭력의 위협이 놓여있다.

chapter. 5

성난
언행

:
말은
어떻게
분노를
드러내는가

폭력의 한 형태로 언어폭력이 있으며, 여기에도 흔히 분노가 연루된다. 말은 뭔가를 하며, 때로는 상처를 입힌다. 철학자 존 오스틴John Austin은 단지 세상을 기술하는 게 아니라 세상을 변형시키는 말을 언급하기 위해 '수행문performative'이라는 용어를 지어냈다. 예를 들어 어떤 적합한 사람이 올바른 설정하에서 내뱉는 "그대들을 남자와 아내로(혹은 오늘날 같으면 신랑과 신부로) 선언하노라"라는 말은 따로따로 있던 두 사람을 새로운 무언가로 변형시킨다. 부부로 만드는 것이다.

감정 어휘는 수행적이며, 분노의 경우는 확실히 그렇다. 화가 난다고 큰소리로 말할 때나 목소리가 성난 음색일 때, 우리는 마치 연극을 하듯이 분노를 수행 중이라 할 수 있다. 그리고 연극에서처럼 극 중 다른 출연자들이 그에 반응한다. 그들은 바뀐다. 본인들도 화를 내거나, 변명하거나, 상처받거나, 당황한다. 더 나아가(아마도 이것은 오로지 감정 어휘에만 해당할 것이다) 성난 발언을 할 때 우리 자신도 변한다. 윌리엄 M. 레디William R. Reddy는 감정 어휘는 항상 그 말의 대상이 된 상대방과 그것을 말한 본인 둘 다를 변형시킨다고 주장한다. 그는 감정적 발화를 '감정문emotive'이라고 부르면서 그것이 일으키는 효과들의 서로 다른 두 방향성을 강조한다. 그 발화는 다른 사람에게만 무언가를 수행하는 것이 아니라 그것을 사용한 본인에게도 마찬가지로 무언가를 수행한다. 아마도 "나 화났어"라고 말하거나 혹은 어떤 식으로든 그것을 연출하는 것이 우리의 감정을 강화해줄 것이다. 어쩌면 그 감정에 대해 더 잘 생각할 수 있게 해줄 것이다. 어쩌면 원래의 감정을 변화시키거나 거기에 무언가를 보태주기도 할 것이다.

성난 말은 특히 유해하다. 성서에서 우리는 이런 대목을 접한다. "휘둘러 댄 혀가 뼈를 부순다."(집회서 28장 17절, 시편 57장 4절) 궁정 대신들과 여타 공무를 보는 사람들을 겨냥한 고대 이집트의 권고 문헌은 성난 말이 초래할 수 있는 해악에 민감했다. "달아오른 입을 가진 자와는 언쟁을 시작하지 말라. […] 말하기 전에 하룻밤 묵혀라." 그리고 "자기가 화내게 한 상대"의 발언을 조심하라. "열 받은 사람"을 조심하라. 우리는 이미 고대 로마에서 키케로가 동생에게 자기가 한 발언을 후회한다고 말했음을 본 바가 있다.

오늘날 많은 평론가는 우리가 유난히 성난 말로 가득 찬 세계에서 살고 있다고 공언한다. "도널드 트럼프의 미국에서 가장 큰 반향을 불러일으키는 것은 공허하고 어리석은 오만이 편집증적 격노로 이행되어가는 방식이다"라고 《뉴요커》의 한 논객이 말한다. 이런 측면에서 인터넷 시대가 유별난 것인지 확실히 알기란 어렵다. 구글 엔그램 뷰어Google's Ngram Viewer는 대략 1970년 이후에 출판된 책에서 '분노anger'와 '분노한angry'이라는 단어들의 사용이 눈에 띄게 증가했음을 보여준다. 그러나 1995년경 시작된 급락은 이 두 단어가 지금은 빛을 잃고 있음을 암시한다. 어쨌든 이런 추세들이 화난 말들을 측정하는 아주 좋은 기준은 아니다. 왜냐하면 화난 발화는 욕설, 몸짓, 비난, 그리고 성난 어조의 형태로 나타나는 경우가 가장 흔하기 때문이다.

고대 로마의 법률 규정과 관행은 화난 말에 대한 과거의 태도를 측정하는 한 가지 방식을 제공한다. 로마의 법체계는 사적 고소에 의존했다. 로마에는 기소를 전담하는 공식 담당관이 없었다. 그런데 만약 누군가가 화가 나서 고소했다면, 그가 화를 냈으므로 상대방의 평판에 손상을 입힌, 이른바 명예훼손죄를 저지른 것이었을까? 그 경우, 고소인은 처벌받아야 할까? 533년에 출간된 유스티아누스 대제의 『법률 요람』은 아니라고 했다. 왜냐하면 "억제되지 않은 분노에는 비방의 [즉, 명예훼손의] 악덕이 들어 있지 않은 것이며" 그래서 용서할 수 있기 때문이다. 하지만 『테오도시우스 법전』(438년 간행)에는 로마에서 공포된 한 가지 법안이 포함되어 있는

데, 요점은 구두로 고소를 제기하는 고소인의 권리를 철폐하는 것이었다. 왜냐하면 법률 해석자들이 설명하는 바와 같이, 말로 하는 고소는 흔히 분노 속에 이루어지는 경우가 많으며 그런 것은 수용할 수가 없기 때문이었다. 대신 이후로는 "고소인은 본인이 분노 속에 했던 말을 입증하겠노라고 글로 작성해야만 할 것이다." 더 좋은 것은 고소인이 "이성을 되찾고" 고소를 완전히 철회하는 것이라고 율사들은 덧붙였다. 분명히 이 율사들은 분노를 불신하는 정서 공동체에 속해있었고 분노한 사람은 자기가 한 말에 온전히 책임을 지지 못한다고 생각했다. 한 예로 남자가 "분노가 극에 달한 상태에서" 아내와 이혼을 하려 할 때 그 이혼은 부당하다는 견해가 나왔다.

하지만 그와 동시에 일부 법률 해석자들은 판사의 분노는 적합하며 정당하다고 주장했다. 실제로 분노는 그의 권위에 부가된 것이었다(고대 로마에 여성 판사는 존재하지 않았다). 예를 들면 고소인이 법정에서 한 "부정직한 진술이나 해당 문제의 특징"으로 인해 판사가 일으킨 분노는 완벽히 합법적이었다. 실제로 사악한 의도를 가진 고소인들이 "무고한 사람을 상대로 거짓 고소를 함으로써 황제의 마음에 (지당한) 분노를" 일으켰을 때는 즉시 처벌받게 되어있었다.

간단히 말해, 악의에 찬 화난 말은 판사들의 분노를 제대로 돋울 수 있었겠지만, 그러다 고소인의 자격이 박탈될 수도 있었다. 그리고 역설적으로 그것이 그 고소인에게 핑계가 되어줄 수도 있었다. 당시 로마에서는 분노에 대해 모순적이지만 공존 가능한 두 가지 태도가 존재했던 것처럼 보인다. 한편으로 사람들은 분노가 판결에 활력을 불어넣는다고 보았던 반면에 다른 한편으로는 분노가 일종의 일시적 발광의 한 형태라고 생각했다.

중세에는 세 번째 태도가 이 두 가지 태도를 통합했다. 어떤 유력한 사상가 무리는 분노란 일종의 광기도 아니고 재판관에게 부가된 것도 아니며, 단지 죄악일 뿐이라서 철저히 규탄받아 마땅한 것이라 여겼다. 이 사상가들과 성직자들이 우리가 입수할 수 있는 출처들을 점령하고 있다. 그들이 했던 이런 질책의 빈도를 보면, 평범한 사람들 사이에서 저주, 욕설, 모욕이 습관화되어 있음을 느낄 수 있다.

그래서 '죄악 처리하기'에 열을 올렸던 14세기 초에 이에 관련한 대중 지침서를 쓴 영국의 성직자 로버트 매닝Robert Mannyng은 한 시에서, 자녀의 사소한 잘못을 꾸짖지 말아야 하며, 안 그랬다가는 끔찍한 결과를 초래할지 모른다고 경고했다. 그는 아이를 꾸짖은 한 엄마의 사례를 생각해보라고 말한다. 목욕하는 동안 딸에게 자기 옷을 잘 챙기라고 일러둔 엄마가 목욕을 마치고 옷을 입으려고 딸을 불렀는데 어린 소녀가 즉시 달려오지 않자 격분했다는 것이다. "욕조에 앉아있는 그 엄마는 / 분노와 복수심을 몸에 잔뜩 바르고 있구나." 그녀는 불쌍한 아이를 심하게 질책하며 이렇게 말했다. "악마가 네게로 온 게로구나 / 날 위한 준비가 안 되어있는 것 보니." 악마는 그 말을 듣고 재빨리 아이를 차지했고, 결코 구제할 방법이 없었다.

매닝은 불과 약 한 세기 정도밖에 되지 않은 전통을 근거로 삼고 있었다. 13세기에 신학자 윌리엄 페랄두스William Peraldus는 새로운 범주의 죄악을 창안하였다. 이른바 혀로 저지른 죄악이었다. 그는 그런 죄악 스물네 가지를 서술하였고 저주도 그중 하나였다. 다른 모든 악행을 멀리한 사람들도 말로 저지르는 죄악의 희생자로 전락하곤 한다고 페랄두스는 말했다. 확실히 혀는 독립적이며 제멋대로인 피조물 같다. 입은 신체의 출입문으로서 건강한 음식(혹은 해로운 음식)을 들여보내고 (혀를 이용해) 좋은(혹은 불쾌한) 말을 내놓는다. 혀의 고유한 임무는 "기도하고 신을 찬양하고 그리스도의 육신과 피를 받아들이고, 성스러운 말을 제공하는 것"이었다. 그러나 혀는 종종 자신의 의무를 저버렸다. 신을 모욕하기 위해서 내뱉어진 언행,

즉 신성모독은 혀가 저지르는 말의 죄악 가운데 으뜸이었다. 신성모독자의 전형적인 사례는 "감히 입에 올려서는 안 되는 신의 일부 육신을 거론하면서 신에게 복수하고 싶어 안달이 난 성난 인간"이었다. 이는 페랄두스가 "신의 두 팔로"라던가 "그리스도의 발로"라던가 등등 신의 사지를 걸고 저주하거나 욕설을 퍼붓는 관행을 언급한 것이었다. 그 후로 몇 세기 동안, 그런 신성모독으로 인해 그리스도가 입은 고통에 관한 이야기나 그림이 증가했다. 왜냐하면 신의 발을 걸고 내뱉는 욕설은 그 발을 절단하는 것이나 마찬가지라고 알려졌기 때문이다! 이와 같은 저주는 아주 끔찍한 처벌을 요구했다. 중세 후기의 한 시인은 이렇게 적었다. "하나님의 육신에 걸고 나는 분노에 찬 맹세를 하노라 / 따라서 나는 물에 삶고 불에 태워지리라." 신성모독을 저지른 자에게는 지옥이 기다리고 있었다.

모욕과 불평도 화가 잉태한 죄악들이다. 여기서 페랄두스는 특히 여성에게 초점을 맞추었다. 그는 여성들이 끝도 없이 주절거린다고 비난했다. 여성들은 영원히 말싸움을 벌이고 있으며, 그것은 마치 잠언 19장 13절에 나오는 이미지처럼 "구멍 난 천장에서 끝없이 물방울이 떨어지는 것"과 같다. 그런 아내를 둔 불행한 남편은 "결코 어떤 평화도" 얻지 못하며, 빈곤한 삶이 차라리 더 나을 것이다. 페랄두스의 주장은 훗날 신新스토아주의자들이 언급한 성가신 아내들의 중세판 무대 배경이었다.

페랄두스의 논고는 어마어마한 인기를 누렸고 이에 영감을 얻어 유럽 전역에서 말로 저지르는 죄악에 대해 출간된 도덕적 문헌이 작은 언덕을 이룰 지경이 되었다. 네덜란드에서 나온 한 논고는 그런 죄악 열 가지를 상술했다. 또 다른 논고에서는 열네 가지가 언급되었다. 언행의 죄악이 몽땅 다 분노 탓은 아니었지만, 저주, 욕설, 격노, 말싸움의 책임은 늘 분노가 져야 했다. 이런 생각들은 교회의 교리문답과 통상적인 사목적 관심의 일부가 되었다. 설교자들은 혀의 죄악을 꾸짖었고, 혀의 죄악은 신앙 고백자들이 역점을 두는 주제 중에서 큰 비중을 차지했다. (1215년 제4차 라테란 공의회 이후로 신자들은 적어도 1년에 한 번은 자신의 죄악을 고백해야 했다.) 유럽 여러 지역에서 교양 수준이 폭넓게 상승하면서 일부 사목용 저서들이 각기 제 나라말로 집필되어 평범한 가정주부와 종교 공동체에 적당한 읽을거리를 제공해주었다. 그 내용은 곧 입에서 입으로 널리 퍼졌고 인기 있는 연극, 조각, 스테인드글라스, 벽화 및 여타 매체를 통해 심지어 문맹들도 혀의 죄악에 관해 알게 되었다. 이런 생각은 17세기로 넘어가서도 계속 인기를 얻었다.

모욕, 욕설, 불평이 죄악이고 공공의 평화에 해롭다고 결정 내린 교회와 국가는 자신들에게 그런 행실을 금지하거나 적절히 재단할 권리가 있다고 주장했다. 영국에서는 가학적 언행을 금지하는 법령이 통과되었다. 지방 법원들은 세속 법원이건 교회 법원이건 평판에 손상을 입었다고 주장하는 고소인이 제기한 중상 비방 사건들을 심리했다. 명예보다 더 중요한 것은 없다고 거의 누구나 동의했기에, 명예훼손은 다툼과 법적 소송의 주된 원천이었다.

그러나 법정의 기준을 통과하려면 고소인은 비방죄로 고소하려는 그 상대방에게 악의적인 의도가 있었음을 입증해야 했다. 이를테면, 존 그린호드John Greenhode가 존 탑클리프John Topcliff를 게을러터진 기생충이라고 부르자, 탑클리프는 1381년에 요크에 있는 교회 법정에 소송을 제기했다. 그는 그린호드가 "공개적으로, 반복해서, 거짓되고, 불쾌하게, 악의적으로" 말했다고 주장하였다. 악의는 입증하기가 어렵기에 법정은 두 가지 기본 전략에 의존했다. 즉, 증인을 불러 의도에 관한 증언을 듣는 것과 그 '비방'이 실제로 진심 어린 발언이었는지 확인해보는 것이다.

토마스 로빈슨Thomas Robinson이 제기한 소송도 한 가지 사례이다. 이번에도 역시 요크에서다. 토마스는 존 레이너John Rayner가 "증오와 자기 잇속 때문에 사악하고 악의적으로 거짓되게" 다른 사람이 많이 있는 데서 토마스에게 "거짓된 곁눈질이나 살살 하는 [교활한] 도둑놈아. 나를 때린 적이 없다고 말한다는 거냐?"라고 말했다고 신고했다. 법정은 목격자들이 토마스가 실제로 존을 때린 사실을 알고 있는지, 존이 화가 나서 정말 그렇게 말한 적이 있는지 증언 조서를 요구했다. 2명의 목격자가 야단법석이 난 그 현장에 있었다고 증언하였다. 그들은 존이 실제로 "분노에 찬 일그러진" 얼굴로 "폭력적인 언사"를 내뱉었다고 말했다. 그러면서 그들은 토마스가 그를 자극할 만한 일은 어떤 것도 한 적이 없다고 주장했다. 판결문이 기록으로 남아있지 않아 확실히 알 길은 없지만 추정컨대 이런 소송 사건들은 고소인에게 유리한 방향으로 판결이 났던 것 같다(이 경우는 토마스에게). 어쨌든 요크의 재판관들은 성난 말을 내뱉는 사람을 안 좋게 생각하는 단호한 편향성이 있었던 게 분명해 보인다.

이런 편향성은 헨리 8세 치하에서 영국 교회가 독자 노선을 추구하며 로마 가톨릭과 결별했을 때도 바뀌지 않았다. 책임을 맡은 인사들도 다르고 신학적으로도 다소 차이가 있었지만, 요크의 종교재판소는 명예훼손 소송 사건에 분노와 악의적 의도가 들어있는지를 계속 자세히 조사했다. 그런데 내용도 훨씬 더 풍부하고 수도 더 많이 남아있는 소송 기록들이 보여주는 바에 따르면, 고소인은 여성이 다수를 차지했고 피고인의 비율도 거의 비슷한 수준이었다. 다른 유형의 소송 사건들에서 여성 고소인이 불과 28%를 차지하고 피고인은 24%였던 반면에, 명예훼손 소송에서는 여성이 각각 55%와 41%를 차지했다. 그런 사건들에서는 어휘들도 젠더화되었다. '쨍쨍거리는 사람scold(입이 걸고 사나운 사람을 가리키는)'라는 단어는 거의 언제나 여성을 가리켰다.

그 시대의 일부 의학이론이나 도덕론에 따르면 여성은 절대 쨍쨍거려서는 안 되었다. 이들 학파는 여성이 남성보다 담즙질(성을 잘 내는 기질)인 경우가 적다고 말했다. 성공회 성직자인 리처드 알스트리Richard Allestree(1681년 사망)는 이렇게 적었다. "자연은 더 침착하고, 온화한 성질에다, 뜨거움은 덜해서, 결과적으로 담즙이 덜한 기질의 여성에게 친화적이다." 그는 여성이 본성상 연약해서 "어떤 유효한 위력을 사용해 자신의 분노를 주장"할 줄 모른다고 생각했다. 분명히 신은 여성들이 화를 낼 수 있게 만들 의도가 없었다. 그런데도 여성들은 화를 냈고, 자기들이 가진 유일한 "여성적 무기"를 이용해 분노를 표현했다. 바로 "짖는" 혀다. 실제 혀가 아무리 흐물흐물하다 해도 여성들이 말로 표출하는 격정은 듣는 모든 이를 두렵게 했다. 치료법은 여성들이 자기 혀로 본인을 꾸짖게 하고 "마음의 병든 성격"과 머리에 떠오르는 것은 뭐든 말하고 보는 버릇을 경계시키는 것이라고 알스트리는 말했다. 그런 성격과 버릇은 둘 다 시샘과 울화와 복수심이라는 그네들의 타고난 정념들이 자극하는 것들이다. 하지만 3장에서 본 바와 같이, 17세기의 다른 내과 의사 헬키아 크루크Helkiah Crooke는 여성의 분노는 유난히 위력적이라고 말했다. 이 논점에 관한 의학적 견해가 갈리고 있지만 이렇게든 저렇게든 결국 여성의 분노가 개탄의 대상이었다는 점에 주목한다면, 이 두 진술을 화해시킬 수 있다. 알스트리는 크루크에 비해 단지 여성의 분노하는 혀를 더 강조했을 뿐이었다.

법정 소송에서 해악과 명예훼손으로 여겨진 말들은 성희롱적인 언사(

여성에게 가장 심한 상처를 주는)와 부정행위를 비난하는 말들(남성의 평판에 손상을 입히는)이었다. 1222년에 개최된 옥스퍼드 평의회 이후로 줄곧 "원인이야 어떻건 간에, 선량하고 진중한 사람들 사이에서 부덕한 평판을 얻고 있지 않은 사람에게 악의적으로 죄를 지우려는 모든 사람은" 파문당하게 되어있었다. 요크에서 분노는 흔히 악의의 증거였고, 그 둘은 함께 짝을 이뤘다.

그 옥스퍼드 조항은 만약 고소인이 상대방의 중상모략으로 피해를 봤다면, 그렇게 모욕을 가한 자의 분노와 악의에 찬 비방은 도리어 자기 자신을 다치게 하리라는 것을 의미했다. 왜냐하면 그런 사람은 파문될 것이고, 대개 소송비용도 내야 했기 때문이다. 때로는 그 불명예스러운 중상비방자가 속죄의 복장을 하고 대중 행렬에 들어가 행진하기도 해야 했다. 모든 이의 눈앞에서 창피를 당하는 것이다. 미사 날이면 그들은 모든 사람이 들을 수 있을 정도의 큰 목소리로 자기가 비방했던 사람에게 용서를 빌어야 했다.

당연하게도 많은 피고인이 화가 나서 그렇게 말한 게 아니라고 부인했고, 그들은 자기가 한 말은 해가 없으며 원한 같은 것은 실려있지 않았음을 강조했다. 1704년에 조지 로더링턴George Lotherington이 로버트 앨런Robert Allen을 간통죄로 꾸짖었을 때, 그는 악의에서가 아니라 엄밀히 말해 (그의 주장에 따르면) 사실을 진술하기 위해 그런 말을 한 것이었다. 앨런의 시종이 아기를 낳고 아버지 이름을 따라 앨런이라고 불렀다. 교구 빈자들을 관리 감독하는 사람으로서 로더링턴은 서출을 조사해야 했다. 앨런을 간부奸夫라고 부른 것은 단지 자신의 소임일 뿐이었다. 실제로 목격자들은 로더링턴이 앨런에게 "매우 정중하게 어떤 분노나 격정에 휩싸임 없이" 이야기했다고 증언하였다. 다른 소송 사건들에서는 피고인이 화나서 한 말이 아니라 그저 농담으로 한 말이라고 자기 발언을 재포장하기도 했다. 그렇지만 바로 1700년에 성공회 교회법에 관한 한 학술 논고는 설령 입에서 나온 말이 명예훼손이 아니라 하더라도 고소인이 어쨌든 "그 말이 비난적"이었음을 입증한다면, "그는 승소하게 될 것"이라고 공언했다. "그리고 그럴 때 그런 말을 내뱉은 쪽은 판사의 뜻에 따라 처벌받게 될 것이며, [...] 그 이유는 그런 말이 악의적이고 성난 마음에서 밖으로 내뱉어진 것이기 때문이다."

그렇기는 했지만, 법정에 관한 한 영국에서는 둘 이상의 정서 공동체가 동시에 존재했다. 모든 판사가 분노를 범죄 의도의 증거가 되는 가중적 상황으로 여긴 것은 아니었다. 반대로 일부 판사들은 분노란 본인도 어쩔 도리가 없었던 거나 마찬가지니 오히려 무죄 입증의 근거라고 보았다. 왕실 법정은 미리 계획된 악의를 갖고 저지른 살인에 비해 "피가 끓어올라 저지른" 살인을 덜 비난받을 짓으로 여겼다. 명예훼손에 관한 몇몇 종교재판소 심리 사건들에도 비슷한 판단이 적용된 것처럼 보인다. 예를 들어, 1507년에 치체스터Chichester에서 존 폰탠스John Fontans가 존 클로버 경Sir John Clover을 상대로 소송을 걸었다. 자기를 "도둑임이 입증된 자"라고 불렀다는 이유에서였다. 하지만 존 경은 "격노한 상태에서 고소인 측을 도둑이라고 부른 것이었으며, 그러지만 않았어도 안 그랬을 것"이라고 공언했다. 즉, 단지 화가 나서 존을 모욕했을 뿐이라는 것이었다. 그리고 화가 난 이유는 존이 먼저 그를 모욕했기 때문이었다. 두 사람은 법정 밖에서 합의를 보았다. 그러나 존 경이 고의성 없는 분노를 자신의 비방 행위에 대한 훌륭한 변명으로 생각했던 것은 분명하다. 영국에서 치체스터는 요크에서 남쪽으로 아주 멀리 떨어진 곳에 있다. 그래서 재판관 양성 과정에서도 차이가 있겠지만 못지않게 분노의 개념, 평가, 표현까지도 중요한 지역 차가 있었다. 그리고 일부 행정 지역과 판사들은 더 나아가 분노란 무죄 주장의 변명거리로 삼을 수 있을 뿐만 아니라 옳은 것이기도 하다는 세 번째 종류의 분노를 인정했다. 우리는 1442년 헤리퍼드Hereford에서 그런 분노를 목격한다. 그곳에서 피고인은 미사 때 반드시 많은 신자가 참석한 상황에서 교회 제단에 올라가 공개적으로 용서를 구해야 했다. 피고인은 "[비방하는] 말들은 고약한 의도에서 나온 것이지 고결한 열정이나 분노에서 나온 것이 아니다"라고 고백해야 했다. 아마도 고결한 분노였다면 그의 결백에 도움이 되었던 것 같다.

독일어권 지역들에서도 같은 태도 분류가 마찬가지로 적용되었다. 그곳에서 모욕적인 발언을 내뱉었다는 이유로 법정에 끌려나온 사람들은 흔히 술에 취해 그랬다거나 화가 나서 그랬다고 주장하며 변명하곤 했다. 아우크스부르크Augsburg에서는 '과도한 음주, 갑작스러운 분노, 혹은 다른 어떤 의도하지 않은 이유' 때문에 모욕적인 발언이 튀어나왔을 때는 처벌이 유예되었다. 이런 경우들에서 분노는 통제 불능의 광기로 판단되었다. 하지만 다른 지역 지도층 사람들은 동의하지 않았다. 그들의 관점에서 분노는 전혀 변명이 안 되는 것이었다. 왜냐하면 사람들은 분노를 자발적으로 억제할 수 있기 때문이다. 프라이부르크Freiburg의 명예훼손 관련 시민 법령은 특히 모욕에 대한 처벌을 염두에 두고 "앞으로 모든 사람은 자기가 할 말을 신중하게 고를 것이고 자신의 분노를 억제하는 방법을 알게 될 것"이라고 결론 내렸다. 하지만 또 다른 사례들에서 분노는 적법한 것으로 여겨졌다. 예를 들면, 개인이 자신의 명예나 가족의 명예를 지키려 했을 때가 그렇다. 일부 민법 규정에는 심지어 '앙갚음할 권리'가 포함되었다. 역사가 앨리슨 크리스먼Allyson Creasman은 이런 법 적용 완화 규정의 기원을 찾아 중세 이탈리아 주석자들의 이론에까지 거슬러 올라간다. 이들은 누구나 외부의 공격에 맞서 자신을 방어할 권한이 있는 것처럼, 자기 명예를 더럽힌 모욕에 맞서 말로써 대꾸하여 적법하게 반격할 수 있다고 논하였다.

○

근대 초기서부터 오늘날에 이르는 동안 민사입법에서 대단한 급변이 이뤄진 것처럼 보일지 모른다. 그러나 근대 초기의 일부 양상들은 오늘날에도 적용할 수 있다. 우리는 너절한 이야기들, 인터넷에서 망신 주기, 일상의 언사에 만연한 저속한 단어들, 영화와 텔레비전에서 점증하고 있는 불경한 말들의 사용 등이 우리 시대 특유의 현상들이라고 생각하는 경향이 있다. 그러나 크리스먼은 근대 초기 독일 시민들도 그런 현상들이 그들 시대에 있다고 생각했음을 지적한다. 그들은 북적거리는 도시에서 볼을 맞대고 살았으며 주거 여건은 급격히 늘어나는 인구를 수용하기에 역부족이었다. 그런 환경에서 도회지 사람들은 모욕, 부주의한 이야기들, 외설적인 노래들로 인해 공공의 평화와 친목에 위협이 되는 일들이 발생하는 것에 아주 민감했다. 오늘날 어떤 사람들은 도시 스프롤city sprawl(기존 도심 공간 부족으로 도시가 점차 확장되어가는 현상-옮긴이)이 공동체 의식에 훨씬 더 큰 위협이 될 수 있다고 생각하겠지만, 왁자지껄한 더 넓은 세상과 전자적으로 연결된 우리의 가정家庭은 많은 측면에서 소문, 가짜 뉴스, 망신 주기, 가학적 언사에 노출된 북적거리는 도시 광장과 비슷하다.

아주 이른 시기에 만들어져 단단히 강화된 태도들은 오늘날 확실히 바뀌긴 바뀌었지만, 그래도 다양한 목적에 따라 이용되는 감정의 잠재적 저장소들로 지금도 우리에게 남아있다. 요새 분노를 죄악시하며 말하는 사람은 거의 없지만, 많은 사람이 성난 말을 심각한 사회 및 대인관계의 문젯

거리로 바라본다. 기본적인 예의범절과 협력관계로 이뤄진 미묘한 조직의 신경을 긁는다는 것이다. 대부분의 명예훼손 사건에서 분노와 악의가 중도 하차한 상태지만(악의는 남았지만, 공적 인물들이 제기한 소송들에만 해당한다), 그런데도 그 둘이 짝을 이루는 경우는 여전히 아주 흔해서 이를테면《뉴욕 타임즈》가 트럼프의 모욕적인 안하무인 트윗들을 '분노'라고 부를 정도이 다. '러시아 스캔들 기소를 놓고 트럼프, 안도에서 격노로 발전'은 2018년 2월 17일과 18일 사이 트럼프 트윗의 특징을 압축한 기사 제목이다. 기자 는 그 기간에 대해, 트럼프 대통령식 기준에 의하면 이례적으로 화나고 싸 움닭 같았던 "이틀간의 트윗 장광설"이라고 요약했다. 모욕과 비방 배후에 서 분노를 보게 되는 경향성과 분노를 유발한 동기들에 대한 암묵적 비난 은 우리가 본 바와 같이 오랜 배경 이야기를 지닌다.

도널드 트럼프도 일반적으로는 화가 났다고 명시적으로 말하는 것을 피한다. 마치 그런 식의 형용사 자체가 품위가 떨어진다고 여기는 듯하다. '화난 흑인 여성the Angry Black Woman'은 그 형용사가 오늘날 어떻게 미국에서 일종의 치욕적인 표현이 되었는지 보여주는 사례이다. 이 문구는 여성은 감정적이고 남성은 이성적이라는 끈덕진 고정관념과 더불어 '쨍쨍거리는 아내'라는 근대 초기의 편견을 떠올리게 한다. 그런데 이제 분노와 특정 피부색의 여성을 결합함으로써 그 상처에 모욕이 첨가된다. 바네사 존스 Vanessa E. Jones는 이렇게 적는다. "흑인 여성에 관한 고정관념은 여러 세기 동 안 대중문화 곳곳을 헤집어왔다. […] 그러나 오늘날 중대한 시험대에 오 르고 있는 대상은 바로 화난 흑인 여성이다." 일부 흑인 여성들은 그 별칭 이 재미있다거나 더 나아가 힘을 돋운다고까지 생각하는 데 반해, 또 어떤 이들은 증오에 찬 말로 여긴다고 존스는 이야기한다. 치료사 웬디 애슐리 Wendy Ashley는 '화난 흑인 여성'의 이미지가 임상 환경에서 흑인 여성에 대한 오진과 불완전한 처치에 일조한다고 주장한다. 그들의 자존감에 영향을 미치는 그 꼬리표가 때로는 너무도 위압적이어서 여성들이 "분노의 표출을 억누르고 분노가 자기 삶에 미치는 충격을 축소할 수도 있다. […] 결과적으로 내담자들은 치료 환경에서 불안감을 느낄 수 있을 것이고 무력감, 절망감, 그리고 자기혐오의 감정들을 지닌 채 [그곳을] 떠날 수 있다." 실제로 그들은 화가 날 수 있으며, 물론 존스가 볼 때 그 분노는 고정관념이 묘사하는 것처럼 '고압적'이라거나 '입이 거칠다'라는 오명이 붙은 분노가 아니라 사회적 불의가 격발한 훌륭한 종류의 분노다.

치료사가 그런 식의 꼬리표들이 흑인 여성의 정신세계에 불러올 결과를 우려하는 것이라면, 일부 법학자들은 다른 걱정거리가 있다. 화난 흑인 여성이라는 수사적 어구는 흑인 여자를 겨냥한 공격적 행동을 부추긴다. 이들은 상처를 입지만 어떤 형태의 구제책도 없다. 그 여성들에게 비난이 쏟아진다. 그들은 단지 타협하거나 원칙을 굽힐 의사가 없다는 이유로 '분노'라는 배역을 맡는 신세가 된 것이다. 백인 여성의 불만과 저항은 종종 고결한 것으로 여겨지곤 하는 데 반하여, 흑인 여성은 자신이 다음과 같은 판정의 대상이 된다는 것을 깨닫는다. '분노. 통제 불능. 비이성적. 성마른 성정. 위협적.' 흑인 직장 여성들은 목소리 높이는 것을 두려워한다. 실제로는 말하는 것 자체를 두려워한다. 자기를 '말썽꾼'으로 바라보게 될 동료들의 두리번거리는 눈동자가 겁나기 때문이다. 간단히 말해(2명의 법학 교수가 『아이오와 법률 리뷰Iowa Law Review』에서 주장한 바에 따르면) "사회는 멸시에 대항하는 흑인 여성을 '화난 흑인 여성'으로 둔갑시킨다." 하지만 그렇다고 대항하지 않는다면, "자기에게 가해지는 탄압의 공모자"처럼 느끼게 된다. 흑인 여성으로 살면서 이런 모순과 싸워야 한다는 데 수반되는 스트레스는 "정서적인 곤경, 우울증, 불안, 악몽, 외상 후 스트레스 장애, 고혈압, 당뇨, 암, 심장질환, 뇌졸중" 등등의 현대판 지옥으로 이어진다.

흑인 남성들도 '화난'이라는 형용사의 영향을 모면한 것은 아니다. 일부는 그것을 용기의 훈장으로 탈바꿈시킨다. 하지만 다른 이들은 '화난 흑인 남자 이미지'에 대항하는 형국이다. 이 꼬리표에는 매우 긴 족보가 있다. 예를 들어, 1747년에 미국의 건국 '시조' 벤저민 프랭클린Benjamin Franklin은 만일 영국이 공격해올 때 필라델피아 사람들이 스스로 무장할 의사가 없다면(프랭클린은 무장을 옹호했다) 사략선 해적의 손아귀에 떨어지느니 차라리 왕명을 받는 함대에 항복하는 편이 더 나을 것이라고 주장했다. 그는 해적들을 "니그로, 물라토mulatto(흑백혼혈아) 등등 가장 비열하고 가장 타락한 인류"이자 "난폭한 분노"에 지배받는 자들로 규정했다. 하지만 오늘날에는 그런 고정관념이 미국 내 교육받은 중산층 흑인에게 적용되고 있다. 사회학자 아디아 하비 윙필드Adia Harvey Wingfield는 그들이 "경제적이고 직업적인 성공을 거두었음에도 [자기 직장] 곳곳에서 인종 차별을 감지하며 결과적으로 격분하고 있다"고 말한다. 이런 고정관념을 거스르려면 사회학자 앨리 혹쉴드Arlie Hochschild가 '감정 노동'이라고 이름 붙인 일들을 해야한다. 이때의 노동이란 외관상 평정을 잃지 않아 보임으로써 혹시라도 상대에게 본인이 분개하고 있다는 인식이 생겨나지 않게 하는 것을 말한다.

사실은 오늘날 직업인 대부분은 어느 인종이건 상관없이 일하면서 부득이 분노를 감추어야 한다. 감정 노동이라는 발상은 많은 일자리가 특정 감정을 드러낼 것을(심지어 정말로 그렇게 느낄 것을) 요구한다는 혹쉴드의 관찰에서 나온 것이다. 그녀가 연구한 항공기 여승무원의 직무 훈련에서는 쾌활함을 요구했고, 역시 그녀가 조사했던 채권 추심원의 경우에서는 분노를 요구했다. 델타 항공사 여승무원 직무 훈련 센터에서 여성들은 항공 안전과 서비스에 관한 교육을 받았다. 첫날 첫 번째 수업에서 그들은 생글

거리라는 훈계를 들었다. 항시, 진짜 그런 감정을 가지라는 것이다. 단기 연수 과정에서 그들은 분노와 그것의 해로운 효과들이라고 하는 문제를 직접 마주했다. 강사가 설명한다. 화가 나면 심장 박동이 더 빨라지고 숨은 더 가빠지며 아드레날린이 치솟는다. 분노는 여러분에게 좋지 않다. 그러면 고질적인 악질 승객을 가리키는 항공사의 은어인 'irates(뿔난 자, 진상)'는 어떻게 대처해야 하나? 델타 항공사의 교관은 여승무원들에게 호칭을 바꿔서 생각하라고 가르쳤다. 누군가 술에 취했다고? 프레임을 바꿔 그 사람을 아이로 바라보라. 누군가 욕설을 하고 있다고? 그 사람이 정신적 외상을 겪고 있는 희생자라고 상상하라. 서술 방법 즉 단어를 바꿈으로써 여승무원은 자신의 반응을 분노에서 이를테면 연민 같은 것으로 바꾸게 될 것이다.

우리가 본 바와 같이, 분노가 공공연한 비난의 대상일 때 누군가를 보고 화났다고 하는 것은 모욕이다. 그러나 때때로 그 단어는 더 미묘한 감정들인 슬픔, 상심, 경악, 긍지 등을 아주 쉽게 몽땅 대체할 수 있는 '다목적' 어휘로 기여하곤 한다. 이것이 항공 학교 교관의 통찰이었다. 그것은 사회적으로 우리가 자신의 감정이건 타인의 감정이건 어쨌든 '감정'에 점점 더 많은 관심을 가지게 되었음에도 우리의 정서적 어휘는 갈수록 빈곤해지고 있다는 뜻이다. 미국인들은 한때 수많은 분노 어휘들을 사용했다. 'passion', 'rage', 'indignation', 'fury', 'wrath', 'peevishness' 등등. 각 어휘는 약간씩 다른 뉘앙스를 지녔으며, 그래서 예를 들어 1758년에 말다툼하는 사람들은 '열띤 대화에 참여하고 있는 중'이라고 묘사될 수 있었다. 하지만 오늘날에는 우리가 다양한 형태의 분노를 얼마나 다르게 경험하든 상관없이 그냥 한 가지 표현에만 기대는 경향이 있다. "그 사람 화났어. 나도 화났어!"

리사 펠드먼 배럿이 지적한 바와 같이, 서술 방식으로서건 판단으로서건 감정에 이름을 붙이는 일은 자신의 감정을 이해하는 방식에 결정적으로 중요하다. 왜냐하면 그런 단어들은 엄청나게 다양한 감각들을 정리하여 뭉치들로 만들기 때문이다. 나는 인형을 때렸을 때 나를 엄습한 쾌락과 정당한 분개의 감정들이 창피함과 한 묶음의 것들이며, 이 모든 것을 분노라는 어휘가 포괄한다는 것을 어머니에게 배웠다. 그 단어에 대한 그런 식의 이해는 나의 이해일 뿐 정확히 다른 누구의 이해도 아니다. 게다가 세월이 흐르면서 나의 처음 그 유치한 분노의 느낌에 다른 감정들이 함께 들러붙었고, 한편 다른 감각들은 떨어져 나가서 격노, 신랄, 잔인 같은 어휘들의 환영을 받았다. 감정 단어는 중요하다. 그런 단어들은 감정의 전체 시나리오를 환기하고 타인의 반응을 예측하며 우리 공동체의 안팎에서 그런 단어들이 일으키는 많은 반향을 경험하면서 새로운 의미를 취득하게 된다.

"가장 해로운 것은 숨겨진 분노이다."

_ 세네카

Part. 2

악덕과
미덕 사이의
분노에
대하여

chapter. 6

아리스토텔레스와
후계자들

:
올바른 때,
올바른
방식으로

1부에서는 분노를 전반적으로 피해야 하는 감정으로 바라보았다. 아니, 단순히 말해 느껴서는 안 되는 감정이라고 하는 편이 더 낫겠다. 그러나 반대되는 오랜 전통이 있다. 그 전통은 일부 형태의 분노를 악덕으로 간주하면서도 특정 유형의 분노는 긍정적인 미덕이라고 주장한다. 아리스토텔레스가 이 전통의 주요한 선구자였다.

아리스토텔레스는 판단 혹은 믿음이 분노를 일으킨다고 말했다. 우리는 경멸당했다고 생각할 때 화가 난다. 경멸은 우리를 화나게 하는 고통의 한 유형으로 여겨진다. 우리는 고통을 초래한 당사자에게 갚아주기 위한 행동에 나서게 된다. 복수를 통해(아니 실제로는 복수한다는 생각만으로도) 얻는 쾌락은 처음에 경멸로 받은 고통을 원상태로 돌려놓는다. 이것은 완벽하게 정상적인 반응이며 많은 경우 전적으로 정당화될 수 있고 고귀하기까지 하다고 아리스토텔레스는 말했다. 바보는 결코 화를 내는 법이 없지만, 성마르고 제멋대로인 사람들은 항상 화가 나있다. 그러므로 비결(즉, 고결한 분노에 이르는 길)은 "올바른 때에, 올바른 대상을 언급해서, 올바른 사람들을 향해, 올바른 목적을 갖고서, 올바른 방식으로" 화를 내는 것이다.

하지만 '올바른 때'가 언제란 말인가? 사회가 바뀌면 그것도 바뀌는 게 아닌가? 당연히 그렇다. 아마 아리스토텔레스는 상황은 언제나 조금씩 다르다고 대답할 테지만, 그래도 일반적인 원칙들은 고스란히 남는다. 만약 어떤 목표를 겨냥하고 있는데 누군가 끼어들어 방해한다면, 그 사람에게 화가 날 것이다. 설령 오늘날 우리의 목표가 아리스토텔레스가 살던 때인 기원전 4세기 그리스에서 추구하던 목표와 전혀 다르다 할지라도 그런 사정이 바뀌지는 않는다. 사실 어떤 이가 내 소망을 얕잡아보기만 해도 화가 날 것이며, 협력적이지 않은 친구에게는 특히 더 격노하게 될 것이다. 우리는 자신을 경멸하는 듯 보이는 사람들을 향해 언제나 분노를 느낄 것이고, 특히 우리보다 열등한 사람이 그렇게 자신을 얕잡아볼 때는 더 분개할 것이다. 우리는 같은 처지에 있는 다른 사람들만큼 대우받지 못할 때 분노를 느낀다. 자신이 제대로 된 대접을 못 받는 것처럼 생각하는 것이다. 세세한 내용은 바뀔 수 있으나, 지위라던가 불의라던가 하는 상황들은 고스란히 남는다. 따라서 아리스토텔레스 철학이 아테네에서 형성됐다는 것은 사실은 다소 사소한 문제다. 그곳에서 남자들은 서로를 비교하며 명예를 지키는 일에 예민하게 안달을 냈다. 오로지 남자만이다. 여성은 아리스토텔레스의 구도에 제대로 들어맞지 않았다. 왜냐하면 (그가 생각하기에) 여성의 감정과 판단은 적절히 작동하지 않기 때문이다. 우리는 이 문제를 다시 다룰 것이다.

그러나 이번에도 우선 내 가족 이야기를 하고 싶다. 비록 내 부모님이 의식적인 아리스토텔레스주의자는 아니었지만, 여전히 그분들은 실제로 아주 훌륭한 아리스토텔레스주의자였기 때문이다. 부모님의 관점에서 볼 때 인형은 적합한 분노의 대상이 아니었다. 그러나 상급자가 보인 무도한 처사 때문에 아버지가 벌게진 얼굴로 화가 난 채 퇴근한 것은 완벽하게 올바르고 합당한 일이었다. 아버지는 사회복지사였고 사회복지는 지금도 그렇지만 당시에도 주로 여성들이 담당하는 직업이었다. 아버지는 수입이 아주 적었고, 다른 사람들(자기가 속한 기관의 여성들)이 자기를 제치고 승진하는 모습을 지켜보았다. 아버지의 상급자가 여성이었다. 상급자의 성性이 아버지가 입은 마음의 상처에 모욕을 더 보탰으리라는 매우 현실적인 가능성은 별개로 하고, 그보다 더 심각한 경멸에 대해 생각해보자. 아버지는 상급자가 실력이 떨어지는 다른 직원들과 비교할 때 자기를 제대로 대우하지 않는다고 믿었다. 아버지는 그런 상황에서 탈출하기 위해 할 수 있는 일들에 관해 어머니와 이야기를 나눌 때 자신의 고통 속에서 기쁨을 발견했다. 그곳에서 벗어날 궁리를 하는 조금 전의 그 노력에서, 아버지는 아리스토텔레스의 모형을 위반하고 있었을까? 아리스토텔레스는 화난 사람들은 자기를 모욕한 당사자에게 상처를 주고 싶어 한다고 명시적으로 말한다. 회피하거나 (또 다른 극단적 대응으로) 제거하고 싶은 것이 아니다. 그는 "보복할 수 있는 가망성이 없는 사람에게 화를 내는 사람은 아무도 없다"라고 선언한다. 하지만 나는 아버지가 이 분노의 공식을 위반했다고 생각하지 않는다. 만약 아버지가 직장을 그만둔다면 상급자는 그 이유를 알게 될 것이며, 대체 인력을 모집해서 면접하고 고용해야 하는 내키지 않는 상황이 벌어질 것이다. 그것은 그녀의 안락한 삶을 성가시게 하는 작은 방해물이 될 것이다. 이것이 아버지가 그린 탈출 환상의 일면이었다.

불공정한 대우에 관한 믿음이나 탈출 계획(사실 아버지는 결국 승진하셨다) 등 이 모든 것은 매우 '이성적'으로 보인다. 아리스토텔레스는 그렇게 말하고자 했다. 그것은 이성적이었다고. 감정의 원인은 바로 판단, 어쩌면 부정확할 수도 있으나 확실히 이치에 맞는 판단이다. 적어도 정서에 관한 사유에서 아리스토텔레스 이전 시대의 철학자 대부분이 분노 같은 감정들은 질병처럼 전적으로 비이성적이며 오로지 마술적인 주문이나 약물을 통해서만 치유 가능하다고 말했다. 아리스토텔레스의 시대 이후에는 우리가 세네카의 경우에서 본 바와 같이 많은 철학자가 스토아주의자들의 의견에 동의했다. 그들은 감정이란 잘못된 판단이 불러오는 것이며 그렇기에 전적으로 거부되어야 한다고 생각했다. 이 두 견해 중간에 아리스토텔레스가 자리해 있으며, 어떤 면에서는 그의 스승 플라톤도 마찬가지이다. 플라톤은 몇몇 저작에서 이성과 감정이 잘 어울린다고 제안했지만 어떻게 그렇게 되는지는 말하지는 않았다. 아리스토텔레스는 그 방법을 설명한다.

그러기 위해 아리스토텔레스는 영혼의 본성을 새로운 방식으로 이론화했다. 플라톤의 경우 영혼(혹은 마음)은 세 부분 즉, 이성, 기개, 욕망으로 이루어졌다. 제대로 규제된 이성은 일상적 사물의 가짜 외양과는 전혀 다른, 실재의 참된 형상을 분별하는 일을 목표로 삼는다. 플라톤을 사로잡은 것은 이런 형상들이었다. 하지만 아리스토텔레스의 초점은 다른 곳에 있었다. 그는 자연물이건 인공물이건 이 세계 안에 있는 사물과 그것을 이해하는 데 필요한 논리적 도구에 관심이 있었다. 식물은 단순한 영양적인 영혼을 갖는다. 동물은 영양적이기도 하고 감각적이기도 한 양분된 영혼을 가진다. 인간은 삼분된 영혼을 갖는다. 영양적이고, 감각적이고, 지적인 영혼이다. 이제 이 지적인 영혼이 두 부분으로 나뉜다. 하나는 논리적인 부분이고 다른 하나는 무無논리적인 부분이다. 완전히 성장한 사람들의 경우 무논리적인 부분은 논리적인 부분에 귀를 기울이고 복종한다. 논리적인 능력을 지닌 부분이 "나는 아무 자격도 없는 사람에게 멸시당했어"라고 생각할 때, 무논리적인 부분은 분노를 느낀다. 그럴 때, 무논리적인 부분이 화를 내고 나면, 그것이 논리적인 부분의 판단에 영향을 미친다. 이런 식으로 그 둘은 협동 작업을 한다.

아리스토텔레스에 따르면, 아이들은 논리적 능력이 완전히 발달하지 않았으므로 올바른 시점에 올바른 대상을 향해 합당한 감정을 가지려면 어른들의 가르침을 받아야 한다. 그런 감정들은 습관이 된다. 아이들은 자라면서 선생님들이 주입한 습관을 나름의 사리를 따진 판단들로 강화한다. 아리스토텔레스의 견해에 따르면 여성이란 모두 결함 있는 남성과 같은 셈이다. 여성은 논리적 기능과 무논리적 기능이 모두 있으나 여성의 이성은 마땅히 가져야 할 감정에 대한 지배력을 갖고 있지 않으므로 우월한 남성의 합리성에 인도되어야 한다.

물론 합리성이 언제나 고귀하거나 탁월한 것은 아니다. 분노는 미덕일 수도 있지만, 또한 악덕일 수도 있다. 내 가족 이야기로 되돌아가자면, 아버지의 분노는 모든 규준을 만족했다고 말하는 것이 공정해 보인다. 아버지는 올바른 시점에 분노를 느꼈다. 능력이 떨어지는 다른 사람 때문에 승진에서 밀렸을 때이므로. 아버지는 올바른 대상들을 골랐다. 더 높은 봉급과 더 존중받는 지위였다. 아버지는 올바른 사람을 향해 분노했다. 상급자였다. 아버지는 올바른 방식으로 분노를 느꼈다. 상급자에게 갚아줄 수 있을 만한 일들을 궁리했다는 점에서 그렇다. 그런데도 어쩌면 아리스토텔레스는 아버지가 고결하지 않은 분노를 느꼈다고 주장할지 모른다. 왜냐하면 (적어도 내가 회상하기로는) 아버지는 거의 매일 밤 똑같은 불평과 똑같은 감정으로 퇴근하셨기 때문이다. 아리스토텔레스는 덕이란 너무 과한 것과 너무 모자라는 것 "그 중간"에 있는 상태라고 말한다. 분노의 미덕을 실천하는 사람은 "좋은 성격"의 소유자이다. 그는 대개 "평정심을 잃지 않는다." 그가 '항상' 이성을 따르는 것은 아니다! 오히려 그는 "손해는 보는" 잘못을 저지른다. 그가 충분히 정당화될 수 있는 상황에서도 화를 내지 않는 경우가 있다는 것이다. "왜냐하면 성격 좋은 사람은 복수심을 품지 않으며, 그러기는커녕 주로 용서하는 편이기 때문이다."

아리스토텔레스는 윤리에 관한 저서에서 용서하는 사람을 언급한 바 있었다. 그러나 그런 사람은 아리스토텔레스가 수사학에 관한 책을 쓸 때 염두에 두고 있던 사람은 확실히 아니었다. 거기서 아리스토텔레스는 웅변가(고대 그리스 세계의 변호사다)에게 어떻게 하면 판사와 배심원을 화나게 할 수 있는지 가르쳤다. 그런 감정의 유발은 웅변가가 피고 측인지 원고 측인지에 따라 의뢰인을 쉽사리 처벌에서 벗어나게 해주거나 혹은 호되게 처벌받게 만들거나 할 수 있었다. 아리스토텔레스는 "편견, 동정, 분노, 그 외 유사한 감정들의 자극이 본질적인 사실과 무관하다는 것"을 아주 잘 알았다. 그는 "판사를 분노나 시샘이나 연민에 흔들리게 해서 엇나가게 하는 것이 옳지 않은 일"임을 알았다. 그러나 그는 불에는 불로 싸워야 한다고 말했다. 다른 웅변가들이 감정적 호소를 통해 설득했기 때문에 아리스토텔레스의 웅변가도 그런 수법들을 마찬가지로 잘 알아둘 필요가 있었다. 그런 수법을 잘 지적할 줄 알아야 하고 또 잘 사용할 줄도 알아야 했다. 그가 아주 명시적으로 말한 바대로, 감정이란 "사람들을 변화시켜 그들의 판단에 영향을 미치는 모든 느낌"이다. 아리스토텔레스는 단지 대표적인 표본들일 뿐이라고 인정하면서, 총 열네 가지 감정을 열거했고, 둘씩 짝을 지었다. 분노와 온순, 사랑과 증오, 공포와 확신, 수치와 뻔뻔함, 박애와 인색, 동정과 분개, 그리고 (마지막으로) 시샘과 모방 욕구이다. 감정 유발은 정확히 웅변가가 판사와 배심원의 합리적 관점을 바꿀 방법이다. 그것이 바로 영혼의 무논리적인 부분이 논리적인 부분에 영향을 미칠 수 있는 방식이다.

이 모든 것은 전적으로 정신적으로 것처럼 보인다. 우리는 누구나 분노가 신체적인 느낌들을 포함한다고 알고 있지만, 지금의 경우는 마치 그것이 생각들로만 이루어진 것처럼 말하고 있어서다. 분노의 원인, 즉 분노를 유발하는 사건이 언제나 '그 사람이 나를 부당하게 경멸했다' 같은 형태를 띠는 인식인 것은 맞다. 그러나 일단 분노가 촉발되고 나면, 유기체 전체에 영향을 미친다. 아리스토텔레스는 육체와 영혼을 분리하지 않았다. 그런 생각과는 반대로 그의 관점에 따르면 영혼은 몸에 실린다고 말할 수도 있겠다. 모든 살아있는 것들은 육체와 영혼을 둘 다 갖고 있으므로 영혼의 감정들은 또한 신체적이기도 하다. 의사라면 분노를 '심장 주변의 피 혹은 뜨거운 물질의 끓어오름'으로 정의할 것이다. 왜냐하면 그는 분노의 소재에 관해 생각하고 있기 때문이다. 하지만 철학자라면 '분노가 심장 둘레의 열기를 끓어오르게 한다'라고 말할 것이다. 왜냐하면 철학자는 무엇이 신체적 효과를 촉발하는지 생각하고 있기 때문이다. 벌게진 가슴, 돌출하는 경동맥, 부풀어 오른 관자놀이, 이런 것들이 분노의 신체 징후이다. 아리스토텔레스는 사람들이 '분노'에 대해서 '끓어오른다,' '솟구친다,' '꿈틀댄다'라고 표현하는 것이 놀랄 일이 아니라고 봤다.

분노는 오로지 특정한 한 사람을 겨냥한다. 이 점에서 분노는 증오와 다르다. 개인이 아니라 사람들의 집합에 대해서는 '분노'가 아니라 '증오'만이 가능하다고 아리스토텔레스는 말한다. 예를 들어 모든 사람이 도둑과 살인자를 증오한다. 증오는 인종 폭력과 종교 폭력에 기름을 붓는다. 분노를 생성하는 유형의 개인적 고통은 증오할 때 갖는 고통과 같지 않다. 아리스토텔레스의 요점은 레비가 아우슈비츠에서 겪은 경험을 통해 잘 설명할 수 있다. 그곳은 그저 증오할 뿐 분노하는 일은 아주 드문 사람들로 채워진 곳이었다. 증오할 때는 증오의 대상인 사람 혹은 사람들을 제거하고 싶어 한다고 아리스토텔레스는 생각했다. 그들이 우리의 화난 복수심을 감지하든 말든 신경 쓰지 않는다. 우리가 그들에게 느끼는 감정을 그들이 알건 말건 우리에게는 중요한 문제가 아니다. 아리스토텔레스가 증오에 관해 언급한 내용은 극히 적다. 그가 보기에 증오는 까다로운 감정이 아니었다. 어떤 점에서 그것은 지나치게 '이성적'이었다. 또한 끝이 없는 것이기도 했다. 분노는 가해자가 합당하게 처리되거나 용서받게 되면 일소될 수 있다. 반면 증오는 결코 사라지는 법이 없다.

◌

감정에 관한 아리스토텔레스의 사유는 인간과 신의 본성에 관해 전혀 다른 태도를 보인 스토아주의자들과 훗날 발흥한 새로운 유일신 종교들 (기독교, 이슬람) 덕에 무색해졌다. 그런 맥락에서 아리스토텔레스는 11세기와 12세기에 이르러서야 비로소 다시 중요해졌다. 그리고 그때에도 적어도 처음에 사상가들의 흥미를 끈 것은 정념에 관한 글이 아니라 논리에 관한 글이었다. 이슬람 학자들은 아리스토텔레스의 그리스어를 아랍어로 처음 옮긴 사람들이었다. 그러나 그 후 얼마 지나지 않아 유럽인들은 시칠리아, 스페인 등 기독교 왕국과 이슬람 세계의 접경 지역들을 여행하며 라틴어 번역본을 제작하거나 입수하게 되었다.

동시에 감정을 이론화하기를 원하는 진정한 수요가 존재했다. 왜냐하면 사회 전 계층의 사람들이 감정에 관해 생각하고, 글을 쓰고, 노래를 부르고 있었기 때문이다. 서구에서는 위대한 주군이 가신을 '사랑'한다고 공언했고 가신으로부터도 사랑을 기대했다. 그러나 그런 기대가 충족되지 않는다면, 주군은 아랫사람들에게 의식주와 애정과 선물을 풍족히 하사하여 사랑을 보여주는 일을 그만 거두고 대신 전쟁을 일으켜 '분노'를 터트리겠노라 위협을 가했다. 주군의 궁정에서는 음유시인이나 여타 흥을 돋우는 자들이 유쾌하고 다정하게 여인들에 관한 노래를 불렀다. 무너진 가슴과 분노에 관해 노래하는 경우는 그보다 더 흔했다. 13세기 시인 라이몽 드 미라발Raimon de Miraval은 자신의 레이디 메 다믹Mais d'Amic(단지 친구 그 이상이라는 뜻)에게 이렇게 서신을 보냈다.

> 메 다믹이여, 가장 좋은 것도 가장 나쁜 것도
> 함께 나누어야 하거늘
> 하지만 그대는 기쁨과 공적과 이득을 갖고
> 나에게는 슬픈 분노와 울적한 심경뿐이라네.

수도원과 학교에서는 그리스도의 본성에 관련된 신학 자체가 바뀌고 있었다. 근엄한 천주였던 예수가 이제는 새로운 페르소나를 획득해가고 있었다. 그것은 애정 넘치는 성모 마리아의 품에 포근히 안긴 조그마한 유아, 십자가 위에서 고통받는 인간의 모습이었다. 12세기에 한 대수도원장은 예수 생애의 매 단계, 매 국면을 명상하는 방법에 관한 열렬한 논고를 집필했다. "베들레헴으로 가는 성모의 발걸음을 함께하라. 성모와 함께 여인숙에 피신처를 구하라. 성모가 아기를 낳을 때 그 자리에 임하여 도우라. […] 가장 성스러운 두 발에 입술을 대고, 입맞춤하고 또 입맞춤하라." 그러다 마침내 예수가 체포되는 순간이 다가왔을 때는 어찌할까. "나는 그대의 가슴이 지금 연민으로 가득 차있는 것을 안다. 그대는 분노로 불타오를 것이다. 간절히 바라건대, 그분을 그대로 두라, 고통받게 하라, 왜냐하면 그분이 고통을 받는 것은 바로 그대를 위함이기 때문이다. 어째서 칼을 갈망하는가? 어째서 화를 내는가?" 대단히 감정 의존적인 이와 같은 명상들을 접한 학자들은 정서란 과연 무엇인지 이해에 나서야만 했다. 도대체 감정의 원인과 결과가 무엇이며, 그것의 목적, 미덕과 악덕은 무엇일까.

그렇게 해서 그들은 처음에는 플라톤과 신플라톤주의적인 사유에 의지했다. 하지만 그들은 점점 더 아리스토텔레스를 훨씬 더 굳건히 따르게 되었고, 그에게 배운 논리학의 도구들에 의존했다. 이것이 바로 13세기 스콜라주의자인 토마스 아퀴나스가 중세 때 나온 감정에 관한 가장 완벽한 논고를 집필한 맥락이다. 아니, 사실상 전 시대를 통틀어서 가장 철두철미한 논고 중 한 편일 것이다. 그의 이론은 '아리스토텔레스적'이지만, 아리스토텔레스를 훨씬 넘어서는 것이기도 했다. 그는 감정들을 체계화하고, 감정들이 어떻게 함께 작동하는지 보여주고, 인간의 감정 일반에서 분노가 차지하는 위상과 관련하여 아리스토텔레스보다 훨씬 더 중요한 의의를 부여했다.

아리스토텔레스는 영양, 감각, 이성이라는 삼중의 영혼을 이론화한 바 있다. 그러나 이제 이 그림이 복잡해질 시점이다. 왜냐하면 토마스 아퀴나스가 영혼의 '힘' 두 가지를 더 추가했기 때문이다. 바로 운동과 욕구다. 이것들은 영혼의 부분들과 마찬가지로 '생명의 양태들'이다. 대개의 동물은 단지 성장만 하는 것이 아니라(영양의 힘이 빚은 결과로서), 감각 능력을 지니며(영혼의 감각적 부분을 반영하는), 무언가를 바라고(욕구의 힘의 결과로서), 돌아다닌다(운동의 힘의 소산). 모든 인간은, 그리고 오로지 인간만이 이성의 힘을 지닌다. 우리가 주목했던 바와 같이, 감정은 인간 영혼의 이성적인 부분에서 생성된다. 인간 이외의 동물은 감정이 없다.

토마스는 사물을 욕망하고 관심 두고 동경하는 영혼의 힘, 이른바 욕구 능력을 대단히 강조함으로써 이 도식을 조금 수정했다. 그렇게 수정한 목적은 인간의 지복至福 추구를 이해하고 설명하려는 의도였다. 토마스의 입장에서는(아리스토텔레스와는 달리) 신이 인간을 창조했고, 인간의 궁극적 목표는 신에게 귀환하는 것이었다. 감정은 그런 귀환의 본질적 요소, 즉 추동의 원동력이었다. 확실히 감정은 신에게서 이탈하여 죄악을 향해 직행하도록 몰아갈 수도 있다. 그러나 감정은 뭘 모르고 그러는 것뿐이다. 모두가 쾌락을 원하고 고통을 피하지만, 어떤 사람은 음식이나 돈이나 섹스를 참된 쾌락으로 착각하고 오히려 기도, 덕성, 경건한 묵상을 고통이라며 피한다. 이렇게 미혹에 빠진 사람들이 목표를 추구하는 과정에서 감정이 뒤틀려 이를테면 잘못된 것들에 관심을 두게 된다. 그러나 무언가에 관심을 둘 수 있는 능력, 욕구의 힘은 또한 신에 이르는 길이기도 하다.

그리하여 분노 없는 세계를 열망했던 석가모니와 달리, 세네카와 달리, 신스토아주의자들이나 여타 몽상가들과 달리, 다른 사람을 '증오'하거나 혹은 단지 '통제 불능' 상태에 있다는 말을 간단히 줄여서 '화가 났다'라고 부르는 사람들과 달리, 토마스는 분노를 환영하면서 모든 감정에 대해 그리했듯이 분노의 훌륭한 용도를 간파하였다. 관건은 (여기서 그는 아리스토텔레스를 따른다) 올바른 시점에 올바른 대상과 올바른 사람에게 올바른 방식으로 화를 내는 것이다. 그러나 토마스의 '옳다' 개념은 아리스토텔레스와는 꽤 달랐다. 더 나아가 다양한 별개의 판단들이 분노와 여타 감정들을 유발한다고 보는 대신에(아리스토텔레스가 그랬다) 토마스는 11개로 열거한 모든 감정, 즉 사랑과 증오, 욕망과 기피, 기쁨과 슬픔, 희망과 절망, 공포와 용기, 그리고 유일하게 외톨이로 있는 분노까지 이 모든 감정이 하나의 특별한 감정인 사랑 덕에 생명을 얻어 함께 작동한다고 말했다. 다른 모든 감정은 사랑이 그것의 대상을 획득하는 일을 돕기 위해 분투한다. 심지어 증오조차도 사랑의 선함을 거스르는 악에 맞서 사랑을 거든다.

물론 토마스는 현세에서 살아가는 이 삶이 어떻게 신 안에서의 휴식과 신에 대한 사랑으로 이어지는지 설명하는 데 초점을 두었지만, 바로 그럴 때 감정들이 어떻게 기능하는지에도 관심이 있었다. 그는 사랑과 증오, 욕망과 기피, 기쁨과 슬픔 같은 '욕망의(정욕의) 감정'을 특별히 강조했다. 그런 감정들이야말로 원동자이자 선동자이기 때문이다. 그 감정들은 목표에 매달리며 그것을 붙잡으려 다가간다. 그렇다면 분노의 역할은 무엇인가? 분노는 '성마른' 감정의 하나이며, 분노에 주어진 임무는 욕망하는 감정들이 목표를 얻어낼 수 있도록 돕는 것이다. 사랑의 대상에 이르는 통로는 흔히 난관들로 에워싸여 있기 마련이다. 사람이 무언가를 아주 간절히 원할 수 있지만, 그것을 성취하려면 대개는 도움이 필요하다. 무언가를 아주 맹렬히 미워할 수도 있지만, 그것을 피하는 것 자체만으로는 많은 것을 얻어내지 못할 수 있다. 이제 바로 그런 지점들에서 성마른 감정들이 작업에 나설 차례이다. 악을 피하는 데 도움을 주는 감정이 공포(도망가라고 재촉한다) 혹은 용기(증오하는 대상에 대담하게 맞서게 한다)다. 그래도 결국 실패한다면, 그래서 결국 슬픔을 맞이하게 된다면, 그때는 화가 나게 된다. 사랑의 경우도 마찬가지이다. 만약 욕망이 싸움을 벌여야 한다면, 희망(욕망에 강도를 보태주는)과 절망(그 목표를 성취 불가능한 것으로 간주해 발을 빼게 만드는)이 원조에 나선다. 만약 희망이 성공한다면, 기쁨이 있을 것이고 분노할 필요가 없다. 그러나 절망으로 이어진다면, 이번에도 역시 우리는 슬픔과 분노에 다다르게 된다.

토마스의 이론은 분노를 다른 모든 감정과 연결하였다. 한 겹의 감정 위에 또 한 겹의 감정을 쌓는 것이다. 그의 수중에서 분노는 단지 하나의 특별한 사유의 결과물이 아니라 많은 판단과 욕망과 감정의 산물이다. 우선, 분노는 사랑에 의해 유발된다. 성취하기 어렵다고 잘 알려진 무언가를 먼저 사랑하지 않는다면, 그 누구도 화낼 일이 없기 때문이다. 그런데 분노 또한 그 자체로 복잡한 감정이며 나름의 희망과 욕망을 부속물로 수반한다. 어떤 판단을 내리자마자 활활 타오르는 것이라기보다는(아리스토텔레스가 자명하게 여겼던 것처럼), 토마스에게 분노는 최후의 수단이다. 그러나 어쨌든 토마스나 아리스토텔레스는 둘 다 분노란 (잠재적으로) 유용하고 좋은 것이라고 보았다. 그것은 "적대적이고 상처를 주는 상대에 맞서 분연히 일어나기에" 딱 알맞은 감정이다.

이런 시각에서 내 아버지의 분노를 생각해보자. 그것은 곧 아버지가 직장 상사와 겪은 갈등이 먼저가 아니라 아버지가 가진 많은 사랑을 먼저 생각한다는 뜻이다. 본인과 가족에 대한 아버지의 사랑이 아버지에게 특정한 종류의 직업을 욕망하게 했다. 아버지는 그 직업이 본인에게 기쁨을 줄 것으로 내다봤다. 아버지는 다른 사랑도 많이 갖고 있었으니, 그것이 아버지의 유일한 기쁨은 아니었을 것이다. 그러나 그 기쁨은 그런 많은 사랑 중 일부를 가능하게 해주었을 것이며(많은 책을 사고, 음식과 마실 것을 즐기고, 음악을 듣고, 가족을 부양하는 등의), 아버지에게 새로 사랑할 만한 대상들을 소개해주었을 것이다. 이를테면, 사회복지 혜택을 기대하는 의뢰인들에게 무언가 좋은 일을 해줄 수 있는 지위에 오른다는 실천적인 기쁨 같은 것들이다. 당시 저녁식사가 차려진 식탁에서 오고 간 대화들을 생각해보면, 아버지와 어머니는 두 분이 공유했던 분노와 좌절만이 아니라 두 분의 사랑, 희망, 그리고 절망에 관해서도 말씀을 나눴다는 사실을 깨닫게 된다. 이런 감정들은 아리스토텔레스가 이야기한 순수한 형태의 감정이라기보다 다른 감정과 뒤섞인 감정이었다. 본인이 일했던 사업국을 떠나고 싶은 아버지의 욕망, 그럴 때 생길 수 있는 일들에 관한 공포, 그렇더라도 어쨌든 일자리를 옮기고 싶은 불타는 용기. 이런 감정들의 교환 과정에서 슬픔의 망령이 늘 어렴풋이 모습을 드러냈다. 희망 고문은 좌절됐고, 앞날의 계획에는 제동이 걸렸다.

감정에 관한 아리스토텔레스와 토마스의 관점은 뒤이은 이론과 실천에 막대한 영향을 미쳤다. 실제로 13세기 이래 감정을 다룬 모든 사상가가 이런저런 방식으로 그들의 관점에 반응을 보여야 했다. 가톨릭교회 내에서 제도화된 토마스의 사상은 17세기에 이를 때까지 궁극의 권위를 행사했다. 그 무렵 지성사의 한 갈래는 교회 및 토미즘(토마스 아퀴나스의 사상을 신봉하는 사상체계-옮긴이)과의 제휴 관계를 계속 유지했지만, 데카르트를 필두로 한 또 다른 사상가 무리는 의식적으로 그 관계를 끊고자 노력했다. 데카르트는 욕망의 감정과 성난 감정의 구분을 무너뜨리고, 선과 악의 객관성을 거부했다. 그는 신이 적법하고 궁극적인 사랑의 대상이라고 고집하지 않았다. 대신 그는 사람들이 자기 밖에 있는 것들에 대해 개인적 성향에 따라 내보이는 주관적 반응의 다양성을 강조했다. 3장에서 봤던 것처럼 데카르트에게 특정 시점에 우리가 느끼는 분노의 성격은 우리 삶의 경험과 우리가 개인적으로 내린 축적된 판단에 의존하는 것이었다.

비록 데카르트가 감정을 생성하는 주된 역할을 뇌 안의 송과선에 할당했지만, 주관성에 대한 강조는 그가 주로 정신 활동에 관심이 있었음을 의미했다. 그것이 바로 데카르트가 몸과 마음을 분리했다고 많은 학자가 주장하는 이유이다. 그 말이 맞건 안 맞건 간에, 데카르트의 시대 이후로 이론가들에게 이쪽(정신) 아니면 저쪽(육신)을 강조하는 경향이 생겨났다는 사실에는 논쟁의 여지가 없다. 데카르트의 세기에 이제 막 그 위상이 높아지기 시작한 과학자들은 육체를 감정의 장소로 만들고 그에 따라 주관적 경험의 우선성을 거부하는 경향을 보이는 것이 아주 일반적이었다. 그들은 감정이란 혈압, 아드레날린 분비, 그리고 여타 측정 가능한 신체 현상을 통해 가장 잘 이해된다고 강조했다. 반대편 극단에 있는 신학자와 '인본주의자'는 감정의 주관적 측면을 높게 평가했다. 20세기에 프로이트주의자들의 작업은 대체로 '비과학적'으로 여겨졌는데, 그들은 정신 장애의 부작용으로 간주할 수 있는 신체 증상이 아니라면 몸에 관해서는 거의 언급하지 않았다. 이들 모든 부류와 대조적으로 행동주의자들은 감정의 중요성을 아주 낮게 평가했다.

요컨대 데카르트의 시대 이후의 감정 이론들은 감정이 평가적 판단이라는 아리스토텔레스의 발상을 거부했다. 1960년대에 몇몇 인지심리학자들이 감정을 '사유'라고 보는 관점으로 회귀한 것은 매우 충격적인 일이었다.

막다 아널드Magda Arnold가 선도적인 인물이었다. 그녀는 아리스토텔레스와 아퀴나스를 부활시켰을 뿐만 아니라, 감정에 관한 인지적 관점을 신경학과 생리학이 거둔 성과들과 융합하고자 시도했다.

아널드 이론의 열쇠는 감정이 평가의 결과라는 생각이었다. "감정을 유발하려면 일단 그 대상이(사물이건, 사건이건, 상황이건 상관없이) 내게 어떤 식으로든 영향을 미쳤다고, 다시 말해 특수한 경험과 특수한 목적을 지닌 한 명의 개인인 나에게 직접 영향을 미쳤다고 평가되어야 한다." 토마스처럼 그녀는 감정을 평가 그 자체와 동일시하지 않고 그 대상에 "확실히 끌리거나 그것으로부터 멀어지려 하는" 모종의 활동과 동일시하였다. 아널드는 개개의 감정에는 나름의 신체적 '느낌'과 나름의 전형적 활동이 있다고 주장했다.

아널드는 '기본 감정들'에 대한 명칭을 바꾸면서 성난 감정들에 붙이는 명칭도 '다툼 감정'이라고 바꾸었다. 하지만 아널드가 생각한 그 감정의 역할은 토마스의 견해와 상당히 비슷했다. 또한 그녀는 사랑과 증오에서 시작해서 욕망과 반감으로, 그리고 목표를 성취했을 때 기쁨이나 (증오의 경우에는) 슬픔으로 이어진다고 보았다. 그러나 목표를 쉽게 달성하는 사람은 거의 없으므로 다른 감정들, 즉 희망과 절망, 용기와 공포가 요청된다. 토마스의 도식과 비교했을 때 아널드 이론에서 분노는 중요성이 떨어진다. 분노는 어떤 해악을 회피하는 것이 목표일 때 용기나 공포 그 어느 것도 해악의 발생을 막지 못하는 상황에만 생겨난다. 우리는 벽에 가로막혔을 때 분노를 느끼며, 분노는 장애물을 공격해서 제거하라고 우리를 재촉한다.

아리스토텔레스나 아퀴나스와는 다르지만, 신스토아주의자들이나 프로이트주의자들과는 상당히 유사하게, 아널드에게는 치유라는 목표가 있었다. 1960년대 지배적인 프로이트적 견해는 분노가 인간의 공격 '충동'의 소산이라는 것이었다. 우리는 타인과 평화로운 관계를 유지하기 위해 대개 분노를 억압해야 했다. 그런 관점에 따르면, 직장 상사에 대한 내 아버지의 분노는 일터에서는 '억압'되었다. 프로이트적인 치유법은 아버지에게 그 억압된 분노를 분출하여 직장 상사에게 (적절한 방식으로) 자유로이 표현하게 하는 것이었다. 아널드에게는 더 깔끔한 설명이 있었다. 아버지가 일터에서 분노를 표현하지 않은 이유는 '(내 아버지의 직장 상사 같은) 장애물에 대한 공격으로 심각한 피해가 발생할 위험(실직 같은)이 있는 한 그것을 공격할 수 없기' 때문이었다. "분노는 억압되는 게 아니라 공포로 대체된다. […] 그리고 일단 분노로 인해 공포가 유발되고 나면, 그 공포는 모든 유사한 좌절을 겪을 때마다 증가할 것이다." 아널드는 아마도 내 아버지에게 분노의 습관적인 대체물은 공포가 되었을 거라고 말할 것이다. 그리고 그녀의 치료법이 목표로 하는 것은 내 아버지에게 당시 상황을 두려운 상황으로 잘못 평가했음을 인식시키고 마땅히 분노를 유발할 상황으로 재평가하게 하는 일이 될 것이다.

○

오늘날 대부분의 인지치료사들은 공포로 바뀐 분노보다는 잘못된 시점에 잘못된 사람에게 잘못된 방식으로 분노를 터뜨리는 사람들을 상대한다. 그런 경우 치유를 위한 개입은 일반적으로 3장에서 논의한 분노 관리 전략들이 사용하는 형태의 절차들을 따른다. 그 발상은 분노를 생겨나게 한 많은 요인에 관해 판단을 바꾸도록 만들자는 것이다.

더 최근에는 새로운 아류의 인지 이론이 제안되었다. 이른바 감정의 심리적 구성 이론이다. 이 이론은 감정과 인지가 둘 다 '개념화'라고 주장한다는 점에서, 근본적으로 아리스토텔레스와 그의 계승자들에 나란히 속한다. 실제로 이 이론의 주창자들은 자기네 이론을 '개념적 행위 이론'이라고 부른다. 이들은 그런 개념들 가운데 반드시 분노가 들어간다고 주장하지 않는다(우리 문화에서는 확실히 들어가지만). 또한 이들은 영혼/마음이 영양적, 감각적, 지적 능력들이나 힘 같은 것으로 나눠진다고 가정하지도 않는다. 오히려 이들은 신경망이 창조한 그대로의 것들 전부가 마음(이들은 마음과 뇌를 동일시한다)이라고 주장한다. 뇌는 항시 감각을(신체 안팎에서 얻는) 처리하고 있으며 그것을 범주화하고 규제한다. 그런 범주 중 일부가 우리가 감정이라고 부르는 것들이다. 이런 관점의 주요 대변인인 리사 펠드먼 배럿은 감정이 우리의 판단에 영향을 미친다는 점에 동의한다. 아리스토텔레스와 마찬가지로 그녀는 이것이 우리의 사법체계에 어떤 의미를 갖는지 숙고한다. 그러나 아리스토텔레스는 "편견, 연민, 분노, 그리고 그밖에 유사한 감정들의 자극은 본질적 사실과는 아무런 관계가 없다"라고 말했다. 배럿은 동의하지 않는다. 본질적 사실은 그것과 결합하는 다른 모든 개념화와 분리될 수 없으며, 그중 일부 개념화는 다양한 형태의 편견, 연민, 분노 등이 될 것이 거의 확실하다. '이성적' 주장과 '감정적' 주장을 가르는 분명한 선은 없으며 '이성적'인 사법 결정과 이를테면 분노에 기초한 결정 사이도 마찬가지이다. 배럿은 편향성 없는 판사나 '이성적인' 배심원은 없다고 생각한다. 그러나 그녀는 또한 감정은 개념이기 때문에 우리는 성인으로서 그것을 비판할 수 있고 또 비판하게 되기를, 그리고 새로운 감정들 앞에 마음을 열기를 희망한다. 나는 10장의 현대의 과학적 사유의 맥락에서 이 이론을 다시 다룰 것이다.

아리스토텔레스적인 관점은 감정이 우리의 판단에 영향을 미치며 그래서 판단이 바뀔 수 있다고 말한다. 설령 때로는 더 나은 쪽으로의 변화가 아닐 수도 있지만, 기본적으로 이것은 희망적인 발상이다. 덕택에 굳이 분노를 철저히 거부할 필요가 없으며, 분노라는 감정에 관해 우리가 할 수 있는 일이 전혀 없다고 좌절할 필요가 없다.

아리스토텔레스는 분노가 우리 정체성의 일부가 될 수 있다고 생각하지 않았다. 그에게 분노는 금방 사라지는 덧없는 것이었다. 그는 인간 본성이란 하나의 성난 태도로 인해 오랫동안 가로막을 수 있는 게 아니라고 생각했다. 왜냐하면 우리는 모두 설득 앞에 마음을 여는 존재들이기 때문이다.

chapter. 7

중세
기독교

:
신의 의지가
함께하는
정당한
분노

아리스토텔레스에게 분노란, 올바른 조건에서 느껴진다면 미덕이었고, 잘못된 환경에서 표현될 때는 악덕이었다. 우리 사회에 다소 비판적인 태도를 보이는 배럿에게 분노란 다양한 시각들을 포용할 정도로 도량이 클 때만 미덕이며, 절대적 진리로 고집할 때는 악덕이다. 이 두 사람 사이에는 악덕으로서의 분노와 미덕으로서의 분노라는 근본적으로 상반된 두 분노 개념을 동시에 양성한 전통이 존재했고 이는 지금까지 남아있다.

두 개념 중 미덕으로서의 분노라는 개념은 가장 멀리 고대에 뿌리를 둔 것일 뿐 아니라 아마도 오늘날 가장 유력한 견해일 것이다. 이 부류의 개념이 주장하는 바에 따르면, 고결한 분노란 아리스토텔레스가 생각한 것처럼 단지 '적절한' 정도가 아니라 절대적 의미에서 정당한 것이다. 1장에서 소개한 앤서니 M을 떠올려보라. 그는 다른 사람이 그의 기대를 좌절시켰을 때 괴롭거나 안타깝게 느꼈을 뿐 아니라, 그들이 오로지 그만이 홀로 알고 준수했던 더 상위의 도덕법칙을 위반했다는 사실에 모욕을 느꼈다. 그는 더 상위의 기준에 따라 정당하게 격분했다. 배럿은 이런 감정의 지배력을 약화하고 싶어 했다. 그녀는 아마도 앤서니에게 그의 분노 개념이 너무 협소하다고 말할 것이다. 그는 사유, 감각, 감정을 개념화하는 다른 많은 방법에 마음을 열어야 한다. 나는 배럿과 같은 목표를 갖고 있으나 다만 역사적인 관점에서 그 목표에 도달하고 싶다.

나라면 앤서니에게 자신의 분노가 논란의 여지없이 정당하다는 생각에 매달릴 필요가 없으며 또 그래서도 안 된다고 말해줄 것이다. 사람들은 오랜 세월 동안 그런 개념이 없었고, 그런 개념은 교부 시대(2~6세기)가 되어서야 비로소 우리의 전통들에 발을 들였다. 그때가 되어서야 비로소 교부들이 기독교 사상에 신의 정당한 분노라는 개념을 반영하여 인간에게 그런 분노를 실행에 옮길 의무가 있게 만든 것이다. 결국에는 그 정당한 분노가 적어도 부분적으로 세속화되었다. 이번 장과 다음 장을 통해 어떻게 그렇게 된 것인지 보게 되겠지만, 우리는 이미 앤서니의 독선적인 격노에서 그런 징후 중 하나를 본 셈이다.

교부 시대 이전에는 신념에 찬 고대 히브리인의 정서 공동체만이 완벽하게 정당한 분노라는 개념을 갖고 있었다. 그러나 그런 분노는 오로지 신에게 속하는 것이었다. 그것은 신이 유대인과 맺은 다음과 같은 성약^{聖約}에 근거를 둔 것이었다. "만약 너희가 귀를 기울인다면, 그렇다, 내 목소리에 귀를 기울이고 나와의 성약을 지킨다면, 너희는 모든 민족 가운데 내게 특별한 보물이 될 것이다. 실제로 지상의 모든 것은 나의 것이나, 너희, 너희는 나에게는 사제들의 왕국, 신성한 나라가 될 것이니라."(출애굽기 19장 5~6절) 이 약속에 대한 반대급부로 이스라엘 사람들은 하느님의 십계명에 복종해야 했다. 그러나 유대인은 성약을 이행하는 데 완전히 실패했고, 그로 인해 신은 그들에게 거듭 분노를 일으켰다. 신의 분노는 파괴와 폭력을 예고했다. "너희 하나님 여호와께서 네게 진노하사 너를 지면에서 멸절시키실까 두려워하노라."(신명기 6장 15절) 이는 적에게도 위협이 될 수 있었을 것이다. 왜냐하면 신은 종종 다른 민족이 유대인에게 해를 입혔을 때도 분노했기 때문이다.

대조적으로 히브리 성서에서 인간의 분노는 주로 책망의 대상으로 등장한다. 잠언이 종종 분노를 거론하곤 한다. "분노를 압박하면 다툼이 남이라." "슬기로운 자는 격노를 그치게 하느니라." "어리석은 자는 그 분노를 다 드러내어도 지혜로운 자는 그것을 억제하느니라." (잠언 30장 33절, 29장 8절, 29장 11절) 도덕적 관점에서 인간의 분노는 분명히 잘못이었다.

고대 히브리인은 자그마한 소수집단이었으며 대체로 동부 지중해 연안을 따라 이어진 좁고 긴 땅에 틀어박혀 살았다. 헬레니즘 세계라는 맥락에서 보면 그들은 거의 중요치 않은 사람들이었으며 헬레니즘 문명을 계승한 로마제국이 볼 때 그들은 단지 팔레스타인이라고 하는 아주 먼 변두리 속주의 거주자들에 불과했다. 하지만 이 놀라우리만치 창조적인 변방에서 기독교 신앙이 발전하였고, 마침내 (4세기경) 기독교는 로마제국의 공식 종교가 되었다.

그리스도가 히브리 성서의 예언을 충족하는 존재로 보였기 때문에, 히브리 성서의 텍스트와 취지가 그 새로운 종교에 반영되어야 했다. 그것은 신성한 분노이건 인간의 분노이건 분노의 역할이 기독교 신앙 안에 흡수되고 순화되게 되었음을 의미했다. 문제는 신의 분노였다. 그것은 쉽게 다룰 수 있는 과제가 아니었다. 마이클 C. 매카시Michael C. McCarthy는 교부 저술가들의 '당혹감'을 언급한다. 그들은 "인간의 분노가 낳은 파괴적 결과들"로 알려진 것들과 노여워하는 신을 조화시킬 방법을 찾아야 했다. 그들은 다양한 해결책을 실험했다. 일부는 히브리 성서의 증언을 부인했다. 다른 이들은 신의 분노는 은유일 뿐 인간의 감정과는 전혀 다른 것이라고 주장했다. 이들 사상가는 대체로 고전 세계에서는 분노에 관한 비뚤어진 관점으로 여겨지는 생각을 기독교 정신 안으로 끌어들였다. 그들에게 분노는 악덕이었다. 하지만 다른 교부 저술가들은 히브리의 유산에 관해 더 철저히 고심했고, 신이 악한 자들에게 분노하고 그들을 처벌할 능력을 지니고 있지 않다면 선한 자들을 사랑하고 그들에게 보상할 수도 없을 것이라고 주장했다.

이런 해결책들이 단지 지성적인 엘리트들 사이에서 주고받는 은밀한 논증들이었던 것만은 아니다. 신약과 구약은 둘 다 기독교적 숭배의 필수 요소들이었다. 구약의 성가聖歌는 기독교 전례에서 중요한 텍스트였으며, 아주 초기 형태의 미사에 포함되어 오늘날에도 미사의 한 부분을 이룬다. 종교에 모든 것을 바친 사람들인 수사, 수행자, 수녀는 150편의 성가 전부를 열심히 불렀다. 아무리 느슨한 수도원이라도 주로 성가들로 채워져서 매주 시편 전체를 완독할 수 있게 고안된 7개의 성무일도를 노래하는 것으로 매일 일과의 마침표를 찍었다. 그리고 그럼으로써 수사들은 시계태엽처럼 규칙적으로 저 무시무시한 질문들을 반복했다. "오, 신이시여, 어째서 당신은 우리를 영원히 버리셨나이까? 어째서 당신의 분노가 당신 목장의 양들을 벌하며 끓어오르는 것입니까?" 그리고 "당신이 노하셨을 때 누가 당신 앞에 설 수 있습니까?" 그리고 거의 절망적으로 물었다. "주님은 영원히 버리시나이까? […] 분노하신 그분은 연민을 거두시나이까?" 성가는 수사들에게 신이 이스라엘 백성이 배반하고 죄악을 저질렀음을 알았을 때 "그분은 격노했고, 야곱을 향한 분노가 맹렬하며, 이스라엘을 향한 노여움이 일어났다"라고 말해주었다. (시편 74편 1절, 76편 7절, 77편 7절 9절, 78편 21절) 처음에 이런 말은 전적으로 기독교라는 종교적 삶에 특화된 사람들이나 성서 텍스트의 온전한 함의를 규명하고자 했던 철학자들, 신학자들, 지성인들만이(수사나 수녀만이 아니라 주교, 사제, 탁발 수사, 수도 참사회원도 모두 해당했다) 듣고 생각하던 것들이었다. 그러나 결국 그들이 분노에 관해 사유한 많은 부분은 신자들의 기본 신앙 활동인 전례에 참석한다던가, 교회 안팎에서 전해지는 설교에 귀를 기울인다던가, 고해성사를 수행한다던가, 특별히 그들 평신도를 위해 편찬된 기도문을 경건하게 암송한다던가, 하는 활동을 통해 평신도의 세계로 들어가게 되었다.

○

기독교에서 가장 중요한 것은 인간 분노의 대부분 형태가 부당하고, 사악하고, 죄스럽다는 발상이었다. 그런 관점은 아리스토텔레스와 스토아주의의 고전적 유산과 인간적 분노에 대한 유대교의 거부를 매우 직접적으로 뒤따른 것이었다. 아마도 그것은 기독교에서 신의 분노라는 생각을 제거하고자 했던 초기의 시도들에서 유래한 것이기도 하다. 예를 들면, 초기 기독교도인 아리스티데스Aristides(134년 사망)는 신이 지닌 속성들의 목록을 작성하며 이렇게 적었다. "격노와 분개는 그분이 가진 것이 아니다. 왜냐하면 그분에게 대적할 수 있는 것은 전혀 없기 때문이다." 결과적으로 아리스티데스는 신은 화가 날 리 없다고 주장했다. 신은 경멸과 모욕 너머에 있는 존재이기 때문이다. 신은 "다른 결함들에서도 마찬가지지만, 노여워하고 탐욕스럽고 질투하는" 인간과는 전혀 다르다. 더욱 급진적인 인물은 기독교 이단자 마르키온Marcion(160년 사망)이다. 그의 비판자들이 알려준 바에 따르면(그의 견해에 대해 우리가 알고 있는 유일한 원천이다) 그는 히브리 성서의 신을 거부하였다. 마르키온은 "아무에게도 성내지 않고, 노여워하지도 않고, 처벌하지도 않으며, 저 바깥의 어둠 속에서 이를 갈며 지옥 불을 준비해놓지도 않는" 순수하게 선한 신을 원했단다! 이 말은 그의 적수인 테르툴리아누스Tertullianus(220년 사망)가 그가 한 말이라면서 남긴 기록이다. 그 이단자를 조롱하려는 의도로 기록한 말일 테지만, 광포한 신에 대해 마르키온이 느끼던 염증을 실제로 반영한 것일 가능성이 크다.

만약 구약의 하나님이 적통성을 지니지 않았다면, 분노는 어떤 경우에도 덕스러울 수 없었을 것이고 무심하게 넘어갈 일도 아니었을 것이다. 하지만 이제 보게 되겠지만, 대부분의 기독교 사상가들은 신의 노여움을 옹호하기 위해 열심이었다. 아니 적어도 그럴 의향이 있었다. 그러나 그것이 그들의 인간관에는 영향을 미치지 않았으며 분노는 그들이 고안한 모든 악덕 목록에서 두드러진 위치를 차지했다. 그와 관련한 가장 초기의 세목들은 사막 수행자들의 공동체 내에서 발달했다. 그들은 시야를 천국에 고정하고 세상을 등진 남녀들이다. 수행자를 인도한 사람들은 4세기 때 폰투스의 에바그리우스Evagrius Ponticus 같은 카리스마 넘치는 설교자들이었다. 그는 여덟 가지 강력한 '생각들'을 나열했는데, 이를 즉시 내치지 못한다면 그에 상응하는 악덕들로 이어진다고 봤다. 이 생각들이란 본질상 스토아주의자들이 말하는 '첫 번째 운동'의 기독교 버전이라 볼 수 있는데, 한마디로 현명한 사람이라면 중요치 않다고 판단하고 승인을 거부하게 될 충격과 쏘임을 말한다. 에바그리우스는 소아시아의 폰투스라고 하는 그리스어권 지역에서 교육 내용의 일부로 틀림없이 스토아주의를 배웠을 것이다. 기독교 용어로 옮겨지면서, 스토아주의의 '쏘임'은 '유혹'이 되었다.

에바그리우스는 유혹이 악마에게서 나온 것이라고 가르쳤다. 유혹을 승인한다는 것은 악마가 불러오는 특수한 악덕들의 먹잇감으로 전락하여 평온하게 천국을 미리 맛보는 즐거움을 누릴 기회를 상실하는 것을 의미했다. 에바그리우스의 체계화에서 그 생각들은 각기 제 나름의 악마와 결합하는 특별한 순서가 있었다. 폭식에서 시작해서 색욕, 그다음에는 탐욕으로 이어지는데 이 세 가지는 모두 물질적인 것들에 대한 갈망이다. 그다음에는 슬픔, 분노, 나태(권태 혹은 둔감한 무신경), 허영, 그리고 마지막으로 자만이 자리한다. 이것은 육체의 유혹에서 영혼의 유혹으로 진전하는 것에 해당했다.

에바그리우스를 따르는 수도사라면 이 악마들에 맞서는 거대한 싸움에 항시 참여해야 했다. 그는 악마의 병기들을 날카로운 눈으로 분별하고 그 얄팍함을 꿰뚫어봐야 했다. 분노의 경우, 악마의 무기는 손해에 대한 지각이었으며, 그것은 반대로 생각함으로써 무장 해제시킬 수 있다. 예를 들어,

"이건 전혀 손해가 아니었어"라고 생각하는 것이다. 반대로 생각하기는 수도사들의 새총이자 돌멩이이자 화살이었다.

기독교인들은 전쟁 중이었고, 적은 눈에 보이지 않았다. 에바그리우스와 대략 동시대 사람이었던 라틴어 시인 프루덴티우스Prudentius는 「영靈의 싸움Psychomachia」이라는 시에서 각각의 덕을 제각기 상응하는 악덕과 백병전을 치르는 등장인물로 소개했다. '분노'는 매우 호전적인 '인내'와 다투었다. 이 시의 내용을 담은 중세의 삽화들에서 '분노ira'와 '인내patientia'는 완전무장의 전사들이었으며 그것들을 일컫는 라틴어 명사들의 성性 때문에 둘 다 여성이었다. '분노'의 칼이 '인내'의 청동 투구를 내리치다 박살이 나자, 그녀는 격분에 휩싸여 스스로 목숨을 끊었다. 그러자 모든 타격을 잘 막아내는 튼튼한 신체의 소유자인 '인내'는 죽어가는 '분노'를 향해 의기양양하게 말했다. "우리는 피를 흘리거나 목숨을 잃는 위험에 빠지지 않고 우리 일상의 미덕으로 우쭐대는 악덕 하나를 극복하였노라. 우리의 이 전쟁에는 법칙이 있다. 광포한 분노의 여신들과 그들이 거느린 사악한 전군의 폭력을 견디어냄으로써 그들을 소멸하는 것이다." 여기서 우리는 석가모니가 조언했던 것보다 훨씬 더 호전적인 인내심을 보게 된다.

5세기 때 마르세유 생 빅토르 수도원의 창건자이자 수도원장이었으며 그전에 에바그리우스 공동체의 일원이기도 했던 존 카시안John Cassian은 그 여덟 가지 생각들을 감정의 전조로 간주하는 견해를 단념했다. 오히려 그 생각들 자체가 감정들이다. 그것들이 나쁜 것이다. 카시안은 에바그리우스의 목록을 살짝 재편하였다. 8개의 악덕들은 모두 영혼이 지닌 서로 다른 세 가지 면모를 공격하였다. 침해적인 감정이 영혼의 호색적인 부분을 접수했을 때 폭식, 색욕, 탐욕, 그리고 여타 세속의 욕망을 산란한다. 성마른 부분이 영향을 받았을 때, 그것은 격노, 심술, 나태, 그리고 잔혹성을 게

워낸다. 논리적 부분이 정복되었을 때, 그것은 허영, 자만, 시샘, 이단, 그리고 다른 괴물들을 탄생시킨다.

에바그리우스는 수도사들에게 각각의 악마와 차례차례 싸우게 했다. 카시안이 보기에 그것은 너무 태평한 생각이었다. 악마를 전부 다 물리치기 전까지 전쟁의 승리란 없는 것이기 때문이다. 카시안은 악덕이란 대대 내의 중대와 같은 것이라고 말했다. 하나를 물리치자마자 그다음 악덕이 공격했다. 다른 데서 그는 악덕을 나무에 비유하였다. 나무의 유독한 뿌리에는 폭식이 자리 잡고 있다. 이 나무를 파괴하기 위해 수도사는 각각의 해로운 가지를 체계적으로 잘라내야 하며 그다음 나무를 뿌리째 뽑아내야 한다. 하지만 카시안은 바로 그 득의의 순간에 자만심이 승리를 선언할 수 있고(다른 악덕들을 극복했다고 하는 영혼의 바로 그 허영심 때문에) 그 바람에 전투를 다시 시작해야 할지도 모른다는 점을 걱정했다.

가장 영향력 있는 악덕의 도식을 고안한 사람은 6세기 때의 대★그레고리 교황이었다. (그는 또한 여러 시기에 걸쳐 수도사, 외교관을 역임했으며 학문적인 색채의 기독교 사상을 대중화한 사람이기도 하다.) 그레고리 교황은 폭식이 아니라 자만심을 악덕의 나무의 뿌리로 삼음으로써 카시안의 딜레마를 해결하였다. 죽음에 이르는 일곱 가지 대죄가 그 뿌리에서 자라나 가지를 뻗었다. 영적인 악덕(허영, 시샘, 분노, 슬픔)에서 시작해서 더 구체적인 악덕(나태, 색욕, 탐욕)으로 옮겨간다. 이것이 중세 때 일반 남녀의 상상력을 지배하게 되었고 오늘날에도 여전히 유력한 악덕의 편제이다.

편제는 제대로 고른 단어이다. 왜냐하면 그레고리 교황은 악덕에 대해 나무 말고 군사적인 비유도 사용했기 때문이다. 기독교의 병사는 악덕의 여왕이라 할 자만심과의 전투에 나선다. 여왕의 목표는 병사의 성채인 마음을 접수하는 것이다. 일단 손아귀에 넣고 나면, 여왕은 그것을 마치 수하

장수들에게 넘겨주듯 '일곱 가지 대죄'에 넘겨준다. 분노도 장수 중 한 명으로서 다른 장수들처럼 수하에 폭력적인 군대를 거느리고 있으며, 그 군대에는 '말다툼, 과욕을 부리는 마음, 모욕, 불평불만, 분노 폭발, 독설'이 포함된다. 한참 후에는, 우리가 본 바와 같이, 분노의 군대 소속 전사들은 '혓바닥의 죄악들'에 속한다고 여겨졌다.

이런 식의 계통화가 석가모니의 경우보다 얼마나 더 엄밀하고 호전적인지 주목해보라. 부처도 많은 목록이 있었다. 삼장三藏과 신도오계信徒五誡(불자로서 지켜야 하는 다섯 가지 계율-옮긴이)는 그저 빙산의 일각일 뿐이었다. 그러나 부처의 초점은 악덕의 사악한 전략에 있다기보다 인간을 집착에서 벗어나게 해줄 명상법에 있었다. 간단히 말하자면, 기독교인들은 악덕을 정복하고자 애썼고, 불교도들은 그것을 초월하려 노력했다.

하지만 부처나 세네카 같은 이들과 상당히 유사하게 그레고리 교황은 분노를 호되게 꾸짖었다. "분노는 바보들을 죽인다"(욥기 5장 2절)라는 성서 구절에 주석을 달기도 한 그는 스토아주의자들이 말했다 해도 무방한 구절들을 늘어놓으며 분노를 매질했다. 분노가 우리의 마음을 집어삼키고 우리를 갈가리 찢어놓는다. 우리는 똑바로 생각할 수 없고, 옳고 그름의 감각을 잃으며, 우리를 그렇게 몰아간 모든 것이 정당하다고 상상한다. 우리는 친구를 잃고 "성령이 들어올 수 없게 문을 닫아 버린다." 우리의 심장은 더 빠르게 뛰고, 얼굴은 붉게 물들며, 말도 제대로 할 수 없고, 자기가 무슨 말을 하고 있는지도 모른다. 우리는 욕설을 내뿜기 시작한다. 악담을 퍼붓는다. 말이 사람을 죽일 수 있다면, 우리는 살인자가 되었을 것이다. 분노는 우리를 지옥으로 인도한다.

그렇다 해도 분노가 전적으로 나쁜 것만은 아니었다. 구약을 보면 신도 아주 빈번하게 분노하고 있는데 어떻게 분노가 전적으로 나쁜 것일 수 있겠는가? 우리는 일부 초기 사상가들이 구약과 신약의 연속성을 부인했다는 사실을 보았다. 그러나 주류 교부들은 기쁜 마음으로 신의 분노를 언급했다. 에바그리우스가 태어나기 이전에 벌써 테르툴리아누스는 마르키온과 벌인 논쟁에서 분노를 단호히 옹호했다. 마르키온은 '선성善性'을 지닌 신을 원했지만, 테르툴리아누스는 그런 생각을 힐책했다. 그런 신은 "자연스럽지도 않고, 합리적이지도 않고, 완벽하지도 않으면서, 다만 그릇되고 불의한" 형상의 공허한 신이 되리라는 것이다. 왜냐하면 신은 "단순히 단독으로" 선할 수 없기 때문이다. 그것은 인류에 조금의 애정도 없는 "어떤 무신경하고 냉담한 신"이 될 것이다. 대신 신은 명령을 내리고 그것을 진심으로 실행에 옮기고자 한다. 신은 죄악을 금지하며 죄악을 벌하고자 한다. 테르툴리아누스가 보기에 만약 신이 화를 낼 수 없다면, 그 신은 정의로울 수도 없다. 그러나 신의 분노는 '인간적'이라는 상표가 붙어있는 그런 종류의 분노와 같은 것이 아니었다. 우리는 신의 '오른손'이라고 읽지만, 그 손을 인간의 손과 비교할 수 있다고 망상하지는 않는다. 신의 분노 역시 마찬가지다. "어쩌면 신도 화를 내겠지만, 짜증을 내는 것은 아니다. […] [그는] 사악한 자들 때문에 화를 낼 것이며, 은혜를 모르는 자들 때문에 분개할 것이며, 오만한 자들 때문에 질투할 것이다."

4세기 초에 락탄티우스가 유사한 논증을 제시했다. 그 시점이 아주 중요한데, 왜냐하면 우선은 첫 기독교 황제인 콘스탄티누스 대제가 통치하던 시기였고, 또한 기술적으로 말하자면, 로마제국의 모든 종교가 그의 치하에서 관대한 대우를 받는 사이에 기독교가 처음으로 완전한 권력을 얻게 되었기 때문이다. 황제의 조언자이자 연설문 작성자였던 락탄티우스의 정치적 위치는 두 세기 전 세네카의 위치와 유사했다. 그러나 그는 분노에 관해서는 매우 다른 철학적 태도를 보였으며, 그의 말은 집요했다.

락탄티우스는 테르툴리아누스처럼 아무런 감정이 없는 신을 폄훼했다. 그런 신은 멍하니 꼼짝하지 않으며 기도에도 귀가 먹었다는 것이다. 그러나 락탄티우스의 논고는 오랫동안 불신받아온 마르키온과 그의 이단적 주장을 우려하여 저술된 것이 아니었다. 그의 논고는 오히려 고대의 여러 철학 사상에 여전히 매달리고 있는 사람들을 겨냥한 것이었다. 테르툴리아누스가 그랬듯 구약을 인용할 수도 있었겠지만, 락탄티우스는 성서 대신 논리를 논증의 토대로 삼는 쪽을 선택했다. 그는 당대 로마제국의 많은 이교도에게 제 생각을 피력하고 싶었다. 당시에는 그들이 로마 시민의 다수를 형성하고 있었기 때문이다. 그는 아리스토텔레스나 그 밖의 다른 고대 철학자들이 고결한 분노가 보복적인 위해를 수반한다고 생각했다는 점을 비난했다. 그런 분노는 신이 가질만한 종류의 분노가 될 수 없었다. 왜냐하면 애초에 신에게 해를 입힐 수 있는 것은 아무것도 없기 때문이다. 대신 신의 분노는 합당한 처벌을 할당하는 데 필요했다. 락탄티우스는 분노에 두 종류가 있고 올바른 종류의 분노는 '잘못을 바로잡는' 것이라는 점을 스토아주의자들이 알아채지 못했다고 비난했다. 이것은 분노를 새로운 방식으로 합법화하여 초기 고대 철학들 대부분과 결별하는 주장이었다.

판사의 분노를 유효하게 여긴 고대 세계에서는 늘 사유의 부담이 존재했었다. 그것이 바로 세네카가 냉정한 판사라는 발상을 통해 그런 주장을 논박할 필요성을 느낀 이유였다. 락탄티우스의 참신한 측면은 신의 정의로운 분노와 그 거울로써 인간의 분노 사이의 연결 관계를 강조했다는 것이다. 그는 '복수의 욕망'으로서의 분노는 언제나 악덕이라고 말했다. 그러나 신은 악에 대해서는 마땅히 분노를 일으켰다. 그리고 인간 역시 당연히 그리해야 할 의무가 있다. "우리가 복수에 나서는 이유는 상처를 입었기 때문이 아니라 규율을 보존하고 도덕을 바로잡고 무법을 억누르기 위해서이다. 이것이 정의로운 분노다." 락탄티우스는 분노를 손해에 대한 반응으로 정의했던 아리스토텔레스와 세네카의 오래된 정의를 다시 썼다. 락탄티우스에게 "분노는 죄악을 억제하기 위해 유발된 감정이다." 그럴 때도 그는 인간의 분노와 신의 분노를 재빨리 대비시켰다. 왜냐하면 인간의 분노는 신의 분노만큼 완벽한 것이 아니며 연민과도 그렇게 완벽하게 혼합되지 않기 때문이었다.

락탄티우스의 세기가 지나기 전에 로마제국은 공식적인 기독교 국가가 되었다. 히포(오늘날 알제리에 속하는 북아프리카 연안에 자리한)의 주교이자 적어도 반세기 동안 서구에서 가장 영향력 있는 신학자였던 아우구스티누스는 다시 한번 마음껏 성서에 의존했다. 그러나 그는 또한 오래된 철학적 가르침들도 잘 알았고, 그런 가르침들을 성급하게 뜯어고치려 하지 않았다. 인간의 의지에 새로운 강조점을 둔 그는 의지 작용을 감정과 동등시했다. 아니, 적어도 감정의 동력으로 삼았다. 의지가 올바른 길로 접어들 때 모든 감정은 선한 것이라고 그는 주장했다. 의지가 일그러질 때 모든 감정은 악하다. 여기서 올바른 길이란 신과 천상의 거처인 신국神國을 향한 길을 말한다.

그래서 아우구스티누스에게는 모든 감정이 신과 관련된 것이며(신에게로 향하던 혹은 신을 등지건) 분노는 특별히 중요한 구실을 했다. 신은 인간과는 전적으로 다른 방식으로 그 어떤 동요도 없이 완벽하게 이성적인 판단을 내림으로써 부정한 행동에 대해 정당하게 분노한다. 성서에서 신의 분노는 인간이 이해할 수 있는 말로 표현되어 있으며 그런 이유에서 지상의 삶에 유익한 효과를 미친다. "성서는 자만하는 자들을 겁나게 하고, 경솔한 자들을 정신 차리게 하며, 탐구자를 단련하고, 지적인 자들을 살지게 하는 그런 언어를 사용한다." 마이클 매카시_{Michael McCarthy}가 주목한 바대로, 아우구스티누스에게 신의 분노란 스토아주의의 현자가 느끼는 분노와 꽤 비슷하다. 신은 "마음의 혼란을 겪지 않으며 다만 다른 이들에게 미치는 건전한 효과 때문에 분노를 드러낸다는 인상을 준다." 그런 한 가지 효과는 사람들이 신을 대신하여 분노를 일으키게 하는 것이다. 그럴 때 인간의 분노란 신이 유발한 것일 수 있다. 실제로 인간의 분노가 신의 분노 그 자체를 표현하는 것일 수도 있다. "신의 분노는 죄인에 의해 어겨진 [신의] 계율을 목격했을 때 그 계율을 아는 사람의 영혼 안에 발생한 감정이다." 여기서 아우구스티누스가 얼마나 조심스러운지 주목하라. 정당한 분노는 죄인이 아니라 그 죄인이 저지른 죄악을 겨냥한 것이다. 그런 분노는 죄인이나 그 죄악을 보고 응징하는 사람 둘 다를 치유하는 건전한 것이다. 그것은 사회생활과 지상의 정의에 이로운 것으로서 다가올 천국을 미리 맛보게 해준다.

이후로 감정들 특히 분노는 통렬한 비난과 칭송을 둘 다 받았다. 대_大그레고리 교황은 분노를 일곱 가지 치명적인 대죄의 한복판에 집어넣고 분노가 초래하는 끔찍한 결과들을 열정적으로 웅변했던 사상가였으나, 그런 그레고리도 죄악과 싸우는 전투에 도움을 주는 분노라면 선한 분노라는 점을 인정했다. "성마름이 부추긴 분노가 있다면, 열정이 불러오는 분노도 있다. 전자는 악덕에서 나온 것이지만 후자는 미덕에서 나온 것이다." 우리는 자신의 죄악만이 아니라 이웃의 죄악에도 분노해야 한다. 선한 분노도 나쁜 형태의 분노와 상당히 비슷하게 느껴지는 것은 사실이라고 그레고리는 인정한다. 왜냐하면 죄악을 보고 격분할 때 우리는 혼란에 빠져 똑바로 생각할 수 없기 때문이다. 하지만 그런 혼란은 곧 더 큰 명료성 앞에 무릎을 꿇는다. 눈에 바르는 연고처럼 분노도 처음에는 우리의 시야를 흐리게 하지만, 결국은 그 덕분에 이전보다 더 잘 보이게 된다. 분노가 이런 식으로 작동하려면, 분노는 이성의 도구가 되어야지 이성의 주인이 되어서는 안 된다. 그레고리는 머뭇거렸다. 그는 분노의 위력을 너무도 잘 알고 있었다. 본인도 때때로 느끼곤 했으니 왜 아니겠는가. 그래서 그레고리는 마치 키케로가 동생에게 열을 가라앉히라고 조언했을 때처럼 "정당한 열정에 자극받아 움직이는 사람들"에게 마음이 진정될 때까지 기다렸다가 죄악을 벌하라고 말했다. 그러나 그것은 사람들이 결코 화를 내서는 안 된다는 의미는 아니었다.

애초에 악덕과 미덕에 관한 체계적인 사유란 대체로 수도원에서 이루어졌다. 그곳은 남녀가 종교적 소명을 위해 일생을 다 바치면서 사회의 일상적 요구들에서 벗어나 은신하는 곳이었다. 그러나 수도원의 삶이 신망을 얻게 되면서 이런 양상은 바뀌었고, 그곳 사람들의 생각과 관행이 점차 속인들의 습관 속으로 파고 들어갔다. 800년에 5세기 이래 서구 최초의 황제가 된 프랑크족의 국왕 샤를마뉴 치세에서 성서에 등장하는 왕들은 기독교 통치권의 모범이 되었다. 샤를마뉴 대제는 자기 왕국에 신의 율법을 수립하고 싶다고 말했다. 그는 국왕이 종교적인 지도자가 되어줄 것을 기대한 조언자들을 등용했다. 그리고 그가 임명한 일부 지방 관료들은 덕스럽게 통치하는 방법을 알고 싶어 했다. 이것이 바로 브레튼 마치Breton March의 백작 위도Wido를 위해서 샤를마뉴 대제의 핵심 참모 중 하나인 알쿠인Alcuin이 악덕과 미덕에 관한 논고를 집필하게 된 맥락이다.

황제는 백작 위도에게 전사로서나 판관으로서나 평화를 지키라는 책무를 부여했다. 그의 지위는 본인이 직접 전쟁에 나아가 싸우곤 했다는 사실을 제외하면, 키케로의 성마른 동생 퀸투스Quintus 같은 속주 총독이 오래전에 누린 지위와 별반 다르지 않았다. "너의 혀를 잘 다스려라"라고 키케로는 퀸투스에게 조언한 적이 있었다. 알쿠인은 이 주제에 관해 할 말이 많았다. 중요한 요점은 바로 이것이다. 그는 순진하게 모든 분노를 비난하지 않았다. 아니, 그럴 수가 없었다. 그는 적극적으로 분노를 권장해야 할 필요도 있었다. 그래서 알쿠인은 위도에게 분노를 일으키지 말라고 경고하고 분노를 잘 길들이라고 당부하는 한편, 훌륭한 유형의 분노를 언급하기도 하였다. "어떤 사람이 자신의 죄악에 화를 내고 사악하게 처신하는 자신에게 분개할 때 (분노란) 정의롭고 필요한 것이다. 선지자가 말한 바대로, '분노하라, 그리고 죄악을 저지르지 말라.'" 여기서 말하는 '선지자'는 다윗이며, 그 권고의 출처는 구약의 시편이다. 이것은 권력의 오용에 제동을 걸려면 주로 양심에 기대는 수밖에 없는 사람에게는 중요한 조언이었다. 그리고 이것은 서기 800년경의 히브리 성서의 말씀들이 중세 초기 백작의 독서 자료 안에 어떻게 스며들었는지를 잘 보여주는 좋은 사례이다.

위도가 이를 유념했을까? 알 길은 없다. 그러나 알쿠인은 그 논고를 써달라고 요청한 사람이 위도 본인이며, 그래서 전쟁 같은 호전적인 업무를 한창 수행하던 와중에 그에게 위안을 주고 그를 천국으로 인도할 간편한 지침서를 쓰게 된 것이라고 주장하였다. 그렇다면 이미 9세기에 속인들조차도 악덕과 미덕에 관해 우려하고 있었다는 말이다.

뒤이은 몇 백 년에 걸쳐 점점 커지는 열정적인 신앙심에 힘입어, 속인들은 기독교 윤리의 요지를 흡수하였다. 제4차 라테란 공의회(1215년)는 모든 사람에게 적어도 1년에 한 번씩 고해성사와 회개를 요구했는데, 교회가 이를 강조한 것은 독실한 사람이라면 늘 자신의 죄악을 예의주시해야 했음을 의미했다. 대학의 학자들과 새로운 탁발수도회(주로 도미니크회와 프란시스코회였다) 수사들이 그런 사람들의 노력에 도움을 주었다. 이들은 온갖 가능한 죄악과 그런 죄악들의 사악한 결과를 항목별로 분류해주었다. 교수들은 논고를 썼다. 설교자들(주로 탁발 수사들)은 그런 학문적인 사유를 모두가 이해할 수 있는 단순한 토속 어법으로 변환해주었다. 기독교 윤리는 교회에서만이 아니라 길거리와 귀족과 왕실의 궁정에서도 설파되었다.

12세기와 특히 13세기는 악덕과 미덕을 다루는 저서들이 눈에 띄게 늘어난 시기였다. 6세기부터 11세기에 이르는 시기에 동면 상태에 들어가 있던 세네카의 작품들이 다시 읽혔다. 현존하는 아리스토텔레스의 저작들이 번역되고, 연구되고, 논의되었다. '헛바닥의 죄악'이라는 특별한 범주를 창안했던 윌리엄 페랄두스는 특히 인기 있는 저술가였다. 악덕과 미덕에 관한 그의 논고는 500부가 넘는 필사본이 만들어져 오늘날까지 전해진다. 이 논고는 자주 번역되었고, 때로는 '더 무지한' 평민들을 위해 번안되었으며, 다른 학자들이 지속해서 인용하였다. 그레고리의 일곱 가지에 제약받기를 거부한 페랄두스는 아홉 가지의 치명적인 악덕을 열거했다. 그는 폭식에서 시작해서 자만심을 중간 가까이에 두었고 분노를 마지막에서 두 번째에 배치했다.

한편, 절정에 이른 중세기의 상업화된 경제는 땅의 소유보다 돈 자체에 뿌리를 두게 되었다. 이런 발전과 연결된 도덕적 쟁점들 덕분에 일부 사상가들은 자만심보다는 탐욕을 모든 악의 뿌리로 삼았다. 20세기 백과사전의 한 설명에 따르면, '악의 나무, 시너고그Tree of Evil; Synagogue'라는 이름의 식물은 자만심이 아니라 탐욕의 쌍둥이 형제라 할 물욕을 그 뿌리로 한다. 이 식물의 첫 번째 과일은 살인과 말다툼이다. 그다음 자란 가지들에는 경쟁, 분노, 절망, 불화, 시샘이 주렁주렁 달려있다. 최고의 과일은 간통, 불결, 색욕, 반목, 싸움이다. 이 도식은 분노를 나타내는 원 표시 안에 그레고리가 분노의 전사들이라고 명명한 말다툼, 허풍스러운 마음, 모욕, 불평, 분노 폭발, 독설과 똑같은 극악한 후손들이 존재한다는 의미에서만 그레고리다웠다. 다른 한편, 죄악의 수가 너무 급증하는 바람에 일부 주석자들은 그레고리의 청사진을 완전히 접고 그것을 십계명으로 대체하였다. 이것은 특히 자기네 종교의 근거를 오로지 성서에만 두고자 애썼던 프로테스탄트들의 관행이었다. 그렇기는 하지만 그레고리의 치명적인 일곱 가지 대죄라는 생각은 특히 가톨릭 국가들에서 대중의 머릿속을 떠나지 않았다.

○

분노의 사악한 특성과 고결한 특성에 관한 생각들이 단지 이론적인 것만은 아니었다. 그런 생각들은 사람들이 살아가는 방식, 사람들이 타인에게 자신을 내보이는 방식, 그리고 주변 사람들을 판단하는 방식에 영향을 미쳤다.

분노의 무법 졸개 중 하나인 불평불만의 활용을 생각해보라. 원래 불평불만에는 합법적인 역할이 있었다. 로마의 탄원자들이 행정책임자에게 소를 제기하거나 청원을 낼 때, 바로 이것이 '불평불만 터뜨리기'에 해당되었다. 그것은 확실히 시끌벅적한 소동이었으며, 군중들이 몰려들어 행정책임자의 자리를 빙 둘러싸고 고함을 질러댔다. 그러나 그레고리 교황이 불평불만에 관해 글을 썼을 때 염두에 둔 것은 무언가 다른 것, 이른바 제어되지 않는 생각의 지껄임이었다. 달리 말해, 화난 사람이 적의를 키우며 "마음속으로 언쟁과 와자지껄한 불평불만"을 일으킬 때 그 내면에서

투덜거리는 말다툼이다.

분명히 고요한 수도원은 그런 소음이 어울리지 않는 장소였다. 하지만 11세기와 12세기에 수도사들이 자기네 성소를 침범하여 재산을 약탈한다고 여긴 사람들을 상대로 영적인 전쟁을 수행할 때, 그들은 신과 자기네 수도원의 수호성인들을 향해 외치는 불평불만을 정기적으로 활용했다. 그들에게는 이를 위한 완전한 의례가 있었다. 수도사들은 제단 앞에 엎드려 신의 정의를 요청했다. 때때로 그들은 십자가상과 성인들의 유물이 담긴 성물함을 바닥에 내던졌다. 사악한 사람들이 수도원과 그곳의 재산을 교란하고 붕괴시키고 있다고 그들은 말했다. 수도사들은 신의 모든 저주가 적에게 떨어지기를 기도했다. "저들이 가진 것과 남길 것이 전부 다 영원히 불타오르기를. […] 저들에게 도시에서도 저주가 내리고 들판에서도 저주가 내리기를." 수도사들은 적이 파문되기를 원했다. 그들이 교회와 구제의 성찬으로부터 축출되기를 바란 것이다. 그들은 신의 복수를 찬양하는 성가를 불렀다.

수도사들이 통상적인 의미에서 분노한 것이라고 말하기는 어렵다. 그들의 저주는 제례의 한 부분으로 읊조린 것이었으며, 이미 글로 작성되어 있었다. 수도사들은 분노해서는 안 되었다. 그러나 그들이 하는 말은 신을 대신해 분노를 표현한 것이었고, 신의 가호를 기원하는 것이었다. 그들의 의도는 사악한 침략자들의 '잘못이 바로잡히는 것'이었다. 그들의 분노는 프루덴티우스Prudentius의 '인내'가 지닌 고요한 호전적 분노라고 말할 수도 있을 것이다. 그들은 신성한 땅을 약탈하고 신의 재산을 가로채는 사악하고 폭력적인 기사騎士들을 무찌르고 싶었다. 그들은 인간적인 방책이 아니라 신의 정의를 요청했던 것이다.

간단히 말해 분노를 전적으로 금지했던 불교와 달리, 기독교는 신과 신의 계율에 끼치는 해악을 막으려는 의도를 지닌 특정 형태의 분노를 존중했다. 아마도 아리스토텔레스 같으면 그것을 합법적 분노라고 불렀을 테지만 이 경우는 단지 그 정도가 아니었다. 오히려 절대적으로 정당한 분노라 불러야 마땅했다. 그것은 신들의 복수를 이행했을 뿐인 세네카의 메데이아가 드러낸 분노를 훨씬 뛰어넘는 것이었다. 왜냐하면 기독교 신의 분노는 보복적이라기보다는 건설적인 것으로 이해되었기 때문이다.

다소 아이러니하지만, 수도사들이 저주했던 '적'인 바로 그 기사들도 분노를 고백했다. 적어도 기사들은 자신의 분노가 정당하다고 주장했다. 우리는 그 시기의 기사 정신을 반영하는(비판하기도 하지만) 기사도 소재의 시를 통해 이를 잘 알 수 있다. 이들 시를 보면, 중세의 전사들은 툭하면 분노했고, 마찬가지로 툭하면 자신의 격정이 더욱 강해지게 해달라고 신에게 기원했다. 수도사들처럼 그들의 분노는 흔히 땅 문제로 발생했다. 부당하게 빼앗긴 장원이나 받기로 약속했지만 결국은 받지 못한 재산 때문이었다. 수도사들이 저주하며 신이 노여움을 내려주십사 빌었다면, 기사들은 피비린내 나는 전쟁을 치렀다. 그러나 두 집단 모두 자기들이 신의 과업을 수행하고 있다고 생각했다.

12세기 후반 한 작가 미상의 시에 등장하는 주인공 라울 드 캄브라이 Raoul de Cambrai를 생각해보라. 그는 어떤 땅을 자기 몫으로 받게 되리라 기대했지만, 왕은 그 땅을 다른 사람에게 줘버렸다. 시는 라울의 격노를 전하며, 다른 이가 하사받은 재산을 쟁취하기 위해 전쟁의 불길을 일으킨 그의 시도를 자세히 이야기했다. 시인은 라울의 분노가 과하고 그의 폭력 행위들이 잔혹하다고 생각하면서도, 다른 한편으로는 라울이 자신의 격분이 정당하다는 듯 신에게 호소했음을 보여준다. 예를 들면, 그는 도시 전체를 불사르기 전에 자기가 하려는 행동을 "신과 신의 자비 앞에 맹세했다." 그

후에도 그는 적들에 맞서 계속 싸울 것을 "게리Geri 성인을 향한 신앙 앞에"
서약했다. 그는 게리 성인을 특히 소중히 모셨다.

이런 시들은 분노에 관한 한, 봉건 영주들의 정서 공동체와 수도사들의
정서 공동체가 매우 유사하다는 것을 드러낸다. 기사들은 전쟁에 나가고
수도사들은 (보통은) 그러지 않는다는 점만 다를 뿐이다. 하지만 두 공동체
는 신을 자기편으로 본다는 점에서 비슷했다. 또한 양쪽 모두 신이 행동에
나서기를 단지 기다리고만 있지 않았다. 전사들은 전투하러 나갔고, 약탈
했고, 불을 놓았다. 수도사들은 신 앞에 절규하고, 그리스도의 십자가와 성
인들의 성물함을 메어치고, 제단 앞에 엎드렸다. 실은 이들 두 감정 공동체
가 겹쳐질 만한 훌륭한 이유가 있었다. 수도사는 기사나 영주 가문 출신이
었다. 영주는 수도원에 재산을 바친 주요 기부자였고, 수도사는 후원자의
영혼을 위해 기도했다. 수도사와 세속 영주는 같은 이웃에 살았고, 친구이
자 적으로서 서로를 잘 알았다.

○

수도사와 영주는 중세 사회의 엘리트였다. 소작농도 격분할 수는 있었
지만 그들의 분노는 결코 정당하다고 인정받지 못했다. 폴 프리드먼Paul
Freedman이 언급한 대로, "분노는 본디 고귀한 특전이었다." 아리스토텔레스
의 세계에서처럼 중세 때도 역시 모욕을 당하려면 지위가 필요했다. 소작
농은 계급이 없으므로 따라서 명예도 없었다. 전통적 사회관에 의하면, 기
도하는 사람, 싸우는 사람이 있었고, 그다음 (가장 밑바닥에) 일하는 사람이
있었다. 중세의 시와 설화는 소작농이 거칠고, 어리석고, 전반적으로 유순
한 자들이라고 묘사했다. 그들이 무언가에 안달복달 씩씩댈 수는 있지만,

그래봤자 무기력하거나 웃음거리가 되거나 혹은 그 둘 다였다. 반면 그들은 가끔 함께 뭉쳐 무시무시한 위협을 선사하기도 했다. 제멋대로 불 지르고, 약탈하고, 살상함으로써 마치 야생 코끼리처럼 군다고 여기는 편이 더 나을 때도 있었다.

하지만 점차 도시가 성장하고 새로운 공민 계급이 형성되면서(이들 중 상당수는 가장 부유한 시골 영주들보다 더 풍족했다) 하층 계급은 화낼 수 있는 권리를 획득했다. 14세기에서 15세기 동안 100년 전쟁이 초래한 혼란은 프랑스의 도시와 시골에서 수많은 대중 저항을 낳았다. 파리에서 시민들은 왕궁을 습격했다. 평소에는 왕가와 동맹이었던 상인 조합 대표도 군중에 합류했다. 그는 무릎 꿇고 미래의 국왕에게 세금이 "견딜 수 없는 여러 방식으로 백성들을 짓누르고" 있으니 부디 세금 부과를 거두어달라고 요청했다. 그가 발언을 다 마치기도 전에 시위자들은 엄청난 불평불만을 터뜨렸다. 그들은 앞으로는 세금을 내지 않겠노라 맹세했고, "그런 모욕과 무례를 견디느니 차라리 천 번이라도 죽고 말겠다"라면서 목청을 높였다.

이것은 '정당한 분노'였다. 파리 시민들은 단지 자기들이 '옳다'고만 생각한 것이 아니었다. 세네카나 석가모니도 화난 사람은 언제나 자기가 옳다고 생각한다는 사실을 알았다. 파리 시민들은 더 나아가 또한 자기들이 신의 정의를 위한 더 큰 싸움에 참여하고 있다고 여겼다. 영국에서 같은 시기에 일어난 대중 폭동에서는 훗날 제퍼슨의 "모든 사람은 평등하게 창조된다"라는 생각을 미리 엿보게 하는 구호가 등장했다.

> 아담이 밭을 갈고
> 이브가 실을 자을 때
> 그때 누가 귀족이었단 말인가?

모욕, 손상, 수치는 언제나 분노의 전주곡이었다. 우리는 이미 불교에서 그것을 보았다. 하지만 기독교는 그런 인간적인 굴욕에다 채찍 맞고 무시 당하고 십자가에 매달려 죄 많은 인류를 위해 피를 쏟아낸 그리스도의 경험을 보탰다. 기독교인들은 모욕과 손상을 경험할 때 그리스도를 생각했다. 그러면서 보상의 목소리를 높일 때 그것이 곧 신의 정의를 공유하는 것이라 주장했다. 교황 우르바누스 2세는 첫 번째 십자군 운동을 설파하면서 동방에서 "저주받은 어떤 종족"이 기독교인에게 가한 범죄들에 통탄했다. 그는 프랑스 클레르몽 교회 바깥에 운집한 군중 앞에 나아가 이렇게 물었다. "그러므로 이런 잘못들을 갚아주고 그 땅을 수복하는 노고를 여러분 말고 그 누구에게 의탁하란 말입니까?" 그는 혹시라도 가족이 신경 쓰여 십자군에 나갔다가 되돌아올 사람이 있을까 봐 복음서를 인용했다. "나보다 아버지 어머니를 더 사랑하는 자는 내게는 귀하지 않다." 그는 모여든 신자들에게 사소한 불화는 다 제쳐놓고 "사악한 종족"과 맞서 싸우는 전쟁에 나가야 한다고 말했다. 군중은 "이것은 신의 의지다"라고 울부짖었고, 이에 우르바누스는 "그렇다면 이 외침을 전투에서 돌격의 함성이 되게 합시다"라고 응답했다.

중세에 정당한 분노의 다양성은 한가득했다. 그러나 특히 눈에 띄는 패턴 또는 감정적 절차가 있었다. 수치가 제일 먼저였다. 십자군의 경우, 교회 파괴와 기독교인에 대한 고문, 강간, 약탈이 수치를 자극했다(우르바누스가 그런 식으로 말했다). 그다음 이런 잘못을 바로잡기 위한 복수가 등장할 차례다. 그것은 신의 복수였고 신을 돕고자 십자군이 호출되었다. 유사하게, 적에게 "영원한 화염"을 내려달라고 신에게 외쳐낸 중세 수도사들은 상징적으로 그리스도의 성인들과 십자가를 땅바닥에 내동댕이쳐서 모욕함으로써 그리스도 본인의 치욕을 연출했다. 기사들, 군주들, 국왕들, 그리고 (결국은) 시민들까지도 자신들을 그와 같은 초인간적 드라마의 참여자들로 여겼다. 초라한 그리스도처럼 모욕당한 그들 역시 저항하고 반격할 때 정의의 편에 있었다(아니, 본인들이 그렇게 판단했다). 왜냐하면 그들은 신의 편에 서서 싸우고 있었기 때문이다. 분노를 정당하고, 열정적이고, 고결하고, 생산적인 것으로 바라보는 이런 관점은 근대 세계에서 힘찬 미래를 맞이한다.

chapter. 8

도덕적
정감

:

분노는
어떻게
도덕성의
기준이
되었는가

이론적인 측면에 관심을 둔 미덕과 악덕에 대한 전통은 16세기와 17세기가 지나는 동안 색이 바랬다. 그러나 그 발상은 중요한 흔적을 남겼는데, 오늘날까지 '일곱 가지 치명적인 대죄'가 전율을 불러일으킨다는 사실에도 그렇지만, 뿐만 아니라 '정당한 분노'의 형태에도 그렇다. 페터 슬로터다이크Peter Sloterdijk는 정의롭고 복수하는 신이라는 유대-기독교적 개념이 서구에 남긴 '분노의 보고寶庫'를 이야기한다. 우리는 성스러운 지위에 버금가는 위상을 지닌 이상理想과 신념을 위해 그 보고의 자산을 계속 소모하고 있다.

17세기에 유럽을 누더기로 찢어놓은 야만적인 전쟁들 덕분에 기독교계의 통일이란 오래전에 잃어버린 환상일 뿐이며, 도덕성은 교회와 별개인 새로운 발판 위에 세워져야 한다는 것이 분명해졌다. 하지만 기독교라는 종교가 유럽인의 윤리적 사유에서 사라졌다고 생각하는 것은 잘못일 것이다. 슈니윈드J.B. Schneewind가 지적한 대로, "도덕 철학이 광범위한 승인을 얻으려면 적어도 모든 신앙 고백에서 기독교 도덕성의 핵심으로 여겨진 것들의 주된 요점들을 설명해낼 수 있었어야 했을 것이다." 그렇다면 그런 작업은 정확히 어떻게 수행될 수 있었을까?

일부 철학자들은 '자연법'을 이야기했다. 네덜란드의 정치이론가 위고 그로티우스Hugo Grotius(1645년 사망)는 비록 엄청나게 다양한 시민법이 있을 수 있고 일부는 정의보다 편의를 위해 만들어진 것이라 할지라도, 평화롭게 "사회 안에서 사는 것은 인류의 자연스러운 성향"이라고 주장했다. 이런 자연법이 바로 "옳음의 원천이다." 자연법은 "다른 사람의 것"을 빼앗지 말 것과 약속을 지킬 것과 "자신의 [잘못]으로 빚어진 피해에 대한 보상"을 제공할 것을 명한다. 또한 우리는 자연법을 위반한 사람이 누구든 처벌받기를 바란다고, 그로티우스는 말한다. 분명히, 이 법은 십계명에 가깝다. 하지만 그로티우스에게 자연법은 심지어 모세의 전통에 무지한 사람들까지 포함해 모든 이가 따르는 '자연스러운' 법이기도 하다. 그는 그 옳음의 원천에 해를 입히는 것이라면 무엇이든 우리의 "자연스러운 성향"에 어긋난다고 생각했다. 물론 우리에게 쾌락과 "맹목적 정념"에 마음이 끌리는 성향이 있다는 사실을 그도 알고 있었다. 그런 나쁜 성향은 자연법을 구체화하고 지켜내기 위해 어째서 사법체계가 마련되어야 하는지 그 이유를 말해준다. 그로티우스는 분노를 좋게 말하지 않았다. 분노는 최악의 통제 불능의 순간에는 살인으로 이어진다. 살인은 옳음과는 정반대의 것이며 어느 경우이건 나라의 법을 위반하는 것이다. 그래서 인간의 도덕성에서 국법이 그 중심에 있으며, 우리는 그런 법을 준수해야 한다. 그러나 또한 그로티우스는 종교적 강제나 시민적 강제와는 별개로 오로지 우리 내면의 의지 작용을 통해서만 이행할 수 있는 몇몇 의무들도 있다고 생각했다. 우리는 이미 유아에게서 "타인에게 착한 일을 하려는 성질과 […] 마찬가지로 그 미숙한 나이에도 모든 경우마다 연민이 나타나는 모습"을 보게 된다. 그로티우스는 이 모든 사실은 설령 신이 존재하지 않는다고 하더라도(틀린 말이기는 하지만) 참일 것이라고 말했다.

그로티우스는 외적인 법이 아닌 자율적 개인에게 제한적이나마 일부 도덕성을 귀속함으로써 점차 커지는 사상가들의 합창 대열에 합류했다. 그 중 소위 에고이스트Egoist라고 불린 일부 사상가는 심지어 인간의 악덕마저도 일종의 미덕으로 이어진다고 주장했다. 우리는 이미 이런 발상을 데카르트에게서 어렴풋이 본 적이 있다. 데카르트와 동시대 사람인 토머스 홉스Thomas Hobbes(1679년 사망)가 이런 발상을 세심히 다듬었다. 그는 인간 본성이란 주어진 그 자체로는 인간의 삶을 지탱할 수 없게 만든다고 생각했다. 사람들은 쾌락을 추구하고 고통을 회피하는 가운데 끝없는 경쟁에 처하며, 그 이유는 사람들이 결코 만족을 느낄 수 없어서가 아니라 자연 상태에서는 그 무엇도 자기가 가진 것을 계속 지킬 수 있게 보장해주지 않기 때문이다. 법 없는 삶의 항구적 불안에서 벗어나기 위해서는 리바이어던을 창조해야 했다. 그것은 곧 사회와 국가이자 그런 사회와 국가의 통치와 규제를 말한다. 결과적으로 악덕의 산물인 리바이어던이 미덕을 창조한 것이었다.

홉스의 논의에서 분노는 두 가지 방식으로 나타났다. 우선 그는 분노를 하찮게 여겼고 아리스토텔레스에서 시작된 길고도 풍요로운 전통을 거부했다. 그런 고전적 정의는 아무 의미도 없다고 홉스는 말했다. 분노는 멸시에 대한 반응이 아니라 오히려 우리의 나아갈 길을 가로막는 걸림돌에 대한 격분이라는 것을 누구든 알 수 있으며, 그 걸림돌은 "심지어 생명 없는 무정한 사물들일 수도 있다." 우리는 자기가 부딪쳐놓고 탁자 다리를 걷어차는 사람들을 본다. 그런 바보 같은 상황들이 분노의 원인이며, 그런 일은 항시 일어난다. 하지만 다른 한편으로 그는 분노를 매우 심각하게 받아들이면서 "분노가 저지를 수 없는 범죄란 거의 없다"라고 주장했다. 리바이어던은 범죄를 막을 법을 만들고 법을 위반한 자들을 벌함으로써 분노의 나쁜 효과에 대응해야 했다. 다른 모든 악덕처럼 분노도 어째서 미덕을 지키기 위해 법이 필요한지를 만천하에 보여준다.

대체로 그로티우스와 홉스 둘 다 도덕적으로 살면 이득이 있음을 법이 가르쳐준다고 보았다. 그러나 대략 같은 시기에 살았던 다른 철학자들, 소위 자율주의자들Autonomists은 우리에게 외부의 법 같은 것은 필요치 않다고 확신했다. 인간은 자기 자신을 인도할 자율 능력을 지니고 있다. 결국, 이 사상가들은 그로티우스가 우리의 의지 작용에서 나온다고 말한 의무들을 확대하여 그 안에 대부분의 도덕성을 집어넣었다.

자율주의자 무리에는 두 학파가 있었다. 한 학파는 사람들이 윤리적 진리에 이르기 위해 필요한 단순한 지식을 본성상 그 내면에 지니고 있다고 가정했다. 왜냐하면 신은 인류를 그렇게 말고는 다른 어떤 방식으로도 창조하지 않았을 것이기 때문이다. 다른 학파는 전적으로 세속적인 도덕성의 토대를 추구했다. 그들은 아이작 뉴턴이 물리 자연의 본성에 대해 보여 준 바와 같이 인간 본성도 획일적이고 예측 가능한 것이라고 가정했다. 뉴턴이 운동의 세 법칙에 도달하기 위해 추상적인 '이상理想 조건'을 상상해야 했던 것처럼 이 철학자들, 그중에서도 특히 데이비드 흄David Hume(1776년 사망)과 그를 따랐던 애덤 스미스Adam Smith(1790년 사망) 역시 특정 법칙에 따라 기능하는 추상적 인간의 가설을 창조했다.

이들 사상가 가운데 선구자 격인 흄은 마음에 떠오르는 전부라고 정의된 지각에서 논의를 시작한다. 직접 지각은 "감각적인 것으로서 모든 신체적 고통과 쾌락"이 그에 해당한다. 반성(즉, 직접 지각을 통해 생겨난 단순한 관념들을 결합하는 정신적 작용)을 수반하는 것들은 "정념들과 그와 닮은 다른 감정들이다." 분노도 그중 하나이며 토마스 아퀴나스의 도식에서처럼(비록 흄은 그 유사성을 단호히 거부하지만) 분노란 흔히 연속으로 이어지는 감정 중 일부였다. "슬픔과 실망이 분노를 일으키고, 분노는 시기를, 시기는 적의를, 그리고 적의는 다시 슬픔을 일으키며, 그럼으로써 전체적인 순환이 완료된다." 인간 본성은 하나의 인상에서 다른 인상으로 변덕스럽게 이동한다.

변덕스럽다는 말이 아주 고결하게 들리지는 않는다. 그리고 실제로 흄은 우리의 "본래의 타고난 본능"이 우리 자신에 근거를 두고 있다는 사실에서(아니, 어쨌든 그러함에도 불구하고) 미덕을(그리고 악덕을) 찾아야 하리라는 점을 인식했다. 그런 본능의 결과로써 미덕을 쾌락과 결합하고 악덕을 고통과 결합하는 것은 이제 우리의 본성에 달린 일이 된다. 흄은 한 가지 사고 실험을 제안한다. "내가 이전에는 우정이건 적의건 어떤 정감도 없이 대했던 어떤 사람과 사귄다고 상상해보자." 만약 내가 이 사람에게 쾌락적인 미덕의 속성을 부여한다면, 나는 그를 향해 사랑과 박애를 느낄 것이다. 하지만 내 동료가 불쾌한 악덕의 속성을 지니고 있다고 상상한다면, 그로 인해 즉각 나는 증오와 분노를 느끼게 될 것이다. "증오하는 사람의 행복 대신 비참함과 혐오"를 욕망하는 것이다. 이런 식으로 내 동료의 사악함에 내가 '이기적'인 고통을 느끼는 것이 내 윤리의 원천이 된다. 어째서 증오와 분노가 이런 식으로 작동하느냐에 대해 흄은 그것이 "우리 본성 안에 이식된 임의적이고 원형적인 본능"이기 때문이라고 적었다. 그는 그런 본성을 누가 혹은 무엇이 이식했는지 억측하는 일에는 관심이 없었다. 분노가 존재하고 그것이 결과를 낳는다는 사실을 아는 것으로 충분했다.

그로 인한 귀결 중 하나는 분노가 다른 사람들에게 알려지게 된다는 것이다. 모든 감정이 그렇다. 인간은 본유적인 공감 성향을 통해 상대방의 감정과 서로 공명한다. 우리는 자신의 느낌을 타인과 소통할 뿐만 아니라, 또한 자신의 감정을 주변 사람들에 맞춰 조정하려는 경향도 있다. 더 나아가 '공감' 현상은 어째서 "같은 민족 사람들의 기질과 생각의 성향에 […] 한결같은 측면이 있는지"를 설명해준다. 사람들은 주변 사람들의 감정적 채색을 포착한다. 지인의 흥겨운 겉모습은 "내 마음에 확연한 안심과 평온을 주입하며 분노하거나 슬퍼하는 모습은 나에게 돌연한 낙담을 끼얹는다"라고 흄은 적는다. "증오, 원망, 존중, 사랑, 용기, 명랑, 그리고 우울까지 이 모든 정념을 나는 나 자신의 자연스러운 기질이나 성질보다는 의사소통을 통해 더 많이 느낀다." 거울 뉴런mirror neurons을 발견하고 정서 공동체를 숙고하기 훨씬 이전부터 흄은 우리가 주변 사람의 느낌에 공명하고 동조한다는 사실을 주장하고 있었다.

공감 능력 덕분에 우리는 사랑하고 있거나 마음에 맞는 사람들을 생각할 때, 꼭 그 사람들 본인이 기쁨의 감정을 느끼는 것처럼, 우리의 눈시울이 뜨거워지고 기쁨을 느낀다. 분노와 증오가 가득 찬 사람들은 본인이 불안을 느끼듯이 우리에게 고통과 불편을 준다. 두 경우처럼 타인의 감정 속으로 진입할 때 우리는 순간적으로 나 자신을 잊는다. 우리의 공감 능력은 타인에 대한 승인과 반대로 직접 이어진다. 그것은 "유용성이나 편익"과는 아무런 상관이 없는 윤리 감각이다. 이성이 아닌 느낌이 우리 도덕의 원천이다.

분노는 우리의 윤리적 민감성에 본질적인 요소이다. 우리는 사악한 사람에게 화를 낼 필요가 있으며, 더 나아가 화났다고 말해야 할 필요가 있을 수도 있다. 분노가 느껴지고 "낮은 강도로" 사리 분별 있게 전달될 때, 그것은 존중할 만한 것일 수 있다. 설령 강렬한 분노의 격정이 느껴지더라도 그것은 "바로 우리의 골격과 체질 속에 본래 들어있는 것"임을 인정해야 한다. 분노가 잔혹성으로 바뀔 때 최악의 악덕인 것은 사실이다. 그러나 바로 그런 과도함이 나머지 사람들에게 도덕적 감수성을 환기한다. 우리는 잔혹한 행위의 희생자에게 동정과 염려를 느낀다. 우리는 "[잔혹한] 죄를 범한 그 사람" 앞에서 뒷걸음치며, "다른 어떤 경우에 감지할 수 있는 것보다 더 강한 증오"를 느낀다. 우리의 도덕 감각은 타인을 승인하게 해줄 사랑이 필요하듯, 타인을 비난할 수 있게 해줄 분노도 필요하다. 분노가 없다면, 우리는 도덕 판단을 내릴 수 없을 것이다.

겉으로 보면 이것은 다소 락탄티우스의 말과 유사하게 들린다. 그는 만약 신이 사악한 자에게 분노할 수 없다면, 선한 자를 사랑할 수도 없을 것이라고 말했다. 그러나 흄 논증의 토대는 전혀 다르다. 락탄티우스의 신은 무엇이 덕스럽고 무엇이 안 그런지 신다운 지식을 갖고 있다. 흄의 도덕은 인간 본성과 인간의 공감 능력에 뿌리를 두고 있다. 공감은 인간 사회를 만들고 유지하는 정감이다. 우리가 '자연 상태'로 살았다는 것을 잠시 떠올려보자. 사회가 형성되기 이전에 우리는 오로지 자기애에 의해 움직였을 것이며 도덕 판단의 다른 기준 같은 것은 없었을 것이다. 그때는 이기심이 미덕이었을 것이다. 그러나 우리는 자연 상태에 살고 있지 않다. 계몽된 자기애가 우리를 인도하여 더 나은 형태의 이기심을 창조하게 했기 때문이다. 이 이기심은 우리가 조화롭게 함께 살아갈 수 있게 해줄 규칙들을 심어주었다. 우리가 선한 사람을 사랑하는 것은 그런 규칙을 잘 따르는 사람을 사랑하는 것이다. 우리가 사악한 자에게 분노하는 이유는 건전한 사회적 규약을 위반한 자이기 때문이다. 우리의 도덕성은 우리 인간이 창조한 사회에서 유래한 것이며 분노는 도덕성의 본질적인 요소이다.

애덤 스미스가 보유한 인간 본성 개념도 매우 유사했다. 흄보다 10년 후에 글을 쓴 그 역시 공감, 즉 "모든 정념에 대한 우리의 동류의식"을 사회적 조화의 원천으로 보았다. 그렇기는 하지만 그는 우리의 자기애가 지속해서 훼방에 나서는 방식들을 (흄보다 더) 강조했다. 우리는 자기가 타인의 처지에 처해있다고 상상하는 노력을 기울여야 하며, 그런 노력은 오로지 "잠깐뿐"일 수 있다. 우리는 자신의 정념이 자신이 느끼는 정도와 같은 수준으로 타인에게 반사되기를 간절히 바라기 때문에, 그것을 "밋밋하게" 만들어 타인이 더 쉽게 이해하고 느끼도록 하는 법을 배운다. 상상을 통해 "우리가 되어야 하는" 타인의 과제를 가볍게 해줄 필요를 느끼는 것이다.

현대의 연구자들은 흄과 스미스의 공감 개념을 '감정의 전염성'에 관한 실험실 연구를 통해 실증한 것처럼 보인다. 대개 그런 연구는 대면 접촉을 수반하거나, 아니면 적어도 목소리와 몸짓을 포함한다. 그러나 페이스북이 후원한 어떤 연구는 단어들만 가지고도 소기의 목적을 달성할 수 있다고 보고했다. 뉴스 피드에 오로지 '부정적 감정들'(즉, 부정적 감정을 표현하는 단어들)만 포함되도록 조작했을 때, 그런 게시물을 접한 사람들은 자신의 포스트에 부정적 감정을 표현하는 경향을 보였다. 반면 '긍정적' 뉴스 피드는 주로 즐거운 느낌을 드러내게 했다. 이 연구는 분노를 부정적 감정으로 여겼다.

그러나 감정 전염이라는 현대적 개념과 18세기 공감 이론의 차이는 그 유사성만큼이나 중요하다. 스미스를 기준 삼아 이야기하자면, 우리는 시간이 요구되는 조정 과정을 보게 된다. 즉, 상대가 내 느낌에 공감하지만, 상대의 느낌은 내 느낌만큼 아주 강렬하지 않기 때문에 결국 나는 내 감정을 상대의 감정에 맞춰 조정한다. 덧붙여, 스미스에 따르면 성난 감정은 다른 감정보다 더 부담스럽다. 우리는 내 기쁨에 공감하는 친구들에게 마음을 쓰기보다는 친구들에게 나의 분함을 공유해달라고 더 많이 요구한다. 하지만 모든 감정 중에 분노의 감정은 공명하기가 가장 어렵다. 왜냐하면 우리에게 처음 생겨나는 충동은 분노의 희생자에게 연민을 느끼는 것이기 때문이다.

또한 분노의 감정은 일반적으로 '불유쾌하기' 때문에도 공감하기가 어렵다. 아리스토텔레스가 분노는 고통스럽기도 하고 쾌락적이기도 하다고 생각했음을 떠올려보라. 흄과 스미스는 이런 점을 고려했어야 했다. 그들은 분노가 쾌락적일 수 있는 때를 제한했으나, 분노가 도덕적 역할을 한다는 점에서 일부 쾌락적인 경우를 인정했다. 그런 분노는, 스미스의 말을 빌리자면, "최대치의 손해를 입히려는 태도를 억제하는 고귀하고 관대한 분개"인 경우이다. 그런 종류의 분노는 복수와 처벌 둘 다를 열망한다는 점에서 신적이다. 공평무사한 사람들 또한 그런 분노에 기뻐할 것이다.

대부분의 현대 심리학자들은 분노를 순수하게 '부정적인' 감정으로 생각한다. 고통에서 쾌락으로 이어지는 축 위에 분노의 자리를 가시화하자면, 분노는 불쾌 쪽 끝에 있다고 그들은 생각한다. 더 최근에 이 축의 창안자 중 하나인 제임스 러셀James Russell은 사람은 분노를 느끼면서도 인지적으로는 그런 분노를 일으킨 자극을 쾌락적으로 평가할 수 있다고 제안했다. 그는 재미난 영화에서 나쁜 남자에게 화가 나는 것과 같은 혼재된 감정을 염두에 둔 것이다. 그것은 분노의 쾌락을 용인한 것이지만, 스미스의 "고귀하고 관대한 분개"와는 아주 거리가 멀다.

＊

18세기 프랑스에서는 수많은 작가가 품위 있는 분노의 가능성을 환영했다. 이런 환경에서 중세에 탄생한 '인권' 담론이 개화했다. 『에밀』에서 장 자크 루소Jean-Jacques Rousseau(1778년 사망)는 유모에게 매를 맞고 있는 아이를 관찰했다. "나는 [그 아이가] 위협을 받았으리라 생각했다"라고 루소는 적었다. "나는 내심 되뇌었다. 아이가 비굴한 영혼을 갖게 되지나 않을까. […] 내가 틀렸다. 그 불쌍한 소년은 분노로 숨이 넘어갈 지경이었다. 아이는 숨을 제대로 쉴 수 없었다. 나는 아이가 파랗게 질리는 것을 보았다. 잠시 후 날카로운 울음소리가 터져 나왔다. 이 나이에 가질 수 있는 온갖 분함, 격분, 절망의 조짐들이 그의 음색에 담겨있었다. […] 정의와 불의의 정감이 과연 사람의 마음속에 본래 들어있는 것일지 미심쩍어했었지만, 이 사례 하나만으로 나에게 확신을 주기에 충분했을 것이다." 같은 책의 나중 부분에서 루소는 '인간'이라는 말로 여성도 함께 염두에 둔 것이었음을 분명히 했다. 통상적인 남성상으로 등장한 에밀처럼 그가 생각한 전형적인 여성 소피는 성별만 다를 뿐 모든 방식에서 비슷하다. "그녀는 같은 장기臟器, 같은 욕구, 같은 능력을 지니고 있다." 진실을 말하자면, 성별이 중요하다. 소피는 여느 여성과 다름없이 남성에게 굴종함으로써 공동선에 이바지할 의향이었다(루소는 그렇게 생각했다). 그러나 신은 그녀에게 남자에게 주었던 것과 같은 정념들과 정의감을 주었다. 연인인 에밀이 재회하러 나오지 않자 그녀는 배신감과 분노를 느낀다. 그런데 실은 그가 다친 사람을 돕기 위해 그녀를 잊었다는 사실을 알게 되고, 그래서 그녀의 분노는 녹아 없어진다.

루소나 그와 같은 부류에 속하는 사상가들의 글을 읽고 자란 다음 세대는 루소의 인격 존엄성 감각(아이가 맞았을 때나 소피가 무시당했을 때 느끼는 노함)을 국민의 권리를 부인하는 사회적 불의에 맞서는 정당한 분노와 융합했다. 결과적으로 그 융합은 패트릭 콜먼Patrick Coleman의 말을 빌자면 "거의 신성하다 할 정도의 중요성을 부여받은 하나의 위대한 감정"으로 나타났다. 그런 종류의 분노가 프랑스혁명을 야기하고 정당화하는 데 도움을 주었다.

1789년에서 1794년 사이의 프랑스 혁명기에 프랑스의 담론에서 분노의 자리는 두드러지게 높아졌다. 그 시기에 제작된 많은 자료를 이용한 한 표본은 영어의 'anger'에 해당하는 프랑스어 'colére'라는 단어의 사용이 눈에 띄게 증가했음을 보여준다. 'ressentiment, rage, fureur, furie' 등 관련 단어들도 마찬가지다.

'colére'의 사용 빈도가 가장 높았던 때는 1793년 9월로 나타났는데,

그때 그 단어가 12번 등장했다. 그때는 또한 'rage'라는 단어가 최대치인 25회에 달했던 때이기도 했다. 둘을 합치면 같은 달에 'liberté(자유)'라는 단어보다(34회) 약간 더 자주 사용된 셈이었다. 하지만 'liberté'야말로 혁명 집회의 외침이 아니었던가. 수치가 큰 것은 아니지만, 이것은 어쨌든 하나의 경향성을 암시한다. 혁명기 문서 기록에 이렇게 자유로이 분노가 흩뿌려진 맥락에는 1793년 3월부터 시작한 공포 정치를 빼놓을 수 없다. 당시는 다른 유럽 국가들에 맞선 전쟁이 계속되고 8월에는 일반 징집 제도가 도입되던 시기였다. 1789년에 혁명이 발발했을 때 미라보 백작Honore-Gabriel Riqueti, Count of Mirabeau이 사람들의 "빈번한 근거 없는 분노"를 경고했다면, 1793년에 이르러서는 대중의 분노가 십계명만큼이나 신성한 것이 되어있었다. 그래서 9월 초에 국민공회에서 이뤄진 한 연설에서 파리 코뮌의 대변인은 의회 내의 가장 과격한 분파인 산악파의 주장을 그대로 내세우며 "그 산이 프랑스의 시나 산이 되어야 한다"라고 간절히 호소했다. "천둥 번개 사이로 영원한 정의의 법령과 민중의 의지를 발사해야 한다. […] 정의와 분노의 시간이 도래한 것이다!" 같은 달 하순에 한 지역 대표가 자기 구역 시민들에게 이렇게 연설했다. "가장 혐오스러운 노예살이의 족쇄 아래 짓눌리고 폭군과 그 공범의 범죄와 화풀이에 닳을 대로 닳은 프랑스 민중은 정당한 분노 속에 1789년 8월 14일 모두 함께 봉기하여 그들의 사슬을 끊고 바스티유를 습격했던 것입니다." '정당한 분노'라는 용어는 그해에 자주 반복되었다. '신성한 분노'라는 말도 마찬가지였다. 8월 20일에 한 소작농이 공화국을 찬양하면서 군주제를 상징하는 깃발에 불을 놓았는데 화염이 더디게 타오르고 있었단다. 그것을 본 '신성하고 애국적인 분노에 사로잡힌' 어떤 한 '분개한' 상급자가 그 깃발을 갈기갈기 찢어버렸다. 슬로터다이크가 말한 분노의 보고寶庫가 그런 구경거리를 후원하고 있었던 것이라 말할 수 있겠다.

'rage(격분, 격노)'라는 단어는 이런 소재에는 통상 그리 잘 먹히지 않는 것이었다. 이 단어는 보통은 침략군, 독재자, 반역자 등과 연결되었다. 그 렇기는 하지만 다음 경우처럼 '정당한 격노'를 말하는 것이 이따금 가능했 다. 이를테면, 지롱드당의 샤를로트 코르데the Girondist Charlotte Corday가 산악 파의 거물 마라Montagnard Marat를 살해한 암살 사건이 발생한 후에, 코피날 의 시민들citizens of Coffinal(프랑스 남부의 작은 마을)은 1793년 9월 중순 국민 공회에 보낸 한 편지에 이렇게 적었다. "마라가 죽다니! 오, 이런 암살자들 아! 만약 너희가 학살한 희생자의 중요성에 따라 너희의 받는 전리품이 측 량되는 것이라면, 너희가 그보다 더 찬란한 승리를 거두지는 못하겠구나. […] 그러나 우리의 정당한 격노를 진정시키자. 부스러기들 사이에서도 애 국주의는 언제나 살아남을 것이니."

1년도 안 돼 산악파는 무너졌고 공포 정치는 끝났다. 그리고 풍자가들 은 '페르 뒤셴Pere Duchesne의 위대한 분노'를 비아냥거리고 있었다. 아마도 1794년 무렵일 것으로 추정되는 한 그림에서는 확실히 정신이 나가 보이 는 한 젊은이가 머리를 쥐어뜯고 있다. 허둥대는 바람에 의자가 뒤집힌다. 간수는 낄낄대며 웃는다. 청년은 곧 처형될 처지이다. 사실, 이 페르 뒤셴 이라고 하는 자는 자크 르네 에베르Jacques Rene Hebert라는 급진 언론인이었 고, 그간 그의 글이 《르 페르 뒤셴Le Pere Duchesne》이라고 하는 급진주의 신문 에 실려왔다. 음란하고 냉소적인 그의 글은 동시대인들에 대한 가차 없 는 공격으로 가득 차있어서 엄청난 인기를 끌었다. 그는 1793년에 기고 한 전형적인 글에서 '반역자' 퀴스틴느Custine 장군의 처형을 촉구하며 이렇 게 적었다. "오, 이런, 지랄 같은 기요틴을 신속히 준비하라." 사람들은 그 의 요청을 귀담아들었다. 그러나 에베르 본인도 그다음 해에 기요틴에 목이 잘렸다.

○

　그런 사건들을 해협 건너에서 지켜보고 있던 많은 영국인에게, 프랑스혁명은 폭동의 분노란 결코 윤리적이지 않으며 절대 정당하지 않고 전혀 신성하지 않음이 확실하다는 것을 보여주는 증거였다. 한 자전적인 시에서 윌리엄 워즈워스William Wordsworth(1850년 사망)는 혁명기에 프랑스에 살았던 거주자로서 자신의 느낌을 글로 적었다. 처음에 그는 특권의 종식을 열렬히 지지했다. 그러나 공포정치와 전쟁을 겪으며 그는 오로지 이렇게 생각할 수밖에 없었다.

> 저 충동질된 땅이 미쳐갔노라. 몇몇 이의 범죄가
> 많은 사람의 광기 속으로 퍼져가는구나. 지옥에서 온
> 돌풍이 마치 천국의 대기인 양 신성시되었노라.

　그는 "거만한 기질에서 나온 / 맹목적인 격노"를 비난했다. 워즈워스는 이 대목을 1805년에 쓰고 있었지만, 마치 이 시구가 1793년 7월에 벌어진 사건들에 대한 응답인 것처럼 시점을 과거로 돌려놓았다. 그때는 정확히 일부 혁명가들이 자신들의 '정당한 분노'를 입에 올리고 있을 때였다.
　혁명의 여파로 영국의 저술가들은 분노라는 감정을 두 종류로 갈라놓았다. 하나는 좋은 것(분개)이고 다른 하나는 나쁜 것(격분, 격노)이다. 에드먼드 버크Edmund Burke는 자신의 영향력 있는 저서 『프랑스혁명에 대한 고찰Reflections on the Revolution in France』(1790)에서 좋은 분노를 딱 한 번 언급

했다. 혁명의 과격함에 대한 통렬한 비난의 말미에서 그는 "폭정이라 생각한 정치 때문에 그랬던 경우 말고는, 오래 지속되거나 격심했던 분노 따위에 전혀 불타올랐던 적이 없는 가슴의 소유자"라고 자신을 묘사했다. 그는 혁명가들에게 그런 예외적인 정념을 전혀 인정하지 않았으며, 그들이 "온건하고 합법적인 군주"를 상대로 반역을 일으키며 품었던 "격분, 무도함, 모욕"을 비난했다. 그는 역사가 오용되면 "불화와 적의를 계속 살려두거나 되살려내고, 시민적 격분의 불꽃에 기름을 붓는 수단을 제공"하는 무기고가 된다고 말했다. 그는 전 국민을 비탄에 빠뜨린 인간의 "자만심, 야심, 탐욕, 복수심, 색욕, 선동, 위선, 통제받지 않는 열망, 그리고 줄줄이 늘어선 온갖 난잡한 욕구들"을 꾸짖었다. 결국 이것은 대大그레고리가 나열한 분노의 앞잡이들 명단인 '말다툼, 허풍, 모욕, 불평, 분노의 격발, 그리고 독설'과 다를 바 없었다. 그러나 지금 이런 악덕들은 개개의 죄인에게가 아니라 정치체제 전반에 파멸을 불러왔다.

한편, 앤드류 스토퍼Andrew M. Stauffer가 지적한 대로, 분노의 덕스러운 측면은 흔히 '분개indignation'라는 단어로 일컬어졌다. 버크는 흄과 스미스가 확인한 바 있던 인간의 공감 능력과 감수성에 호소했다. 사람들은 변화가 필요한 때를 알게 될 것이다. "현명한 사람들은 사안의 중대성에 비추어 [그때를] 결정하고, 과민한 사람들은 억압에 대한 민감성에서 그럴 것이다. 고결한 사람들은 하찮은 자들의 손아귀에 들어간 부정한 권력에 경멸과 분개를 느껴서 그렇게 할 것이다." 이 모든 것은 덕스러운 것이다. 그러나 혁명은 "생각이 있고 선한 사람들에게는 그야말로 최후의 수단"이 되어야 한다. 프랑스에서 어느 가톨릭 추기경의 사유 재산을 몰수한 일에 대해 논평하면서 버크는 이렇게 적었다. "그런 사람들의 인권 침탈과 재산 몰수에 관한 이야기를 들으면서 과연 분개와 공포를 느끼지 않을 수 있을까?

그런 경우를 접하고 그런 감정을 느끼지 않는다면 인간이 아니다." 버크에게 분개와 격노는 비록 둘 다 두루뭉술하게 '분노'라는 말 아래에 포섭될 수 있을지 몰라도, 어쨌든 전혀 다른 것이었다. 그 둘은 절대 같지 않았다.

프랑스혁명의 격분에 반대하는 버크의 장광설은 프랑스에서 벌어진 사건들을 놓고 벌어진 찬반양론의 물꼬를 텄다. 저마다 자기가 논쟁에서 우위를 점했다고 주장했고, 토마스 페인Thomas Paine(1809년 사망)이 버크에 반대하는 긴 논박에서 사용한 표현대로 저마다 상대방의 "광기 어린 울분"을 비난했다. 오늘날의 미국에서처럼, 당시 영국에서도 버크의 동시대 사람들 일부는 이성적인 토론이 불가능할 정도로 양극화된 정치체제에 두려움을 느꼈다.

페인 본인은 이미 오래전에 미국의 독립을 장려하기 위한 도덕적 정감의 수사학을 받아들인 상태였다. 식민지주의자들 사이에서 인기 도서가 된 『상식Common Sense』이라는 책에서 그는 "전 인류"의 타고난 재능으로서 "감정의 힘"을 환기시켰다. 그러면서 그는 중요한 태도 전환을 시사했다. 미국 식민지의 거주자들은 계급과 인종으로 갈라져 있었으며, 지금까지는 오로지 백인 남성 유산 계급만이 명예로운 도덕적 정감의 권리를 주장했고, 다른 사람들도 그런 정감을 느낀다는 사실을 부인해왔다. 식민지주의자들은 의미의 미묘한 차이도 있고 판단 내리기도 좋다는 측면에서 자신과 타인을 지칭하기 위해 "열띤 감정"의 어휘를 폭넓게 이용했다. 니콜 유스터스Nicole Eustace는 특히 식민지 필라델피아에서 그 증거를 자세히 조사했다. "[분노 비슷한 감정]을 드러낸 사람들은 매우 다양한 기준에 따라 판단할 수 있었다. 이 기준에는 '비굴한' 울화에서 '야만적' 억압, 명예로운 판단에 이르기까지 모든 것이 관련되어 있었다." 각각의 어휘는 특수한 사회적 편견을 표현했다. 비록 어휘마다 늘 논란이 분분해서 유동적이었지만 말이다.

'분개indignation'는 영국에서 그랬던 것처럼 존엄하고 명예롭고 정당한 분노를 가진 사람들을 위해 예약된 말이었다. '억울resentment'은 그런 사람들의 또 다른 어휘로써 거의 언제나 재산을 가진 남성들이 주장하던 말이었다. 반면에 여성은 심지어 지위가 높은 백인 여성이라 할지라도 '억울'하다고 이야기하는 경우가 아주 드물었다. 재산을 소유한 여성은 거의 없었고, 비슷한 위치의 상대역 남성과 같은 종류의 명예를 주장할 수 있는 여성도 역시 거의 없었다. 아리스토텔레스의 고대 아테네에서와 상당히 비슷하게 분개 유형의 분노는 모욕당할 만한 위치에 있는 남성의 특권이었다.

'고삐 풀린', '제멋대로의', '격정에 휩싸인' 분노는 하층 계급 사람들, 범죄자들, 그리고 흑인들을 위해 한쪽으로 치워놓은 어휘들이었다. 흑인 여성의 분노는 일절 언급하지 않았다. 그들은 재산도 명예도 없었으며, 아마도 필라델피아에서 하녀로 일한다는 일상적인 역할에 비춰볼 때 그들의 분노를 인정한다는 것은 엄청나게 위협적인 일이었으리라. 유사하게 인디언 역시 화를 낼 수 있는 가능성은 거의 언급되지 않았다. 퀘이커 교도는 분노를 절대적으로 거부했다. 비록 이유는 달랐어도 고대 불교도들만큼이나 철저하게 그랬다. 사랑하라는 산상수훈의 훈계를 절대 화를 내지 말라는 명령으로 받아들인 퀘이커 교도들은 (그들의 원로 중 하나가 말한 대로) "관능적인 색욕, 허영심, 자만심, 정신의 응어리, 부패, 반목, 격노"에 반대되는 삶을 살았다.

하지만 1750년경을 지나서, 흄이나 스미스 같은 스코틀랜드 도덕 철학자들의 사상이 대서양을 건너갔다. 하나의 '인간 본성'이라는 그들의 개념이 책에 담겨 팔려나갔고 필라델피아대학교의 커리큘럼에 슬그머니 삽입되었다. 그 개념은 모든 사회 계급을 평등하게 만들었고 심지어 인종과 성의 평등성을 암시하기까지 했다. 동시에 분노 자체가 재평가되고 있었다. 이제는 분노가 폭력과 연결된다는 발상이 복원되어 전쟁에서의 힘, 용맹, 그리고 성공을 암시하게 되었다. 분노한 인디언들이 갑자기 찬미받았고, 변경의 정착민들은 본인들에게도 격정과 격노와 노함이 있다고 믿기 시작했다. 승전고를 울린 영국군은(이때까지는 아직 식민지주의자들과 동맹이었다) 1759년의 한 신문 기사에서 박수를 받았다. 왜냐하면 그 부대 병사들이 "프랑스군을 격정적으로 공격하여 전선 밖으로 몰아냈기 때문이었다."

○

이런 식으로 (한편으로는) 고결한 일들을 수행케 하는 활력제로서의 분노와 (다른 한편으로) 분열적 충동의 파괴적 수단으로서의 분노 사이를 오락가락하는 일은 오늘날에도 계속되고 있다. 현대 도덕 철학자들은 현대 심리학의 발견을 윤리적 관심사에 맞춰가려고 노력하는 과정에서 이 문제를 해결하고자 시도한다. 훌륭한 사례가 작 코글리Zac Cogley이다. 그는 다음 세 가지 기능을 모두 잘 충족할 때만이 분노가 고결한 것이라고 주장한다. 나쁜 짓 올바로 진단하기, 적합한 행위 유도하기, 그리고 정확히 소통하기. 다음의 두 극단에서 어느 한쪽으로 치우칠 때 분노는 악덕이 된다. 한쪽 끝에는 굴종과 수동성이 있고, 다른 한쪽 끝에는 노여움과 공격성이 있다. 코글리의 생각은 분노에 대한 아리스토텔레스의 협소한 이론적 설명과 스코틀랜드 철학자들의 보편적 정당화 사이 어딘가에 자리한다. 분노가 고결하려면 "잘못된 행실"을 올바로 진단할 수 있어야 하며 분노의 강도는 손상의 심각성에 어울려야 한다고 코글리는 말한다. 프레더릭 더글러스Frederick Douglass와 마틴 루서 킹 주니어Martin Luther King Jr는 코글리가 꼽은 "덕의 모범"들이다. 그들의 분노는 윤리적이었다. 그들이 저주한 제도들의 불의가 너무 컸기 때문이다.

그러나 정당한 이유에서 느끼는 격노라면 사람들이 행동에 나서도록 자극해야 한다. 저항하고, 변화를 위해 노력하고, "나쁜 행실을 보이지 않게 타인을 잘 타일러 단념시키고, (암묵적인 위협을 통해) 유익한 행위들을 조장해야 한다." 이것이 바로 "확신에 찬 저항"이라고 코글리는 말한다. 그러면서 그는 "게토의 미성숙한 격노를 건설적이고 창조적인 방향으로" 변질시킨 킹의 노고를 인용한다.

아리스토텔레스처럼, 스코틀랜드의 철학자들처럼, 코글리는 분노 판단을 도덕성의 본질적 요소로 만든다. 행위와 소통에 대한 그의 호소는 흄과 스미스의 공감 개념을 떠오르게 한다. 그는 또한 우리가 진공 상태에서 감정을 느끼는 것이 아니며, 주변 사람들에 맞춰 감정을 조정하고 상대방도 우리에게 그렇게 한다고 말한다. 그렇지만 결국 코글리는 오늘날 우리가 도덕 감정론의 배후에 있는 원래의 가정들에서 얼마나 멀리 멀어져 있는지를 드러낸 셈이다. 흄과 스미스는 모든 인간은 같은 정념을 공유한다고 확신했다. 법과 사회 규범 내에서 표현될 때 그런 정념은 유사하고 또한 도덕적인 것이 된다. 그들에게는 고결한 분노의 모범을 제공하기 위해 굳이 더글러스나 킹 같은 대단한 영웅들이 필요치 않다.

『덕 이후After Virtue』에서 앨리스데어 매킨타이어Alasdair MacIntyre는 우리가 "도덕적 의견 차이를 이성적으로 해소할 수 있는 비인격적 기준"을 상실한 것을 한탄한다. 19세기의 철학이 경합하던 학파들 속으로 침투해 들어오기 전까지는 그 기준이 존재했다. 그는 오늘날 거슬리는 불협화음의 목소리들이 나오게 된 책임이 우리가 느끼는 격분이 정당한 것이라고 주장하는 이들 모든 학파에 있다고 본다. 매킨타이어를 뒤이어 코글리는 특정 종류의 분노는 미덕으로, 다른 분노는 악덕으로 재생할 수 있는 새로운 "비인격적 기준"을 찾아내고자 노력 중이다.

그러나 '저기 바깥' 어딘가에 비인격적이고 보편적인 덕의 기준이 존재한다는 바로 그 발상이 실은 오늘날 분노에 관한 귀에 거슬리는 소음의 원인일 수도 있다. 아리스토텔레스가 처음 이론화한 고결한 인간적 분노의 가능성은 중세 신학에서 신의 정당한 분노, 그리고 신의 법을 위반한 자들에 맞서 그런 분노를 느끼고 표현하는 인간의 역할이라는 생각과 뒤섞였다. 훨씬 나중에 스코틀랜드 철학자들이 고결한 분노와 신의 명령을 떼어놓았을 때도 여전히 오류를 허용할 수 없는 절대적 정당성에 대해서는 같은 감각을 그대로 유지했다. (대조적으로 아리스토텔레스는 덕이란 특수한 경우들에 맞춰 조정될 수 있다고 생각했다.)

소위 비인격적 기준이 결코 비인격적이지 않았다는 사실 또한 인정하자. 고결한 분노에 대한 아리스토텔레스의 정의가 유연한 것일지는 몰라도, 어쨌거나 그 정의는 고대 도시 국가 내의 상류층에 속하는 아주 작은 남성 하위집단에만 배타적으로 적용되었다. 중세 때의 개념은 훨씬 더 많은 사람에게 적용되었으나 그들은 기독교인이어야 했으며(그리고 오로지 가톨릭교회를 신봉하는 특정 분파의 기독교인이어야 했다), 대개 기사와 영주, 사제와 주교 등 자유로운 신분의 남성이어야 했다. 흄을 비롯해 다른 도덕철학자들이 신 중심으로 정의된 덕의 기준을 깨뜨리고 그 대신 다른 보편적 주형鑄型을 제공하기 위해 인간 본성을 쳐다보았을 때, 그들은 여전히 그로 인해 귀결된 도덕성이 신의 정의를 반영하게 되리라 생각하고 있었다. 그들의 '공감'이 '이웃을 너 자신처럼 사랑하라'라는 말과 가까운 것은 우연이 아니었다.

진짜 문제는 우리가 비인격적 기준을 잃어버렸다는 것이 아니다. 문제는 정당한 분노라고 하는 바로 그 발상이다. '저들의' 분노는 정의롭거나 고결하지 않고 우리의 분노는 그렇다는 식으로 믿지 않았다면, 그리고 우리도 얼마든지 잘못을 저지를 수 있음을 인정했더라면, 우리가 내는 목소리의 불협화음은 훨씬 덜 했을 것이다. 그리고 실제로 이 책은 고결한 분노라야 정당하다고 주장하지 않는 다른 많은 대안적 방식들, 즉 분노를 느끼고, 이해하고, 대처하는 매우 다양한 전통들을 제공한다. 중요하고, 주의를 기울일 필요가 있고, 이해나 관심을 받을 만한 분노이기 위해 꼭 그것이 정당한 분노일 필요는 없다. 미덕 혹은 악덕으로서 분노, 도덕적 혹은 비도덕적 정감으로서 분노는 단지 분노에 관해 전수되어 내려온 수많은 생각들, 그중에서도 대략 가장 해로운 생각들 가운데 한 가지일 뿐이다.

Part. 3

자연스러운
분노에
대하여

chapter. 9

초기
의학적 전통

:
분노와
건강에 대한
연구들

만약 분노가 자연스러운 것이라면, 다시 말해 인간 본성의 일부라면, 우리가 그것을 거부할 수 있다고 가정하는 것은 아무런 의미가 없다. 분노에 좋다 나쁘다 윤리적 가치를 부여하는 것은 더더욱 의미가 없다. 만약 분노가 자연스러운 것이라면 우리가 할 수 있는 최선은 그것을 이해하는 것이다. 분노가 어디에 '거주하는지', 어떻게 생성되는지, 어떻게 작동하는지, 우리가 그것을 과연 어떻게 통제할 수 있겠는지 말이다.

우리의 몸과 마음에 해롭기도 한 무언가로서, 분노는 오랫동안 의료 종사자들의 관심거리였다. 서기 3세기에서 8세기까지, 서구에서 분노가 건강에서 차지하는 역할에 관한 지배적인 생각은 대체로 갈레노스Galenos(216~217년경 사망)가 남긴 많은 저술에서 파생된 것이었다. 이 유력한 의학 사상가 겸 의사가 남긴 『의학의 기술Art of Medicine』을 보면, 분노는 다른 모든 감정과 더불어 건강에 도움이 되기도 하고 해를 끼치기도 하는 중요한 요소 중 하나로 분류되었다. 갈레노스가 위생 요인이라고 부른 이 작인作因들은 나중에 '여섯 가지 비자연적인 것들'로 요약되었다. (1) 공기와 환경, (2) 운동과 휴식, (3) 수면과 기상, (4) 음식과 음료, (5) 보존과 제거, 그리고 (6) 이른바 감정을 가리키는 '영혼의 성정性情'이 그것이다. 분노도 그런 영혼의 성정에 속한다. 이 여섯 가지가 모두 우리 몸을 변화시킨다. 이것들은 적시에 정량을 취하면 건강 보존에 도움이 되지만, 과도하거나 부족할 때는 우리를 병들게 한다. 갈레노스는 "모든 정신의 성정, 즉 분노, 슬픔, 기쁨, 정념, 공포, 시샘의 불균형을 멀리해야 한다"라고 강조한다.

갈레노스가 성정 그 자체를 피해야 한다고 말한 것이 아니라 '불균형'을 조심하라고 한 것에 주목하라. 그는 여느 물질처럼 몸도 공기, 물, 불, 흙의 네 가지 기본 원소로 구성되며 각각은 특수한 성질과 연결된다고 가르쳤다. 공기는 차고, 물은 축축하고, 불은 뜨겁고, 땅은 메마르다. 인간의 몸에는 이들 원소와 관계된 네 가지 체액이 있다. 심장의 피는 뜨겁고 축축하며, 간의 노란 (혹은 붉은) 담즙은 뜨겁고 메마르다. 비장에서 나오는 검은 담즙은 차갑고 메마르며, 뇌의 점액은 차갑고 축축하다. 신체 건강은 이들 체액과 그것이 의미하는 요소들의 올바르고 조화로운 혼합의 산물이다. 통상적인 남성 신체는 뜨겁고 메마르다. 통상적인 여성은 대조적으로 차갑고 축축하다. 하지만 각자 개인에게는 그 나름의 '알맞은' 균형이 있다.

분노 같은 감정은 몸의 뜨거움, 차가움, 축축함, 메마름을 변경할 수 있다. 하지만 어떻게 그럴까? 갈레노스는 분노란 "심장에서 일종의 뜨거운 것이 끓어오르는 상태"라고 적었다. 심장이 격렬하게 뛰고, 분노는 동맥을 타고 흐르는 혈액과 생기를 통해 심장 밖으로 이동하며, 그러는 가운데 몸이 뜨겁게 달궈진다. 분노는 그러면서 몸의 상태를 바꾼다. 이것이 몸에 좋을 수도 있지만, 또한 심각한 질병을 일으킬 수도 있다. 사람들이 열띤 논쟁이나 격분에 빠질 때, 체액의 균형이 바뀐다. 그들은 "더 성마른 상태"가 된다. 간의 뜨겁고 메마른 담즙이 과하게 공급되어 위험한 상태인 열병을 일으킬 수도 있다. 그러나 너무 적은 분노도 해롭기는 마찬가지이다. 말다툼하지 않고, 격노하지 않을 때, 몸은 차가운 점액질이 되고, "간의 장애와 […] 간질"을 불러온다. 부족한 분노가 정신에 미치는 영향은 "빈둥거리는 지성, 분별없음, 정신이 완전히 나가버린 영혼"만큼이나 나쁘다. 아침에 일어나 그날 하루를 버티기 위해서는 약간의 분노가 필요하다.

모든 정념은 정상 상태의 몸을 뒤집을 수 있는 잠재력이 있지만, 그러는 방식은 제각기 다르다. 의사는 일반적으로 안 좋은 건강과 결부되는 다양한 종류의 맥박을 짚어냄으로써 병자들을 진단할 수 있다. 경맥이 약한 사람은 거의 화를 내지 않지만, 그런 사람이 끝내 격분을 터트리면, 보통의 경우보다 더 오래 화난 상태를 유지한다. 갈레노스는 이렇게 적었다. "격노할 때 맥박은 커지고, 박력이 넘치며, 빈도가 높아진다. […] 갑작스레 맹렬한 공포를 느낄 때, [맥박은] 빠르고, 불안정하고, 무질서하며, 고르지 못하다." 그러나 갈레노스는 조심하라고 경고했다. 어떤 사람들은 자신의 분노를 감추고 싶어 하지 않던가. 물론 그래봤자 그들은 결국 자신의 "고르지 않은" 맥박 때문에 그러지를 못하게 된다. 이들의 맥박은 불안한 사람들의 훨씬 더 고르지 않은 맥박과도 구분된다. 갈레노스가 숙련된 의사는 맥박을 근거로 거짓말 탐지를 할 수 있다고 자랑한 것은 아니지만, 그런 일과 완전히 동떨어져 있는 것은 아니었다.

몸의 상태를 바꿀 수 있는 비자연적인 요소들의 잠재력을 놓고 볼 때, 갈레노스가 먹고, 자고, 운동하는 등의 적절한 방식에 관해 많은 글을 남긴 것은 그리 놀랍지 않다. 다음과 같은 일들은 통제하기가 아주 쉽다. 식사량을 측량하고, 수면 시간을 셈하고, 얼마나 오래 운동하는지 시간을 재는 것 말이다. 하지만 올바른 분노의 양을 분배하는 일은 좀 더 분명치 않다. 이에 갈레노스는 올바른 분노 수준에 대한 자신의 조언 중 상당 부분을 세네카를 비롯한 고대의 저술가들에게서 빌려왔고, 적절한 양육, 습관화된 자제력, 신뢰하는 감독자의 모니터링에 귀 기울이기, 일상화된 자기 진단, 마음을 진정시켜주는 음악, 건전한 독서, 수면 등등을 처방했다. 어느 정도의 분노는 자연스럽고 꼭 필요하다고 생각한 의사치고 갈레노스는 윤리에 관한 저술들에서 대단히 스토아주의자에 가까운 태도를 보였다.

갈레노스의 생각을 하버드대학교의 철학자 겸 심리학자였던 윌리엄 제임스William James(1910년 사망)의 더 현대적인 이론과 비교해보면 유익할 것이다. 왜냐하면 제임스 또한 정념을 몸 안에 위치시켰고, 생각에다가는 감정을 만드는 일에 아무런 구성적 역할도 부여하지 않았기 때문이다. 제임스의 견해에 의하면, 우리는 감정의 "전형적인 신체적 징후"를 느낄 때만 그 감정을 의식하게 된다. 예를 들어, 만약 우리가 신체적 부수 현상을 전혀 상상하지 않고 분노를 느껴보고자 한다면, 즉 "가슴에서 무언가가 끓어오른다거나, 얼굴이 홍조를 띤다거나, 콧구멍이 벌렁거린다거나, 이를 악문다거나, 단호히 행동하고픈 충동 없이" 느껴보고자 한다면, 결국 아무런 생각도 떠올리지 못하고 말 것이다.

가슴에서 끓어오르는 느낌, 심장 주위가 부글거리는 감각, 뜨거운 피가 거꾸로 치솟아 올라 벌게지는 얼굴, 이 모든 것이 다 갈레노스의 생각들이며, 갈레노스의 저술이 의학 교과과정에서 사라진 지 이미 오래 지났음에도 불구하고 제임스가 글을 쓰고 있던 1884년에도 여전히 설득력 있게 받아들여진 것들이다. 그리고 뿐만 아니라 오늘날에도 화자들은 여전히 이런 표현을 사용한다. "넌 내 피를 끓게 만드는구나." "그녀는 무척 열이 올라 신경질을 냈다." 그러나 갈레노스가 오늘날에 남긴 가장 내구성 있는 유산은(하지만 갈레노스라면 승인하지 않았을 방식으로 육체를 영혼과 떼어놓는 것이기는 하다) 감정이 우리 생리 현상의 일부이며 과학자들이 맥박의 변화, 피부 전도성 등을 통해 감정을 연구할 수 있다는 발상이다.

○

중세 때 갈레노스의 이론들은 부분적으로 의료 업무의 한 측면이었고 (그냥 책으로만 배우는 것이었건 아니건), 부분적으로는 학교에서 공식적으로 가르치는 과목이었다. 일찍이 짧은 요약본들이 갈레노스의 체계를 몇 개의 간편한 공리들로 축소시켰고, 여기서 체액은 인간의 건강과 체질의 주된 원인으로서 훨씬 더 중요한 역할을 맡았다. 화를 내는 성마른 경향을 포함해 다양한 유형의 소인素因이 나름의 지배적인 체액을 통해 정의되었다. 다만 갈레노스가 다양한 형태의 체액 균형의 진가를 인정했던 반면, 중세의 의사들은 주로 '쾌활한'(따뜻하고 축축한) 소인을 최적으로 지정하였다. 그러나 이런 문제와 관련해 이들이 단지 말로만 떠드는 이론가들은 아니었다. 예를 들어 분노 문제에 관해서, 중세 초기 의료 지식의 중요 항목을 요약한 『의료기술의 지혜the Wisdom of the Art of Medicine』는 성을 잘 내는 사람들에 대해 이렇게 주장했다. '체질'(그들의 체액 혼합)이 노란색 담즙의 열과 메마름에 지배받는 사람들은 "욱하는 성질이 있고 변덕스럽다. 그러나 또 다른 이들은 과묵하며 내성적이라는 말을 듣는다. […] 이들은 냉수로 건강을 회복한다." 우리는 이 짧은 구절에서도 성내는 사람들은 오로지 가끔만 욱하는 것이며 그 외에는 내성적임을 알게 된다. 중세의 체액 이론은 성격 유형이 미리 결정된다는 식의 이론은 아니었다.

12세기 말 유럽에 대학이 늘어나면서 의학은 점차 학문 분야로서 철학과 신학에 합류하게 되었다. 이슬람 세계에서 갈레노스의 이론들은 그 무렵 이미 주석이 붙고 공들여 수정되는 고고한 전통을 획득한 상태였다. 우리는 그런 정교화를 고명한 유대인 랍비이자 이집트의 술탄 살라딘의 궁정 의사였던 모제스 마이모니데스Moses Maimonides(1204년 사망)의 저술에서 엿본다. 건강한 양생법에 관해 글을 쓰면서 마이모니데스는 감정의 중요성을 강조했다. 왜냐하면 "감정은 크고 명백하게 모두에게 드러나는 신체 변화를 일으키기" 때문이다. 그는 온갖 종류의 성격 유형에 대해 복잡한 치료법을 보유했다. 예를 들면, "온화한" 사람들, 다른 말로 하면, 화를 잘 안 내는 사람들에게 그는 진주, 호박, 산호, 불에 구운 민물 게, (약초의 일종인) 쇠서나물, 금가루, 백리향과 뒤엉킨 기생 식물 실새삼(씨앗인 토사자가 한약 재로도 쓰임-옮긴이), 사향, 바질basil, 밤-민트balm-mint 씨앗, 샤프란, 계피, 그리고 붉은 장미까지 들어간 몸에 좋은 조제약을 권장하였다. 이 모든 것을 섞어 환약으로 만들거나 꿀을 섞어 반죽하기도 했다.

그 조제약은 "심장을 튼튼하게 하는 데" 탁월했기 때문에 마이모니데스는 그 약을 성을 잘 내는 환자들의 특수한 사정에 맞게 조절할 수 있는 일종의 기본 처방이라고 주장했다. 그는 "지독하게 열이 많은 성질"을 지닌 사람들에게는 샤프란과 사향을 줄이고, 실새삼을 뺀 뒤 현호색과 센나를 (둘 다 현화식물) 첨가하라고 조언했다. 다른 사람들은 "우울증으로 고통받는 왕들과 비슷한데, 우울증은 주로 조병으로 발전하곤 하는 장애로서, 바로 격분을 말한다." 그들의 분노는 절망과 뒤섞인 분노였다. 그런 경우에는 기본 처방에 "절묘한 암갈색의 하이신스석(보석용 원석)을 아주 고운 가루로 빻아 미량" 첨가하는 것이 필요했다. 다른 환자들은 "해로운 다혈질의 성미 때문에 심장 두근거림과 심약함"을 앓았다. 그들의 분노는 불안이 가미된 분노였으며 전적으로 다른 혼합이 필요했다. 만병통치약은 없었다.

그런 약들이 정말 효과가 있었을까? 마이모니데스는 그렇다고 말했다. 그는 일부 환자들이 약을 먹고 마음이 많이 누그러지는 것을 관찰했다. 하지만 어떤 경우들에서는 환약이 해답은 아니었다. 그럴 때 쏘는 듯한 분노를 가라앉힌 것은 "실천 철학과 율법의 훈계와 규율이었다." 여기서는 랍비 마이모니데스가 의사 마이모니데스에게 승리를 거두었다.

한편, 유럽의 의사들은 나름대로 갈레노스주의의 아류들을 정교화하고 있었다. 살레르노의 바르톨로메오Bartholomaeus of Salerno(12세기)의 발상들을 고려해보라. 갈레노스의 저술을 충실히 요약한 9세기 문헌『이사고게 Isagoge』에 대한 영향력 있는 주석서의 한 단원에서, 바르톨로메오는 자기가 아는 아리스토텔레스 이해에 부합하는 방식으로 심장의 운동을 설명했다. 12세기 말엽이라면 아리스토텔레스의 저술과 사상이 최고의 위상을 얻고 있던 때였다. 심장의 작용력은 심장과 동맥을 움직여 팽창과 수축을 하게 한다고 바르톨로메오는 적었다. 심장은 그렇게 작용하면서 "그 안에 분노, 기쁨 그리고 그밖에 영혼의 다른 정념들을 발생시킨다." 지금까지는 다 좋다. 아리스토텔레스나 갈레노스나 아무도 반대하지 않을 것이다. 그러나 바르톨로메오는 감정이 심장에서 비롯된다고 생각한 아리스토텔레스를 따를 수 없었다. 대신 그는 "감정의 기원은 뇌에 있으며 그것이 심장에서 실행되는 것"이라고 주장했다. 이것은 아리스토텔레스적이지도 갈레노스적이지도 않은 발상이었다.

바르톨로메오는 어떻게 이런 발상에 도달했던 것일까? 그는 아리스토텔레스에게 모든 감정의 배후에는 '판단'이 있다는 것을 배웠다. 그러나 그는 판단이 있는 위치가 심장이라고 생각한 아리스토텔레스에게 동의할 수 없었다. 그는 너무도 훌륭한 갈레노스주의자였기 때문에 판단, 상상, 그리고 감각 지각의 해석이 뇌에서 비롯되어야 한다는 사실을 도저히 모른 체할 수 없었다. 왜냐하면 갈레노스가 동물 해부학 연구를 통해 보여주었던 바와 같이, 신경은 뇌에서 비롯되는 것이기 때문이다. 갈레노스는 성정이 겉으로 드러날 때 뇌의 역할을 조금만 부여했지만, 바르톨로메오는 뇌를 중앙 무대로 올려놓았다. 우리가 어떻게 화를 내게 되는가에 대한 그의 이해는 현대의 많은 인지적 설명과 놀라우리만치 비슷했다. 그는 이렇게 적었다.

모든 감정의 기원은 어떤 감각이나 상상을 통해 지각된 외부 원인에 있다. 예를 들면, 우리는 맹수가 돌진해 오거나 어떤 건방지고 오만한 거동을 하며 지나가는 적수를 눈으로 지각한다. 이런 것들이 각각 공포나 분노 혹은 분개의 원인이다. 유사하게 우리가 눈으로 아름다운 사물들과 처녀들의 춤을 지각할 때, 기쁨이 생긴다. 마찬가지로 모욕이나 아첨을 들을 때 우리는 화가 나거나 좋아한다. 그래서 어떤 감정이건 그것의 원인이 우선 감각이나 상상을 통해 지각되는 것은 당연하다.

감정이 '외적 원인'을 갖는다고 말할 때, 바르톨로메오는 현대 심리학자 낸시 스타인이 '감각 경험'이라고 이름 붙인 것을 의미한 것이다(2장 참조). 분노의 경우에 그 원인은 "어떤 건방지고 오만한 거동을 하며 지나가는 적수"일 수 있다고 바르톨로메오는 말한다. 그것은 스타인의 다음 단계와 일치한다. 즉, 감각된 것이 "중요한 목표 달성의 실패"를 신호한다는 평가이다. 바르톨로메오의 목표는 적수가 나의 명예와 존엄을 인정해주는 것이다. 마지막으로 스타인의 순서에 따르면, 그 실패가 교정될 수 있다는 믿음이 이어지는데, 이는 그녀에게는 평가 과정의 일부에 해당하는 생각이다. 바르톨로메오도 유사한 요지를 제시한다. "자기가 받은 손상에 대해 복수한다는 생각이 분노에 선행한다. 이 생각은 뇌가 하는 특정한 상상이며, 이어서 복수의 욕망과 함께 심장의 염열이 뒤따른다." 갈레노스에게 분노는 신체적이었다. "심장에서 일종의 뜨거운 것이 끓어오르는 것"이다. 바르톨로메오에게 분노는 정신적이었다. 심장을 끓어오르게 하는 사유의 일종이다. 이런 발상은 그의 기독교적 맥락에 잘 어울렸다. 왜냐하면, 대★그레고리에게서 이미 보았듯이, 분노의 악덕은 외부에서 침입해 심장의 성채를 공격했기 때문이다. 바르톨로메오의 해석에서 그 '바깥'은 뇌이고, 뇌의 궁리가 심장을 불타오르는 격노에 휩싸이게 한다.

이렇게 중세의 의사들은 갈레노스주의에 새로운 사상과 공식을 적용할 가능성을 열어두었다. 단일 교회가 분열하고, 인쇄술이 발명되고, 전반적인 읽고 쓰기 능력이 증대하고, 뉴턴이 과학적 승리를 거두고, 그리고 (무엇보다도) 15세기 말에 시작해서 갈레노스의 해부학을 수정하게 만든 사체 부검이 도입되고 난 여파로, 17세기와 18세기는 의학 사상에서 하나의 전기가 되었다.

윌리엄 하비William Harvey가 1628년에 출판하여 피의 순환을 입증한 것은 혈관과 동맥을 분리했던 갈레노스의 생각을 무효화했을 뿐 아니라 심장에 다른 역할을 부여하기도 했다. 심장은 영혼의 일부가 물리적으로 체현된 기관이라기보다 이제 기본적으로 그냥 펌프였다. 감정이 펌프와 무슨 상관이 있을까? 없다. 그러면 열이 분노와 무슨 상관이 있을까? 역시 없다. 그것은 하비와 동시대 사람인 산토리오 산토리오Santorio Santorio(1636년 사망)가 체온계를 발명한 이후에 발견한 대로다. 원래 그는 체온계가 갈레노스의 열 많은 체질 범주를 입증해주리라 희망했었다. 하지만 그러기는 커녕, 그 기계는 갈레노스가 성격 특질이라고 생각했던 것을 체온 측정값으로 대체해버렸다. 누군가의 체온이 다른 모두와 마찬가지로 37℃일 때, 그 사람이 '열 내는 성질'을 가졌다는 말이 대체 무슨 의미일까? 바야흐로 몸에 대한 새로운 기계적 모형이 주장되기 시작했다.

갈레노스의 이론이 지배력을 잃기 시작하면서 새로운 설명이 그 자리를 대신했다. 새로운 정교한 절개술이 감정의 소재지로 뇌를 강조한 바르톨로메오의 발상을 뒷받침한 것이다. 동시에 체액의 중요성은 절하되었고, 갈레노스가 동맥의 핏속에서 움직이면서 분노의 열기를 심장에서 전신으로 실어 나른다고 생각한 영靈, spirits(기분)은 적어도 처음에는 새로운 중요한 위치를 부여받았다. 토마스 윌리스Thomas Willis(1675년 사망)는 두 가지 흐름 모두의 좋은 예다. 『뇌의 해부Anatomy of the Brain』에서 그는 영을 논의의 중심에 놓았다. 다른 정념들처럼 분노 역시 실제로 모든 사유와 유사하게 처음에는 뇌에서 "떠오르지만," 그러자마자 그것이 영을 움직인다. 이것이 소뇌를 들쑤시고, 차례로 그 소뇌가 심장, 내장, "얼굴 근육"에다 눈까지 돌보아주는 신경을 휘젓는다. 윌리스는 눈이 "감정과 내심의 생각들을 들여다보는" 투명창이라서 무언가 감추려는 의지조차 정체가 드러나고 만다고 생각했다. 윌리스는 이런 전반적인 신체 동요는 불가피하다고 말했다. 뇌와 가슴 사이의 공간에서 "[…] 이리저리 향해 가는 영은 하프의 현을 뜯듯 그런 신경들을 즉시 타격하기 때문이다." 요컨대 윌리스에게 영은 오늘날 과학자들이 신경계를 통한 순간적인 전기화학적 소통이 수행한다고 말하는 연결의 역할을 하는 셈이었다. 영을 들끓게 하는 뇌의 역할을 강조하면서 윌리스는 체액과 열이 많은 기질에 대한 '구닥다리' 담화를 접고 있었다.

감정을 뇌에 재배치한 또 다른 결과는 심장의 역할을 강등시킴으로써 결국 감정 문제를 뇌를 제외한 신체 대부분과 단절시킨 것이다. 물론 감정이 요구하는 행위를 수행하기 위해서는 당연히 나머지 신체와 교류해야 하기는 했지만, 어쨌든 감정은 (이 새로운 견해에서) 순수하게 정신적인 것이 되었다. 심장이 감정의 중심지가 되어서 화가 났을 때 피를 데우고 무서울 때는 피가 식는 냄비처럼 여겨질 때, 몸과 감정의 분리는 없다. 뇌/마음/영혼은 신체 과정의 일부였기 때문이다. 데카르트는 흔히 몸과 마음을 이혼시켰다는 비난을 듣는다. 3장에서 본 대로, 그가 직접적으로 그렇게 한 것은 아니었다. 왜냐하면 그가 구체적으로 지적한 바와 같이, 영혼은 몸의 모든 부분과 결합해 있기 때문이다. 그러나 데카르트의 영혼은 오로지 의식적 사유에만 관여했다. 의식적 사유란 "뒤차가 경적을 울리고 있군" 같은 능동적 사유나 "저 빵빵 소리는 나를 모욕하고 있어"처럼 분노로 느껴지는 수동적 사유를 말한다. 데카르트적인 영혼은 소화나 호흡 같은 신체 과정에는 관여하지 않는다. 그런 운동은 기계장치 덕에 시곗바늘이 돌아가는 것과 같은 이치로 자동으로 작동한다. 철학자 수전 제임스Susan James가 지적한 대로, "데카르트는 순수하게 기계적인 몸과 순수하게 정신적인 영혼이 도대체 어떻게 상호작용할 수 있는지, 그리고 그가 할 수 있다고 주장한 바대로 어떻게 그 둘이 뇌 가운데 있는 송과선에서 그렇게 할 수 있는지 설명해야 하는 과제에 직면한다."

데카르트가 전개한 사유 방식대로라면, 그런 상호작용은 신경 안을 돌아다니는 정신 덕분에 가능했다. 때때로 그 정신은 감각 지각에 대한 반사작용으로 자동으로 움직였다. 우리가 뜨거운 난로에 손을 대면, 정신은 뇌로 이동하며, 뇌의 운동이 정신을 손으로 밀어내고, 그래서 우리는 난로에서 손을 뗀다. 어떤 사유도 수반되지 않는다. 오직 신체가 전 과정을 진행한다. 그러나 다른 경우에는 사유를 요구하는 감각 지각이 정신을 움직인다. 우리는 빵빵 울리는 소리를 듣는다. 감각이 정신을 통해 송과선으로 이동한다. 송과선이 움직이고 우리는 생각한다. 만약 "경적이 울리는군"이라고 생각한다면, 그 국면에서 정신이 다시 움직일 일이 없을 수도 있다. 그러나 만약 "저건 내 운전을 모욕하는 거야"라고 생각한다면, 분노를 느낄 수 있고 그 분노는 정신이 신경을 타고 다니며 피를 휘젓게 한다. 우리는 '하얗게 질리거나 부들부들 떨 수 있고' 혹은 '홍조가 되거나 아예 울분을 터뜨릴 수도 있다.'

이렇게 데카르트가 감정을 마음 안에 위치시키려고 노력했다면, 다른 이들은 비록 똑같이 기꺼이 마음과 육체를 갈라놓기는 했지만, 감정을 순수하게 수력학적이고 기계적인 몸 체계의 한 측면으로 생각하기 시작했다. 의사인 윌리엄 클라크는 몸을 분비물과 고형물이 서로 연결된 것으로 구상했다. 초창기 현미경으로는 신경 내의 어떤 분비물도 볼 수 없었지만, 혈관과 림프 체계(한 세기 전에 장 페케Jean Pecquet가 발견한)를 비교한 클라크는 '신경 분비물'(정신과 동등하다고 여겨지는)이 신경을 통해 흐른다고 보는 것이 매우 그럴듯하다고 생각했다. 이는 "마음의 모든 능력이 신경 체계에 의존한다는 것이기 때문에" 지극히 중요하다고 그는 말했다. 감정 자체가 "신경 분비물의 분배"를 결정할 수도 있을 것이다. 그렇다면 분노는 다른 모든 감정처럼 "전체적인 동물계의 경제를 교란"할 수 있다. 클라크는 그 이전의 의료 권위자로서 몸에서 분노가 하는 역할에 관해 온갖 종류의 이야기를 했던 로렌조 벨리니Lorenzo Bellini(1704년 사망)를 인용했다. 분노는 "신경 분비물의 유입을 증가시키며" 근육과 심장을 "더 자주, 더 빠르고 강하게" 수축시킨다. 그리고 이것이 맥박과 "피의 이동"에 변화를 일으킨다. 분비물 초과가 극심할 때, 비참한 질병이 뒤따른다.

　

어머니가 나의 인형 난타를 내 안에 들어있는 분노의 폭발이라고 해석했을 때, 어머니는 체액 과다, 신경 분비물 과잉 등 오랜 세월에 걸쳐 의사들이 제안해온 수많은 수력학적 은유에 의존했다. 요즘 분노에 관해 흔히 볼 수 있는 표현들이 이런 생각들을 반영한다. "당신의 분노를 당신의 세상 밖으로 끄집어내려고 노력하라." "그녀는 격노가 넘쳐흐르고 있었다." "그녀는 분통이 치밀어 오르는 것을 느낄 수 있었다." "그의 억눌린 분노가 내면에서 샘솟았다." "그는 분노가 폭발하고 있었다." 분노가 과잉이나 결핍에서 기인한다는 발상은 오늘날의 과학 문헌에서도 되풀이된다. "세로토닌의 감소 수준이 […] 공격성 및 여타 정동情動 행동들에 연루된 PFC(전액골 피질)-편도체 서킷에 유의미한 영향을 미친다"라고 2012년에 출판된 한 논문이 전한다. 달리 말하자면, 저자들은 자발적 실험 대상자들의 뇌에서 발생한 세로토닌 결핍이 화난 얼굴들에 대한 비정상적인 반응으로 이어졌다고 발표하고 있었다. 저자들은 자신들의 연구가 세로토닌이 "공격성 및 여타 정동 행동과 관련하여 편도체에서 생성된 부정적 감정들을 억제하는 PFC를 돕는다"라는 발상을 뒷받침한다고 결론내렸다. 어째서 저자들은 화난 얼굴이 공격성을 함축한다고 생각했을까? 더 나아가 어째서 그들은 얼굴에서 분노가 보일 수 있으며 그것을 보고 있는 사람에게 부정적인 감정을 유발하게 된다고 생각했을까? 그것이 다음 장의 주제이다. 하지만 이번 장의 결론을 내리자면, 이 과학자들은 내 어머니와 그리 다르지 않게 내 유년기 자아에 대해 아마 이렇게 말했을 것이다. "몸에 세로토닌이 충분치 않았군."

chapter. 10

실험실에서

:
우리의
뇌는
분노를
어떻게
이해하는가

오늘날 자녀의 분노를 우려하는 부모라면 전문가의 의견을 듣고 싶어 할 게 틀림없다. 전문가 중에서도 가장 권위 있는 몇몇 사람들은(확실히 뉴스에 가장 자주 등장하는 사람들) 실험실의 과학자들이다. 그러나 그런 과학자들의 결론을 접한 걱정 많은 부모라면 뭔가 명확치 않은 사실들을 발견할 것이다. 왜냐하면 상이하고 종종 상충하기까지 하는 수많은 의견이 존재하기 때문이다.

많은 논문이 분노를 표현한다고 여겨지는 보편적인 얼굴 이미지들을 제공한다. 부모는 그런 글을 읽으면서 맞아떨어지는 특질을 찾기 위해 자녀 얼굴을 열심히 스캔해볼 수도 있다. 자녀의 분노 표현 방식을 바꿔주고 싶다면, 그런 방법을 가르쳐주겠다고 큰소리치는 책을 이용할 수도 있다. 분노에 관한 다른 논문에는 눈부시게 채색된 뇌 스캔 이미지들이 함께 실린다. 저자들은 이런 이미지가 분노가 '위치한' 구역이 어디인지 보여준다고 말한다. 관심 있는 부모라면 뇌의 그 부분을 '비활성화'할 수 있는 방법이 있는지 당연히 물을 것이다. 실제로 일부 과학자들은 방법이 있다고 생각했다. 그것은 편도체 절제술이라 불리는 것으로서, 편도체 신경핵을 비활성화하는 처치이다. 하지만 굳이 말로 할 필요도 없이 이 수술은 수많은 문제를 안고 있는데, 그 신경핵이 분노 반응만 연결되는 것이 아니라 다른 유형의 행동이나 뇌 기능과도 연결되어 있기 때문이다.

하지만 다른 권위적인 연구들은 뇌 스캔 영상과 안면은 잊어버리라고 말한다. 그런 연구는 분노가 자연적 범주라서 모든 사람이 느끼고 표현하는 것이라는 그 전제 자체를 부인한다. 그들은 분노가 뇌의 어떤 지점이나 모든 이의 표정에 나타난다고 말하는 사람들을 논박한다. 대신 그들은 분노란 뇌가 몸과 외부세계에서 들어온 정보를 감시하고 이해해가면서 창조하는 많은 구성물 중 하나라고 말한다. 만약 어떤 문화에서 분노 같은 정신적 범주가 생존과 번영에 유용하지 않다면, 그곳에서 그런 식의 분노는 존재하지 않게 될 것이다.

이들이 바로 분노와 관련하여 실험 과학이 지금까지 제안해온 주요 학파들을 형성한다. 다른 학파들도 있다. 아마도 그중 가장 중요한 것은 앨런 프리들런드Alan J. Fridlund의 접근방식일 것이다. 그는 우리가 '분노'라고 부르는 것은(여느 감정과 유사하게) 의도적이고 전략적인 사회적 몸짓이라고 주장한다. 프리들런드의 견해에 따르면, '화난 얼굴'은 (맥락에 따라서) "그만해, 안 그러면 공격할 거야"와 비슷한 무언가를 신호한다. 이유는 대개 다르지만 프리들런드처럼 분노에 관심이 있는 많은 치료전문가는 실험 과학자들이 제안한 주요 가설을 거부하거나, 그런 가설에 오로지 부분적으로만 찬동한다. 우리는 지금까지 이런 치료전문가 몇 명을 만나보았다. 그러나 이번 장에서는 치료에 초점을 두기보다 실험실의 실험에 기초한 주요 이론들을 살펴볼 것이다. 물론 실험 기반 작업은 치료에도 중요한 의미를 지닌다.

이 학파들을 나누는 두 가지 결정적인 질문이 있다. 기본 감정Basic Emotions 진영이라 부를 수 있는 지배적인 학파는 다음과 같은 근본적 의문들에는 거의 신경을 쓰지 않는다. 분노는 자연스러운 것인가, 정말로 존재하는 것인가, 근본적으로 생물학적인 그 무엇인가, 수많은 기본 감정 중 하나인가? 기본 감정을 주장하는 과학자들은 이런 질문들을 무시한다. 이 모든 질문에 대해 전부 '그렇다'라는 답변을 당연시하기 때문이다. 그들은 두 번째 질문에 초점을 둔다. 분노는 어떻게 가장 잘 연구될 수 있을까? 이 학파의 일부 연구자들은 얼굴과 그에 대한 반응을 통해서라고 말한다. 다른 이들은 뇌 스캔을 선호한다. 일부는 사진과 스캔 둘 다 겸비한다.

그러나 스스로 심리적 구성주의자라 부르는 또 다른 학파의 연구자들은 이런 질문들에 대해서 부정적으로 답변한다. 그들은 화난 얼굴과 뇌 스캔을 둘 다 이용한 데이터를 제시하면서 실험 과학자들이 엉뚱한 나무를 보고 짖어대고 있다고 주장한다. 심리적 구성주의자 역시 기본 감정 학파에 속한 많은 이들처럼 일반적으로 신경과학자들이다. 그러나 그들은 뇌의 신경 네트워크는 분노라고 하는 것이 생성될 때 뇌 전체가 관여한다는 사실을 보여준다고 말한다. 뇌는 시간이 흐르면서 특정 감정, 표현(표정과 두근거리는 심장을 포함해서), 반응들을 우리가 분노라고 부르는 방식들로 한데 묶어내는 법은 배운다. 심리적 구성주의자들은 분노가 태어날 때 우리 안에 선천적으로 내장되는 것이 아니라, 부모, 학교, 사회 등등에서 들어온 입력들로 신경 패턴이 형성될 때 학습되는 것, 즉 개념화되는 것이라고 말한다. 아기가 비명을 지르고 아기의 얼굴이 붉어지는 모습을 보면서 아기가 느끼고 있는 것을 분노로 해석하는 사람은 바로 우리 자신이며, 아기는 자라면서 그 범주를 내재화한다는 것이다.

마지막으로 행화주의자라 불리는 과학자 부류가 있다. 이들은 처음의 그 결정적 질문들이 잘못 제기되었다고 생각한다. 분노가 '기본' 감정인지에 중점을 두어서는 안 된다. 우리는 분노와 연결시키지만 다른 사회에서는 다르게 부르고, 다르게 이해하고, 어쩌면 우리로서는 분노와 연결하기 어려운 방식들로 표현될지도 모를, 그런 감정, 사유, 행위의 토대를 형성하는 신경 서킷이 우리 뇌 안에 존재하는지 물어야 한다. 이들 과학자는 우리 모두 이렇게 선천적으로 내장된 서킷을 갖고 있다고 믿는다. 그 서킷은 우리가 세계 안에서 하는, 즉 '행화하는enact' 다른 많은 일에 관련되어 있으며, 그런 식으로 우리의 얼굴과도 연결되어 있다.

이렇게 상충하는 학파들이 있다고 해서 위축될 필요는 없다. 이 책 전체가 분노에 관해 서로 다르고 종종 다투곤 하는 여러 생각들을 다루고 있지 않은가. 요점은 이것이다. 우리가 분노의 면면을 더 많이 보면 볼수록 나 자신의 분노에 대해 무엇을 해야 할지 더 잘 이해하고, 느끼고, 알 수 있을 것이다. 자, 실험실로 들어가 보자.

○

기본 감정 학파는 자신들의 견해가 찰스 다윈Charles Darwin(1882년 사망)과 그의 영향력 있는 저서『인간과 동물의 감정 표현The Expression of Emotions in Man and Animals』에서 유래했다고 주장한다. 다윈의 목적은 인간과 동물 둘 다에서 같거나 연관된 근육과 생리 현상을 통해 감정이 표현된다는 사실을 보여주는 것이었다. 그는 인간이 마치 감정을 소통할 수 있는 '특별 장치'를 부여받기라도 한 것처럼(초창기 해부학자인 찰스 벨Charles Bell이 이렇게 단언했었다), 다소 예외적인 존재로 보던 당대의 관점을 반박하고 싶어 했다. 다윈은 다른 동물도 인간의 것에 상응하는 장치들을 갖고 있다고 생각했다. 복수심과 분노는 인류에게만 속하는 본능은 아니었다. 악마가 부추겨 인간이 낙원에서 타락했다는 기독교 전통을 조롱하면서 다윈은 이렇게 농담을 던졌다. "그러면 우리 혈통의 기원은 우리의 사악한 정념이란 말이로군!! 비비의 형상을 한 그 악마가 우리의 조상인 셈이야." 그리고 나는 만약 그가 이 우스개를 계속 이어갔다면, 아마도 현대 문명이 점차 그 악마의 저주를 극복해가고 있다고 언급했으리라 상상한다. 왜냐하면 다윈은 비록 예전에는 복수심과 분노 둘 다 "필수적이고 의심의 여지없이 둘 다 방부제들"이었지만 당대에는 그 둘이 점차 통제되어가고 있었고 심지어 인간 사회에서 "서서히 사라지고" 있다고 관찰했기 때문이다.

'문명화된 인간'은 보통 너무 잘 참기 때문에, 다윈은 유아, 정신병자, 그리고 다른 인간 종족에서(선교사, 지주, 교사, 그리고 기타 대영제국의 변방에 사는 다른 이들에게 상세한 질문을 던지는 방식을 통해) 분노 및 기타 감정 표현을 관찰하는 쪽을 선호했다. 그는 또한 다양한 연령대의 교육받은 남녀 20명 이상에게 질문을 던져서 노인의 얼굴 사진에서 보이는 감정들을 확인해 보라고 요청했다. 그 사진들은 프랑스의 신경학자 뒤셴 드불로뉴Duchenne de Boulogne(1875년 사망)가 사람의 얼굴 근육을 전기 탐침으로 자극하여 다양한 감정 표현을 모의하게 해놓고 찍은 사진들이었다.

다윈이 뒤셴의 사진을 이용한 것은 현대의 많은 과학 실험의 먼 본보기이자 정당한 방식이 되었다. 그는 얼굴이 인간의 감정을 표현하는 주된 기관이라고 확신했고, 그 점은 사람들이 옷을 입기 시작한 이후로 특히 더 맞는 말이 되었으리라 추측했다. 다윈은 뒤셴의 사진에 나오는 사람이 어쩌면 전혀 유도된 그 감정을 느끼고 있지 않았을 수 있다는 사실에는 조금도 개의치 않았다. 그는 감정을 '싣는' 연기자들의 실상에 관하여 셰익스피어를 인용했다. 이와 똑같은 가정이 오늘날 얼굴을 이용한 많은 과학 실험에 활기를 불어넣는다. 하지만 요즘은 그 얼굴들이 전반적으로 디지털화되어서 심지어 하나의 표정에서 다른 표정으로 바뀌도록 조작할 수 있을 정도이다.

다윈은 '기본 감정'이라는 용어를 사용하지 않았다. 그런 감정이 몇 개 있더라 식의 이야기는 말할 것도 없다. 그러나 사람들은 그가 그런 식으로 생각했으리라고 이해한다. 그는 확실히 적어도 고대 그리스 시대부터 끈덕지게 이어져온 오래된 서구의 개념, 즉 분노가 자연적인 존재자이며 '감정'이라고 하는 속屬에 속하는 하나의 종種임을 부인하지 않았다. 많은 과학자들이 다윈이 한 말을 두고, 인간의 감정 표현은 바뀌지 않으며 모집단을 다르게 골라도 편차가 없다는 이야기라고 이해한다. 그래서 심리적 구성주의 학파의 주요 옹호자인 리사 펠드먼 배럿은 다윈을 '본질주의자'라고 부른다. 본질주의자란 특정 범주들, 이를테면 분노나 기쁨, 혹은 개나 고양이 같은 범주들이 '참된 실재나 본성'을 갖는다고 생각하는 사람이다. "각 범주에 속하는 구성원은 심층의 근원적 속성(즉 본질)을 공유하는 것으로 여겨진다." 배럿은 다윈이 "감정은 초기 동물 조상으로부터 바뀌지 않은 채로 세대를 통해 우리에게 전수된 것이라고 적었다"라고 주장한다.

'다윈은 감정이 우리에게 전수된 거라 생각했다'는 그녀의 판단은 옳지만, '다윈은 감정이 바뀌지 않는다고 생각했다'고 한 점에서는 전적으로 동의하기가 힘들다. 적어도 분노의 경우에, 다윈은 분노 행동과 더 나아가 그 용도가 어떻게 시간이 흐르면서 실제로 적응하게 되었는지 지적했다. 분노는 원래는 생존의 역할을 담당했다. 분노는 동물에게 공격할 준비를 시켰고(그리고 지금도 계속 그렇다), 싸우느냐 도망치느냐의 반응 중 한쪽 절반인 '싸움' 쪽을 수행하게 했다. 영장류 역사의 시초에도 필시 유사한 기능을 수행했을 것이다. 그러나 다윈은 이미 자신의 당대에 분노 표현의 원래 모습이 그대로 남아있지 않다고 생각했다. 그의 말에 따르면, "초기 선조들은 격분했을 때 아마도 [오늘날의] 인간보다 더 거리낌 없이 이빨을 드러냈을 것이다. […그리고] 분개하거나 중간 정도로 화가 났을 때는 머리를 곧추세우지 않고 가슴을 열고 어깨를 편 다음을 주먹을 불끈 쥐었을 것이다." 그런 몸짓들은 직립 자세 및 주먹과 몽둥이를 사용한 우리의 싸움 능력에 적응한 것이었다.

다윈은 또한 분노가 새로운 기능을 맡을 수도 있다고 암시했다. 철학자 폴 그리피스Paul Griffiths는 이러한 새로운 목적들을 '이차 적응성'이라고 부른다. 오늘날 분노는 우리의 불쾌감이나 분개함을 신호하는 이차 적응성을 갖는다. 그것은 나름의 방식으로 현대 세계에서 생존의 욕구에 부합하는 적응성을 지니면서 사회적 소통의 양식이 된 상태이다.

하지만 다윈은 습성은 유전되기 때문에 변화에도 한도가 있다고 상상했다. 유전자 발견 이전에 글을 쓴 다윈은 획득 형질이 후속 세대로 전달된다고 믿은 확신에 찬 라마르크주의자(라마르크는 다윈보다 앞서 진화론을 제안했는데, 용불용설과 오늘날은 받아들여지지 않는 획득 형질의 유전을 주장했다-옮긴이)였다. 그는 이를 통해 화가 난 사람이 다른 사람을 공격할 의도가 없더라도 어째서 본의 아니게 빠른 맥박과 "의지에 가장 덜 순종하는 얼굴 근육을 통해" 쏜살같은 감정의 노출을 경험하게 되는지 설명할 수 있다고 봤다.

감정에 관한 그의 책 마지막 문장에서 다윈은 생리학자들이 자신의 연구를 계속 이어가기를 요청했다. 기본 감정 접근방식을 수용한 사람으로서 다윈을 이해했던 그의 직속 계승자 일부는 각각의 감정이 지닌 특수하고 전형적인 생리학적 징후들을 찾았다. 그들은 인간이건 동물이건 실험 대상을 연구실로 데려와서 새로운 기계들을 이용해 맥박과 호흡을 측정했다. 그들은 각 감정에 대해 객관적으로 측정 가능한 기록을 추적했다. 프랑스의 의사 페르디낭 파피용Fernand Papillon(1874년 사망)이 혈압을 측정하는 맥파기록기를 사용해 "다양한 정념의 영향을 받는" 심장 운동의 추적도를 생성할 수 있다고 말했을 때, 그런 전망에는 당대의 낙관주의가 잘 반영되어 있었다. 그의 견해에 따르면 각각의 감정은 "나름의 곡선"을 갖는다. 그는 그 장치가 종이 위에 곡선을 그릴 때 맥박이 만들어낸 파장을 염두에 두고 있었다.

맥파기록기 같은 발명품들은 기계가 사람보다 감정을 훨씬 더 잘 읽을 수 있다는, 당시 널리 퍼져있던 가정을 반영했다. 매일 자기 전 분노의 순간들을 되돌아봄으로써 다음번에는 더 나아질 수 있으리라는 세네카의 희망은 사라졌다. 우리 내면의 자아는 우리의 의식적 조사가 아니라 우리 생리 현상의 객관적 측정을 순순히 받아들인다. 이런 발상이 거짓말 탐지기의 토대가 되었다. 실제로 초기 발명가 중 하나인 레오나드 킬러Leonarde Keeler는 그 기계를 '감정묘사기emotiograph'라고 불렀다. 그러나 이미 20세기 초에 각 감정에 대한 '곡선'을 찾겠다는 희망은 아주 확실히 좌절되었다. 모든 강렬한 감정에 대한 생리적 표시자들이 매우 비슷하다는 것이 너무나 분명했기 때문이다.

하지만 얼굴이 남아있었다. 얼굴이야말로 구분되는 감정들을 나타내는 객관적인 물리적 신호를 가지고 있지 않은가? 실험 결과는 처음 어느 정도까지만 성공적이었다. 예를 들어 안토니에트 펠레키Antoinette Feleky는 다양한 표정을 한 여성 사진을 찍었는데 그중 한 장은 '정당한 분노'를 표현할 의도였다. 하지만 그 얼굴 모습을 본 100명의 신뢰할 만한 사람 중 누구도 제대로 맞추지 못했다. 4명은 성가셔하는 표현이라고 판단했고, 또 다른 3명은 깜짝 놀란 표정이라고 말한 정도였다. 펠레키는 낙담하지 않고, 그의 입장에서 잘못된 답변들이 "진짜 표정들의 의미에 대한 무지와 일반적으로 인정되는 사용된 어휘들의 의미에 대한 무지"에서 기인한 것이라고 설명했다.

펠레키는 아직은 생물학적으로 결정된 기본 감정들이라는 생각을 연구 대상으로 삼고 있지 않았다. 그것을 처음 제안한 사람은 철학자 겸 심리학자인 실반 톰킨스Sylvan Tomkins(1991년 사망)였다. 그는 유전되는 8개의(나중에는 9개의) 본유적 우선 '감정 프로그램들'을 열거했다. 그것들은 '인간의 우선적 동기들'로서 신체 근육과 선腺의 반응을 지시하고 통제하는 피질하 뇌의 특수 구조에 상응한다. 톰킨스는 얼굴이 이런 감정들의 '일차 지점'이라고 공언하면서, 그 목록과 더불어(각각 강도의 높고 낮음을 나타내는 한 쌍의 감정들로 구성되어 있다) 각각의 '구성 요소로서 얼굴 반응들'을 함께 제공했다. 그는 자신의 가설을 검사하기 위해서 '홍미, 기쁨, 놀람, 비탄, 공포, 수치, 경멸, 그리고 분노'를 모의하는 일군의 얼굴 사진들을 현상한 후 '기꺼이 응한' 소방대원 무리에게 각각의 사진을 분류해보라고 요청했다. 나중에 폴 에크만Paul Ekman은 그중 6개인 행복, 슬픔, 공포, 혐오, 놀람, 분노를 '기본 감정'이라 부르면서 이에 해당하는 일군의 사진을 현상하게 된다. 지오바나 콜롬베티Giovanna Colombetti가 지적한 대로, 에크만이 그 수를 여섯으로 제한한 데에는 이론적 근거가 매우 빈약했다. 단지 그와 동료 연구자들이 다른 감정들에 대해서는 '홀륭한 사진', 즉 그들이 타당하다고 생각하는 표정을 보여주는 사진을 충분히 발견할 수 없었다는 게 이유였을 뿐이다.

그들은 확실히 분노에 대해서는 수용할 만한 사진을 발견하였고, 이 사진과 나머지 다섯 가지 감정을 모의하는 다른 얼굴 사진으로 채비를 갖추었다. 에크만과 동료 연구자들은 전 세계 사람들을 대상으로 표정과 감정적 어휘의 짝을 맞춰 보라고 요청했다. 분노와 행복한 얼굴이 최고의 결과를 얻었는데, 심지어 연구자들이 뉴기니로 가서 서양 사람들과 거의 접촉한 적이 없는 포어족 사람들에게 질문을 던졌을 때도 그랬다. 거의 모든 심리학 교재가 신성시하는 그 연구의 결론은 분노는 여섯 가지 기본 감정 중 하나이고, 분노에는 전형적이고 인식 가능한 표정이 있다는 것이다. 그것은 보편적이고 선천적으로 내장된 것이다.

증거가 그렇게 분명한 것이 아니라는 점만 빼면 그럴듯하다. 나는 4장에서 인류학자들이 탐구한 〈평화로운 왕국들〉과 관련하여 포어족을 언급했다. 거기서 나는 리처드 소렌슨E. Richard Sorenson의 연구에 소개한 바 있었는데, 지금이 소렌슨이 원래 에크만과 함께 작업했던 연구자 중 하나라는 점을 지적할 적기인 듯하다. 다른 프로토콜을 이용해 찍은 얼굴 사진을 활용했던 소렌슨의 검사는 분노에 관해 그저 추측 정도에 지나지 않는 결과를 낳았다. 소렌슨은 반응 자체의 정확성보다 훨씬 더 흥미로운 사실은 포어족이 모든 얼굴에서 분노를 보는 경향이 있다는 점이라고 결론 내렸다. 사회적으로 분노가 일으키는 파괴적인 효과들에 대해서 우리 문화보다 그들의 문화가 훨씬 더 민감했다. 포어족은 모든 강한 표정에서 분노를 읽어내는 경향이 있었는데, 그 이유는 그들의 문화가 밀접한 대인관계와 원조에 의존했고 그 두 가지는 모두 차분한 성미를 요구하기 때문이었다. 우리는 말레이시아의 세마이족에게서 같은 종류의 사회적 관심사를 본 바 있다.

에크만의 연구에 대해 소렌슨을 비롯해 다른 많은 사람의 비판이 있었음에도, 실험자들은 사진으로 찍은 얼굴들(지금은 디지털화된)을 자신만만하게 연구에 계속 활용하고 있다. 얼굴은 극히 편리하고, 적어도 서구 사회들에서는 '화난 얼굴'을 실제 화난 것과 같은 것으로 인정하는 경향이 있다. 이런 사실은 좋은 쪽과 나쁜 쪽에 둘 다 이용될 수 있다. 좋게 이용될 때를 말하자면, 어중간한 표정에서 더 많은 행복을 보게끔 학습하면 사람들이 분노를 덜 느끼게 되리라는 것을 입증한 듯 보이는 연구를 들 수 있다. 연구자들은 '명백히 행복한 얼굴에서 중간에 감정적으로 어중간한 이미지들을 거쳐 명백히 분노한 얼굴로 바뀌어 가는' 방식으로 같은 얼굴의 이미지들을 조작하였다. 그들은 고위험 청년 무리에게 이전에 '분노한' 것으로 확인했던 얼굴에서 '행복'을 보게 가르침으로써, 청년의 공격 행동의 발생률을 감소시킬 수 있다는 사실을 밝혀냈다. 이런 게 바로 지극히 건전한 얼굴 사용이 아니겠는가!

하지만 이 대차대조표의 반대 칸에는 얼굴에서 감정을 '올바로' 읽어내지 않는 사람들은 비정상이라는 결론이 적혀있다. 이런 식의 추정상의 결핍을 가리키는 단어가 있을 정도이다. 이른바 감정표현불능증alexithymia이다. 어린이는 학교에서 각각의 얼굴 사진에 대해 올바른 대답을 내놓으라고 배운다. 책들은 아이들이 특정한 느낌을 가질 때 어떤 표정을 보여야 하는지에 관한 모범 사례를 제공한다. 아이들의 이런 사회화에는 아무런 잘못이 없다. 그것은 실제로 모든 문화의 필수 요소이다. 그러나 얼굴을 읽는 것에 관한 한 문제가 있다. 얼굴 근육이 마비된 사람들이 있다. 그들은 다른 모든 사람처럼 감정이 있지만, 표정에서 감정을 보는 데 익숙한 우리에게는 '이상해' 보이기 때문에 자신들이 오해받고 사회적으로 고립된다고 생각한다. 게다가 '비정상'이라는 단어 또한 매우 위험한 말이다. 나치 독일에서는 자폐아에게 비정상이고 따라서 바람직하지 않다는 딱지를 붙였다. 시설에 위탁된 아이들은 굶주리며 바르비투르 약제를 복용하다가 죽었다. 우리는 오늘날 자폐 아이들을 죽이지 않지만, 그 용어는 아직도 '정신질환'의 성서라 할 수 있는 「정신질환 진단 및 통계 편람DSM, Diagnostic and Statistical Manual of Mental Disorders」에 들어있다. 소렌슨이 포어족을 대상으로 수행한 검사는 완벽하게 정상적인 사람들도 얼굴을 '잘못 읽을' 수 있다는 사실을 말해준다. 즉, 서구인은 보지 못하는 감정을 그들은 보는 것이다. 소렌슨 본인은 전형적인 포어족의 분노 표정이 슬픈 표정과 아주 많이 닮아 보인다고 생각했다. 하지만 자기네 문화를 아는 다른 포어족 사람들은 그 표정이 분노라는 데 의견이 일치했다. 서구인들은 또한 자기네 사회 내에서 일정하게 실수를 저지를 수 있다. 본 베커D. Vaughn Becker는 심리학 수업을 듣는 학생들이 여성의 얼굴에서 '행복'을 남성의 얼굴에서 '분노'를 쉽게 읽어낸다는 것을 발견했다. 그러나 그들은 여성의 '분노한 얼굴'과 남성의 '행복한 얼굴'을 알아보는 데에는 곤경을 겪었다. 타인의 얼굴을 읽을 때는 우리가 받는 인상에 신중해야 할 필요가 있으며, 감정표현 불능증이 '질병'으로 낙인찍히지 않으려면 건전한 불확실성을 기꺼이 받아들일 필요가 있다.

얼굴 사진은 각각의 감정이 저마다 개별적이고 확인 가능한 신체 표시자를 갖고 있다는 견해를 확증해주는 것처럼 보인다. 뇌 스캔 장비를 이용한 많은 연구 역시 그렇다. 대표적인 한 가지 사례를 들어보자. '분노의 신경 상관물neural correlates'을 탐구한 한 논문에서, 기능적에코평면영상화fEPI, functional Echo-Planar Imaging를 사용한 연구자들은 피험자들이 모욕을 받은 후에, 그들의 분노 감정이 '배측전대상피질의 활성화'와 상관관계를 보였다고 보고했다. '활성화'란 산소화와 혈류를 가리킨다. 심장이건 신경이건 어쨌든 신체 과정에 상응하는, 측정된 단일 감정의 전형적 흔적을 보여주는 것이다.

⬡

하지만 또 하나의 매우 다른 과학 전통이 줄곧 존재해왔다. 이 전통은 각각의 감정이 나름의 전형적 표시자를 갖는 자연종이라는 견해와 의견을 달리하지만, 이 전통 역시 나름 다원주의임을 자처한다. 다윈이 고정된 수의 기본 감정이 존재한다고 말한 적이 없다는 점을 상기하라. 그는 단지 사람과 동물 둘 다에 나타나는 많은 감정 표현이 대단히 놀라운 유사성을 보인다는 점에서, 인간적 유형이 '더 낮은 형태'에서 진화한 것이 틀림없다고 말했을 뿐이다. 그는 분노의 경우 인간이 두 다리로 서려 할 무렵 꽤 많은 것이 바뀌어야 했을 것으로 생각했다. 그는 신체 동작이나 얼굴에서 얻는 증거뿐 아니라 생리학에서 얻을 수 있는 증거도 활용했다. 윌리엄 제임스가 다윈을 읽었을 때, 그는 얼굴이 특별히 관련이 있다기보다 인간의 생리 현상이 각각의 감정을 표시한다고 결론 내렸다. 제임스는 이렇게 적었다. "우리는 울기 때문에 슬픔을 느끼고, 때리기 때문에 분노를 느끼고, 덜덜 떨기 때문에 두려움을 느낀다." 우리는 몸이 어떻게 반응하는지 느끼고 나면 비로소 마음의 '일상적인 지각 과정'을 적용한다. 우리는 몸을 긁고 나서 가려움이 있다는 것을 안다. 우리는 때리고 나서 그것을 분노라 부른다.

제임스는 분노에 관한 서구 사상의 많은 부분을 뒤집어엎었다. 비록 갈레노스의 전통이 늘 그의 견해를 이미 함축하고 있었던 점을 참작하더라도 그렇다. 심리적 구성주의 학파는 자신들의 먼 기원을 찾아 제임스의 시각으로 거슬러 올라간다. 이들은 또한 독일의 의사이자 철학자인 빌헬름 분트Wilhelm Wundt(1920년 사망)의 이론에서 영향을 받았다는 점도 인정한다. 분트는 마음의 두 가지 기본 '요소'를 가정했다. 감각과 감정이다. 분노 감정의 범위는 (그는 분노 감정을 다른 모든 감정과 마찬가지로 '정동 과정affective processes[정동은 감정과 관련하여 외부로 드러나는 모든 현상을 가리킴-옮긴이]'이라고 부른다) 사소한 각성("약간 귀찮은걸")에서부터 고도의 자극("격분이 치밀어오르는군")에까지 이를 수 있다. 그것은 쾌락을 줄 수도 있고("이번 일을 그 녀석에게 꼭 갚아줄 거야") 고통스러울 수도 있다("격분이 치밀어 오르는데, 할 수 있는 일이 아무것도 없어"). 대단히 다양한 이런 정동 과정 때문에 마음이 어수선하기는 하지만 그런 모든 과정이 '감정'의 수준으로 상승하지는 않는다. 감정은 강렬하면서도 복잡하다. 감정은 많은 느낌에다 그 외의 다른 그 무엇, 즉 자신의 현 상태에 관한 '어떤 관념'이 합쳐져서 만들어진다. 지속적인 유동 상태에 있는 감정들을 자연적인 범주들로 딱 집어 고정할 수는 없다. '분노' 같은 단어들은 어떤 '것'이 아니라, 느낌들의 연쇄로 이루어지고 '심장, 혈관, 호흡기 등만이 아니라 [또한] 바깥 근육에 생기는' 신체 감각들도 수반하는 어떤 과정을 가리키기 위해 붙인 편리한 이름표이다. 분노의 끝은 결국 행동이다. 어쩌면 윽박지를 수도 있고, 어쩌면 복수할 수도 있다. 그러고 나면 분노는 가라앉고 '일상적인 고요한 느낌들의 흐름'에 자리를 내준다.

심리적 구성주의 학파는 이런 발상을 받아들여 뇌에 적용했다. 그들은 뇌가 우리의 안팎 상태에 대한 조정자, 매개자, 예언자로서 활동하는 중에 감정을 생성한다고 생각한다. 뇌는 몸과 외부세계 둘 다에서 들어오는 감각들을 항시 접수하고 있다. 그 결과가 과학자들이 '핵심 감정core affect'이라고 부르는 것이다. 삶의 단 한 순간도 어떤 핵심 감정이 존재하지 않는 경우란 없다. 그것은 몸의 안팎에서 제공하는 감각 정보의 통합을 의미하며, 그런 통합 덕분에 뇌는 보상과 위협, 친구와 적을 예측하면서 세계를 안전하게 헤쳐 나갈 수 있게 된다.

실제로 우리가 앞선 장들에서 여러 번 만난 적이 있는 리사 펠드먼 배럿은 뇌의 결정적 임무가 예측이며, 뇌는 "신경의 소통"을 활용하여 "우리가 경험하게 될 시각, 음성, 냄새, 맛, 촉각의 모든 단편과 우리가 취하게 될 모든 행동을 예측한다"라고 말한다. 예측의 소임을 수행할 때 뇌는 자신이 통합한 것을 이해한다. 따라서 뇌를 "상황적 개념화 생성기"라고 생각할 수도 있을 것이라고 배럿은 말한다. 뇌는 몸 안과 세계 안에 둘 다 자리 잡고 있어서 '상황적'이다. 뇌는 발달하면서 두 세계를 개념화하기 위해, 즉 체계화하고 대처하기 위해, 언어와 문화에 의존한다. 감정은 '개념화된 감각의 예화'이다. 감정은 자연종이 아니라 마음이 현재와 과거의 경험을 근거로 다양한 감각들을 분류하기 위해 발견한 방식들이다. 문화마다 삶의 사건들과 감각들을 꽤 다르게 뭉쳐놓을 수 있다. 분노는 '어떤 것'이 아니다. 그것은 어떤 한 종류의 뭉치를 나타내는 개념이다. 영어권 세계에 사는 사람들은 'anger'라는 단어를 사용한다. 다른 문화는 다른 단어들을 사용한다. 더 중요한 것은 그런 다른 단어들이 'anger'와 완전히 같은 것을 의미하거나 같은 의미 범위를 갖는 일은 거의 없다는 것이다. 분명히 인류학자와 언어학자가 대략적인 등가물을 찾아내 제공하기는 하지만, 그것은 단지 그들이 서구의 독자들과 소통할 필요가 있기 때문일 뿐이다.

심리적 구성주의자들은 신경과학에서 자신들의 결론을 끌어냈다. 그렇다면 그들은 이를테면, '배측전대상피질에서 벌어지는 활동'처럼, 분노가 뇌의 특수한 영역과 관계가 있음을 발견한 관찰 결과 등을 어떻게 다룰까? 만약 분노가 뇌 안에 하나의 '거주지'를 갖고 있다면, 분노는 '어떤 것'이어야 한다. 심리적 구성주의자들은 그런 연구가 틀렸다고 밝힌다. 그들은 뇌 영상 메타 분석(많은 연구를 모아 수행하는 통계적 분석)은 어떤 감정도 하나의 뇌 위치에 항상 연결되지 않으며 또한 같은 영역에 다수의 감정이 연결되기도 한다는 사실을 암시한다고 지적한다. 어떤 연구는 분노가 배측전대상피질과 연관되어 있음을 발견하지만, 다른 연구는 분노가 매우 다른 부분인 편도체 안에 있음을 발견한다. 심리적 구성주의자들은 뇌의 회로 설계는 전체적으로 작동하므로 분노는 뇌의 전 영역에 걸친 산물이라고 말한다. 어떤 연구가 특정 위치에서 분노의 활동을 발견하고 또 어떤 연구는 다른 위치에서 발견하게 되는 것도 당연한 일이다. 실제로 분노는 뇌의 여기, 저기, 전부에 다 있다. 왜냐하면 분노는 뇌가 유용한 개념으로 구성한 것이기 때문이다.

심리적 구성주의자들은 뇌를 특별히 주목한다. 왜냐하면 그들은 뇌를 내적 자아와 외적 자아의 매개자로 보기 때문이다. 그러나 그들은 몸의 나머지 부분에도 또한 관심이 있다. 얼굴과 그것의 생리에도 마찬가지다. 뇌가 무언가를 개념화하고 범주를 만드는 우선적인 목적은 '추론을 생성하는 것'이다. 추론은 우리 몸 안과 세계 둘 다에서 우리에게 행동을 준비시킨다. 뒤에서 빵빵 소리가 들린다. 간담이 서늘하고, 심장 박동이 더 빨라진다. 더 밟아서 속도를 높이던지, 아니면, 속도를 낮춰 기어간다. 그게 아니라면, 그 소리를 듣고 대체 어떤 차의 경적이 그렇게 감미롭게 흘러나오는지 궁금해할 수도 있다. 이 모든 사례에서 우리의 신체 상태는 바뀌며, 따라서 우리의 핵심 감정은 다소간 강렬해지고 다소간 즐거워진다. 만약 우리의 초점이 경적이 울리는 소리에 있다면, 그것은 감정이 아니다. 그것은 지각이며, 우리의 핵심 감정은 아마도 그리 강해지지 않을 것이다. 경적을 울리는 프랑스 택시의 소음에 아주 큰 호기심이 생겨서 그 소리를 〈파리의 아메리카인An American in Paris〉에 삽입했던 조지 거슈윈George Gershwin 같은 작곡가가 아닌 한 그럴 것이다. 만약 우리의 초점이 목구멍에서 치밀어 오르는 불쾌감, 두근거리는 가슴, 그리고 느낌의 강렬함에 있다면, 우리는 화가 났다고 말한다. 이 두 사례는 우리가 사건을 개념화하는 방식에서 정확히 다르며, 그 방식은 우리의 과거 경험에 의존함을 보여준다. 그러나 우리는 늘 새로운 사건들로부터 학습하고 있으며, 이는 우리의 예측과 그에 따른 신체 반응이 바뀔 수 있다는 의미이다.

여기에는 또한 매우 다른 도덕적 차원이 밑바탕에 깔려있다. 오늘날 과학자들이 일반적으로 분노를 어떤 도덕적 쟁점으로서가 아니라 자연적으로 주어진 것으로 생각하는 것은 사실이다. 인간으로서 그들은 분노가 나쁘다는 불교도와 스토아주의자의 주장에 동의할 수도 있고, 혹은 분노가 나쁘기도 하고(사람을 겨냥한다면) 좋기도 하다는(죄악, 악행, 잘못 등을 겨냥한다면) 기독교 전통에 동조할 수도 있다. 그러나 과학자로서의 소임에 비추어 볼 때, 그들의 최우선적인 관심은 본성과 효과를 객관적으로 이해할 수 있는 하나의 변수로서의 분노에 있다. 근대기에 들어와 과학자들은 정확한 측정과 가시화를 제공해주는 기계에 의존하기 시작했다. 그렇더라도 과학 이론들은 흔히 도덕적 함의들을 지니며, 심리적 구성주의자들도 그 점을 안다. 그들은 기계가 산출한 것들이 해석되어야 한다는 점을 지적하며, 또한 많은 뇌 영상과 표정을 맥락에 따라 읽어내야 한다고 생각한다. 이를 다 함께 고려했을 때 우리가 얻은 증거는 뇌가 전체적으로 분노를 구성한다는 사실을 보여준다고, 그들은 말한다. 이것은 우리가 역사 이전의 먼 과거에 주입된 어떤 습관의 노예가 아님을 의미한다. 우리 앞에는 새로운 개념화의 가능성이 열려있다. 우리는 늘 학습하고 있으며, 성인으로서 평가하고, 재고하고, 생각을 고칠 수 있다. 우리는 도덕적 존재이고 그에 어울리게 감정의 눈금을 조정할 수 있다. 이런 관점의 매력적인 측면 한 가지는 이제 그 누구도 '비정상'이라는 범주에 배정되지 않는다는 것이다. 반면에 오히려 경직성이 도덕적으로 문제가 있는 것으로 비난받게 되며, 그 점은 이 책의 취지에 설득된 사람이라면 무조건 환영해야 할 일로 보인다.

하지만 이제 우리는 해소될 길 없어 보이는 두 가지의 경쟁하는 관점을 갖게 되었다. 한편으로, 분노는 보편적인 기본 감정 중 하나로서 주로 얼굴에 나타나며 문화를 가로질러 어디서나 알아볼 수 있다고 말하는 사람들이 있다. 그들은 문화가 이런 표정에 뭔가를 덮어씌워서 분노를 감추고자 노력할 수 있음을 인정한다. 그들은 이런 시도를 '표현 규칙display rules'이라고 부른다. 그러나 아무리 그래도 소위 '미세표정microexpressions'이라고 부르는 것을 통해 '진짜' 감정이 새어 나오게 될 것이다. 미세표정이란 그들이 보고 측정할 수 있다고 주장하는 얼굴의 작은 움직임을 말한다. 그 가정이 TV 프로그램 〈나에게 거짓말하라Lie to Me〉의 근거였다. 이 프로그램이 세 시즌에 걸쳐 방영되는 동안, 폴 에크만을 흉내 낸 어떤 심리학자가 에크만의 얼굴 코딩 시스템을 이용해 잠재적 테러리스트를 확인하려는 경찰의 작업을 도와주었다.

반면 심리적 구성주의자들은 기본 감정이라는 발상에 날카로운 이의를 제기하고 있다. 이들은 뇌가 몸과 세계를 이해할 수 있는 특정 범주들을 창조한다고 말한다. 우리의 특수한 문화에서 분노는 특정한 감각들, 느낌들, 충동들, 행위들을 범주화하기 위해 우리가 사용하는 단어이다. 불유쾌성이나 강도가 높기는 하지만 그래도 그 강도가 이를테면 공포만큼 높지는 않은 핵심 감정의 활성화에 대해, 우리가 어떻게 이야기해야 할지 배운 것이 바로 분노이다.

행화주의자들은 활용 가능한 타협점을 찾았다고 말한다. 그들은 심리적 구성주의자들처럼 인간의 뇌를 몸과 외부세계의 매개자로 보며 그래서 뇌는 감정으로 가득 차 있다고 생각한다. 그러나 윌리엄 제임스를 따라서 그들은 전체적인 몸에 더 방점을 두고, 우리는 심장의 폭주와 이마의 깊은 주름과 얼굴의 홍조를 느끼고 난 후에야 비로소 화가 나는 것이라고 주장한다. 행화주의자들은 영어에서 'anger'라는 단어가 다른 언어들에서 사용하는 단어들과 완벽하게 짝을 짓지 못할 수 있다는 점을 기꺼이 인정하지만, 그 문제를 대수롭지 않게 생각한다. 정확한 단어로 묘사할 수 없는 느낌이 든다는 것이 그다지 이상한 일은 아니다. 그것은 단지 '어휘 공백lexical lacuna일 뿐이다.' 그들은 포유류를 연구했던 자크 판크세프Jaak Panksepp(2017년 사망) 같은 정신생물학자들의 발견을 주시한다. 판크세프는 '원형적 감정계prototype emotional systems'를 언급함으로써 어휘 공백 문제에 대처한다. 그는 전부 대문자로 된 기표 'RAGE'를 사용해 세마이 문화에서는 'lesnees'

로, 우트쿠 사회에서는 'urulu'로, 그리고 영어권 문화에서는 'anger'로 표현되는 것들을 지칭했다. 이런 단어들과 그것들이 사용되는 맥락들이 정확히 다 일치하는 것은 아니며, 판크세프도 그 사실을 기꺼이 인정했다. 그는 유전적으로 결정된 'RAGE' 같은 하부피질 체계들이 우리의 감정 학습을 반영하는 더 상위의 피질 개념들, 즉 단어들, 사회적 제약들, 사회적 규약들 등과 상호작용한다는 이론을 세웠다.

기본 감정을 지지하는 많은 이들과 반대로 행화주의자들은 표정이 다른 사람의 느낌을 '읽는' 데 필요한 전부가 아닐 수 있음을 수용한다. 그들은 맥락 안에서 감정을 이해할 필요가 있다는 점에 동의한다. 또한 기본 감정을 6개로 하던 다른 몇 개로 하던 그 수를 제한해야 할 이유가 있다고도 생각하지 않는다. 도대체 왜 '기본'이라는 말을 사용하는가? 중요한 점은 행화주의자들에게 감정은 하부피질 차원의 자연종들이라는 것이다. 그것들은 발생적 보편자普遍子들이지만, 현실 세계에서는 문화, 도덕, 습관 같은 요인들에 의해 항상 수정된다.

행화주의자들은 심리적 구성주의자들이 '핵심 감정에서 참된 감정 그 자체로의 변환을 수반하는 구체적인 기제'를 설명하지 못한다는 점을 비판한다. 정확히 어떻게 핵심 감정처럼 불투명한 무언가가 분노 같은 구체적인 무언가로 합쳐지는 것일까? 그들은 뇌 스캔이 발견한 것들을 비판한다. 그 발견들이 일관되지 않아서가 아니라 감정적인 뇌 활동의 훌륭한 정보제공자가 아니라서 그렇다. 스캔 이미지가 뇌 활동을 보여주는 것은 확실하다. 그러나 연구자가 피험자들에게 화난 얼굴을 보라고 말한 다음 그것을 배측전대상피질에서 일어난 이례적 활동과 서로 관련시킬 때, 그는 뇌의 뉴런들이 '분노'에 반응하고 있다는 의심스러운 가정을 하는 것이다. 사실상 그것은 믿음의 비약이다. 어쩌면 뉴런들이 사진의 크기나 연구자의 목소리 음색에 반응하고 있는 것일지도 모른다. 뉴런들의 '언어'를 알고 있는 언어학자는 없다. 뇌 스캔보다는 뇌의 특정 영역에 전기적 자극이나 화학적 자극을 가하는 방식을 이용한 연구가 훨씬 낫다고, 행화주의자 파우스토 카루아나Fausto Caruana가 말한다. 그럴 때는 진짜 언어의 피드백을 얻는 일이 가능할 수도 있기 때문이다.

카루아나는 수레쉬 바트Suresh Bhatt와 그 동료들이 수행한 것과 비슷한 여러 실험을 근거로 삼고 있다. 그들은 고양이의 중간뇌와 더 아래 뇌의 특정 부위들을 자극했을 때, 그 두 가지 형태의 자극 모두 고양이가 '방어적 격노'의 신호를 나타내게 만든다는 사실을 발견했다. 연구자들이 주목한 주된 표현은 쉿 소리내기였다. 전류의 자극 수준을 높일수록 쉿 소리는 더 강경해졌다. 그들은 연관된 실험에서 뇌줄기를 따라 분포해있는 특정 유형의 수용체를 활성화한다고 알려진 약물을 주입했다. 이때 고양이는 쉿 소리를 냈다. 그런 다음 그 수용체에 길항제(수용기의 작용을 무효로 만드는 약물)를 주입했을 때 고양이는 쉿 소리를 내지 않았다. 바트는 이와 같은 연구들이 판크세프의 논제, 즉 모든 포유류 종에 들어있는 'RAGE'라는 '뇌 운영체계' 논제를 뒷받침한다고 생각한다. 이에 동의하면서 카우루나는 그런 연구가 매우 중요하다고 생각한다. 왜냐하면 뇌 스캔을 통한 산소화 판독과 달리 쉿 소리내기는 일종의 언어이기 때문이다. 고양이는 우리에게 자기가 정말로 격노했다고 '말하고' 있는 것이다.

○

이 모든 접근방식은 서로 다른 치유 가능성을 제안한다. 앞서 본 바와 같이, 분노에 대한 기본 감정 패러다임은 예를 들면, 불안정한 젊은이들을 훈련하여 이전까지 분노라고 확인했던 얼굴에서 행복을 보게 할 수도 있다. 심리적 구성주의의 치료는 대뇌와 더 관련이 있다. 그것은 분노를 달리 이미지화하고 달리 느끼고 표현하는(예를 들면 바로 이 책에서 제안한 방식들처럼), 이른바 다른 개념화 방식들을 받아들이고 그렇게 해서 자신의 경험과 태도를 교정할 것을 요청한다. 특수한 화학물질이 RAGE시스템을 비활성화할 수도 있음을 수용하는 행화주의의 관점은 약물에 의존하는 치료법을 제안한다.

이 모든 견해를 통합하는 한 가지 공통분모는 바로 실험실이다. 실험실의 장점은 그것의 엄격성이다. 실험실은 원치 않는 변수들을 제거할 수 있고 현실 세계라면 따로 떼어내 고립할 수 없는 특수한 항목들을 검사할 수 있다. 그러나 바로 그 장점은 동시에 실험실의 약점이기도 하다. 감정은 맥락 안에서 느껴지고 표현된다. 나 자신에 관해 말하자면, 나는 사진에서 화난 얼굴을 확인하는 일에는 매우 서툴지만, 내가 속한 사회에서 누군가가 화난 것을 감지하는 데는 거의 어려움이 없다. 그리고 더 나아가 전기 침이 찌를 때와 포식자에게 위협을 받을 때 고양이가 똑같은 쉿 소리를 내더라도 그 의미는 완전히 다를 수 있다. 실험실의 분노는 거리의 분노와 같지 않다.

chapter. 11

사회의
아이

:
세상을 통해
만들어지는
감정들

사회구성주의자들은 우리가 느끼고 표현하는 분노가 우리 사회의 산물이라고 말한다. (실험실에서 분노는 실험 조건과 확률을 통해 부가적이고 더 즉각적인 방식으로 형성된다.) 이전에도 선례가 있었지만 어쨌든 사회구성주의라는 분야가 인기를 끌기 시작한 것은 1980년대 들어서였다. 그 무렵 인류학자들, 철학자들, 사회학자들 사이에서는 많은 본질주의적 가정이 틀렸다는 인식이 점차 확산되고 있었다. 사람은 정확히 2개의 성性으로 나뉘지 않고, 인종은 생물학적 존재자가 아니며, 이성은 감정과 분리되지 않고, 천성과 양육은 반대되는 것이 아니며, 서구의 감정은 보편적인 것이 아니다. 우리는 분노를 미리 내장한 채로 태어나는 게 아니지만, 그렇다고 우리가 분노를 완전히 날조하여 손수 만들어내는 것도 아니다. 이 분야의 선구자인 제임스 에버릴James Averill이 말한다. "사람들은 이해받고 싶을 때 자유롭게 감정을 발명한다기보다는 자유롭게 언어를 발명한다." 우리는 어릴 때부터 내면화하기 시작한 가치들, 관념들, 규칙들을 활용해서 분노를, 이 책이 주장하는 바와 같이, 많은 종류의 분노를 배운다.

오늘날 사회구성주의자들 사이에서는 활발한 논쟁이 벌어지고 있다. 그들은 문화나 사회가 얼마나 완전하게 감정을 형성해내는지에 관해 의견이 다르다. 그들은 또한 구성 과정이 통치자, 상류층 그리고 힘 있는 다양한 실권자가 규범을 설계하고 주입함으로써 소위 '위'로부터 이루어지는 것인지, 아니면 직접 얼굴을 마주치는 공동체에서 각자 구성원이 느끼고 표현하는 것들을 조정하고 협의하는 식으로 '아래'로부터 이뤄지는 것인지 묻는다. 또한 생물학적으로 미리 주어진 것들이 우리의 감정에 어떤 구실을 하는지(그리고 얼마나 철저하게 그러한지)에 관해서도 의견이 다르다. 그런데도 이들 학파를 한데 묶어주는 것은 감정이 태생적인 존재자가 아니라는 확신이다. 많은 이들이 분노 같은 무언가는 영어권 화자들이 학습해서 자기들에게 적용해온 분노의 문화적 원형, 즉 일종의 플라톤적 관념에 어느 정도 부합하는 불분명한 일군의 행동, 가치, 개념, 느낌 등으로 구성되어 있다는 데 동의할 것이다. '분노'는 마음속에 미리 형성되어 있는 요소가 아니다. 그러나 그렇다고 모종의 단일한 사회가 우리에게 부여한 것도 아니다. 어떤 분노 사례이건 사회에서 행동하는 우리 자신과 사회가 우리에게 제공하는 도구들(개념화, 언어, 기회 등)이 공동으로 만들어내는 과정 중의 일부이다.

그렇다면 가족, 공동체, 문화가 분노 에피소드에서 상연할 수 있는 유용한 대본을 다양하게 제공하지만, 우리가 그런 대본에 따르면서도 단지 행동에서만이 아니라 내면의 경험에서도 즉흥 연기를 펼칠 수 있고 또 앞으로도 계속 그러리라 생각할 때, 사회구성주의의 견해에 가까이 다가서게 되는 것이다. 여기서 열쇠가 되는 단어는 '유용한'이다. 구성주의자인 제임스 에버릴은 분노에 관한 고전적인 연구에서, 미국 사회에서 분노는 일반적으로 공격성과 짝을 이룬다고 주장한다. 그런 현상이 유독 미국에서만 발견되는 것은 아니지만, 예외 없이 모든 문화에 전부 해당하지는 않는다. 에버릴은 공격성과 분노가 전혀 상관이 없는 수많은 사회를 언급한다. 우리는 이미 4장에서 논의한 평화로운 왕국과 평화롭지 않은 왕국들에서 몇 가지 예시를 보았다(그가 제시한 것은 아니지만). 그런 사실하에서 우리는 그 짝지음이 미국에서 어떤 기능을 하는지 물어야 한다고 에버릴은 말한다. 분노의 법적인 용도에 비추어볼 때 한 가지 답변은 명백하다. 즉, 분노가 폭력으로 이어진다는 가정이 우리 사회에 이점이 있었다는 것이다. 부분적인 이유는 그것이 공격적인 사람들을 곤경에서 벗어나게 해주기 때문이다. '뜨거운 정념에 휩싸여' 범죄를 저지른다는 생각은 요컨대 사람들이 이렇게 말할 수 있는 편리한 변명거리가 되어준다. "자제력을 잃었습니다." 우리는 5장에서 이런 발상이 이미 중세와 근대 초기 법조계에서 어떻게 활용되고 논란이 되었는지 보았다.

그러나 그것이 분노의 유일한 용도는 아니다. 미국 사회에서 분노는 흔히 사랑하는 사람들이나 친구들을 겨냥하기도 한다. 때에 따라서는 그것이 자기의 책임을 저버리고 그것을 상대방에게 전가하는 방식이 되기도 한다. "나 화났어"가 아니라 "너는 나를 화나게 하고 있어"라고 말하는 식이다. 철학자 테리 워너C. Terry Warner는 분노에 관한 초창기 사회구성주의 논문에서 분노의 이런 기능을 핵심 논지로 삼았다. 그는 분노를 '망상'이라고 불렀다. 즉, 우리가 자신의 분노에 저항할 수 없다는 것은 착각이라는 것이다. 세네카의 말마따나 우리는 내가 잘못 판단했다고, 빵빵거린 운전자가 나를 '디스diss'하려 한 게 아니라고 얼마든지 상상할 수 있다. 하지만 아무리 그렇다 해도 우리는 결코 경적을 울린 그 사람이 나의 분노를 유발했다는 사실을 부인하지 않을 것이다. 그런 평가가 옳건 그르건 상관없이 그 분노는 진짜고 언제나 진실하다. 이것이 바로 우리의 망상이다. 우리의 분노에는 언제나 '숨은 고려 사항들'이 있으며, 그것은 우리의 존엄성을 확인하고, 우리의 피해자다움을 주장하고, 이상적 자아의 권리를 주장하는 문제와 관계가 있다. 이 때문에 분노는 소멸되지 않으려고 저항하면서, 그 정념을 활활 타오르게 해줄 장작이 될 수 있는 거라면 뭐라도 활용하게 된다. 워너는 남편과 아내 사이의 말다툼을 상상한다.

앨리슨: "이거 참, 난 불공평한 말은 단 한 번도 한 적이 없어."
브렌트: "그야 물론이지, 당신은 한 번도 틀린 적이 없으니까, 그렇지? 당신은 정말 너무 훌륭한 사람이라 도저히 같이는 못 살

겠어."

그러나 워너는 전혀 망상적이지 않은 분노의 사회적 기능을 남겨둔다. 분노는 종종 관계의 눈금을 조정하는 데 도움을 준다. 요컨대, 분노는 관계를 새로운 기반 위에 올려놓을 필요가 있음을 신호하는 한 가지 훌륭한 방법이다. 우리는 워너의 이 가상의 부부가 조금 전 말싸움을 벌이고 나서 잠시 후에 주고받는 말들을 상상해볼 수 있다.

> 앨리슨: "당신이 설거지를 전혀 도와주지 않는다고 말하는 게 불공평한 거야?"
> 브렌트: "당연하지, 그건 불공평한 거야. 하지만 좋아. 이제부터 설거지는 내가 맡지. 당신이 음식 쓰레기 버리는 일을 맡는다면 말이야."

다른 시나리오들도 역시 가능하다.

> 앨리슨: "당신은 집안일을 전혀 안 도와주잖아."
> 브렌트: "그래, 맞는 말이야. 미처 생각을 못했어. 정말 미안해. 내가 뭘 하면 좋을지 목록을 같이 정리해보면 어떨까?"

이번에는 정반대다.

> 앨리슨: "당신은 집안일을 전혀 안 도와주잖아."
> 브렌트: "뭐? 내가 왜 도와야 한다는 건지 모르겠군. 내가 커피

한 모금 마실 시간도 없이 끔찍한 직장 상사와 함께 일하고 있는 동안 당신은 종일 집에 들어앉아 빈둥거리잖아."

앨리슨: "그런 말 더는 못 참겠어. 종일 앉아서 빈둥거리다니! 애들 돌보고, 밥하고, 청소하고, 부업도 한다고. …당신 같은 인간, 정말 진절머리가 나."

그렇다면 분노가 반드시 스스로 증식하는 것은 아니다. 그것은 '순간순간 상호작용의 맥락에서' 구성되는 것이다. 브렌트가 사과한 후에 구성된 앨리슨의 분노(강도와 부정성 두 축에서 모두 하강했다)는 그가 아내에게 종일 빈둥거린다고 말했을 때 구성된 분노(두 축에서 모두 급격히 상승했다)와는 매우 다르다.

몇 가지 역사적 사례들은 사회구성주의의 논증을 확대하고 보강해준다. 중세사를 연구하는 리처드 바튼Richard Barton은 봉건 영주 주엘Juhel과 관련된 12세기 초의 한 사건을 논의한다. 주엘은 자기 '아랫사람들' 즉 전사와 종자들이 자기가 가장 좋아하는 수도원에 땅을 헌납하기를 원했다. 그런데 땅을 바치기로 한 공식 의례에서 주엘의 아랫사람 하나가 헌납을 거부한다. 주엘은 화가 나서 그 악한에게 '폭력을 행사하려' 했으나 주위 참석자들이 그를 끌고 나갔다. 알고 보니 주엘이 전에 더 심각한 상처를 입은 적이 있어서 그의 감정이 더 크게 폭발한 것으로 밝혀졌다. 실은 그 인색한 종자가 주엘의 승인 없이 농노 신분에서 풀려난 전직 농노였던 것이다. 다행히 헌납된 땅들을 두루 정리하고 해결방안을 조율한 한 이웃 덕분에 평화가 조성되었다. 주엘은 전직 농노의 자유인 신분을 승인했고, 이어서 그 전직 농노는 땅을 수도원에 바침으로써 영주의 권위를 인정했다. 이 일화에서 분노는 관계에 기능 장애가 생겼다는 신호였고, 분노의 발산은 그 두 사람의 결속을 재조정하는 필수 단계였다.

어째서 이 사소한 언쟁에 관심을 가져야 하냐면, 이 사례가 감정의 사회적 구성이 단지 어떤 한순간에만 발생하는 것이 아니라(앨리슨과 브렌트에게서 본 것처럼) 내력과 미래를 갖는 현재진행형의 관계 내에서도 발생한다는 것을 보여주기 때문이다. 더 나아가 이것은 분노의 대치가 수용될 수만 있다면, 우리 사회에서만이 아니라 다른 사회에서도 어떻게 분노가 관계의 재형성 작업을 수행해낼 수 있는지 잘 설명해준다. 주엘의 사례와 비슷한 사건은 우트쿠 문화에서는 발생할 수 없었을 것이다. 그것은 위계가 없어서라거나(그 문화에도 위계가 있다) 계속 이어지는 대결 구도가 없어서가 아니라(마찬가지로 그런 구도가 존재한다), 분노가 용인되지 않기 때문이다. 마지막으로 주엘의 사례는 전반적으로 중세 사회의 분노 규범을 새롭게 조명하게 해주며, 중세 때 분노와 폭력의 관계에 관한 우리의 선입견을 수정할 수 있게 도와준다. 이 사건에 대한 사회구성주의적 해석을 통해, 바튼은 중세기가 유혈 폭력으로 가득 차있을 뿐 나머지는 별 볼 일 없다는 식의 널리 퍼져있던 생각을 반박한다. 이 고정관념은 너무도 널리 퍼져있어서 영화에까지 등장하는 출세를 누렸다. 타란티노Tarantino의 컬트영화 〈펄프픽션Pulp Fiction〉(1994)에서 마르셀루스가 비굴하게 목숨을 구걸하는 제드를 처단하면서 이렇게 말한다. "너 이 자식, 중세 맛 좀 보여주지." 바튼은 '중세 맛보여주기'는 오히려 그와 반대로 화가 풀리고 친목이 되살아나는 상황을 의미할 수도 있다고 지적한다.

일반적으로 사회구성주의적 시각에는 역사가들이 많은 공헌을 한다. 피터 스턴스와 캐롤 스턴스Peter and Carol Stearns가 수행한 가장 중요한 연구에서는 시간이 흐르면서 분노에 대한 평가, 기능, 표현이 바뀐다고 가정했다. 그런 일이 어떻게, 그리고 왜 일어나는지 이해하기 위해 저자들은 미국 사회의 변화하는 욕구를 분석하고, 어떻게 그것이 분노의 형체를 만들어내게 되는지(전적으로 구성하는 것은 아니라 할지라도) 보여주는 작업에 착수했다.

스턴스 부부는 18세기에 미국인이 '분노를 통제하기 위한 기나긴 사회운동'을 수행하기 시작했다고 주장했다. 1830년대에 시작한 그 전쟁은 분명한 초점이 있었다. 가족이었다. 갑작스레 쏟아진 잡지와 조언 서적들은 중산층 사람들, 즉 올바르게 느끼고 처신하고 싶은 마음이 강한 남녀들에게, 분노가 일터에서는 수용될 수 있을지 몰라도, 가정은 "신성한 경내"이므로 부부는 "서로 너그럽게 인내하는 정신을 길러야 하고 그러면서 분노에 찬 언쟁이나 반박 같은 것은 무엇이든 조심스럽게 피해야 한다"라고 말했다. 하지만 20세기 초에 초점이 바뀌었다. 당시에 분노는 직장에서 역효과를 내는 요소가 되어있었다. 무엇보다도 서비스 산업은 명랑한 얼굴을 요구했다. 혹쉴드의 항공기 여승무원 연구를 떠올려보라. 웃는 얼굴을 가리는 어떤 분노도 허용되지 않는다. 스턴스 부부는 이런 종류의 직장 내 요구사항이 제기된 기점을 1920년경으로 잡는다. 많은 사람들이 여자 종업원, 여자 판매원, 계산원에게 명랑한 태도를 기대했고(그리고 실제 그런 태도가 나타났다), 이를 증언해줄 수 있는 사람 또한 많았다. 그런 종류의 일자리를 가진 일부 남성들에 대해서도 마찬가지였다.

스턴스 부부는 미국 중산층 사회의 변화하는 분노 표준만이 아니라 그런 규범들이 공간과 관계 맺는 방식에도 주의하라고 말한다. 처음에 가족은 (이상적으로 말하자면) 분노를 표현해서는 안 되는 불가침의 장소였다. 반세기 정도가 지나자 그런 태도가 직장으로 확대되었다. 그렇다면 분노는 어디서 표현할 수 있었을까? 아마도 정치 무대일 것이다. 다음 장에서 그 가능성을 다룰 것이다.

스턴스 부부는 사람들이 실제 느낄 수 있는 분노와 그들이 따르고자 하는 표준들을 신중하게 구분했다. 그러나 부부는 또한 그런 이상적인 표준들이 결국은 감정적 경험에 영향을 미치게 되었다고 주장한다. 하지만 많은 역사가들이 '대화'로서의 분노가 아닌 분노 그 자체를 언급하는 일을 경계한다. 그것은 『근대 초기 영국에서 여성의 분노』라는 뭉뚝한 제목이 아닌 『근대 초기 영국에서 여성의 분노 표현하기Representing Women's Anger in Early Modern England』 같은 제목이 나온 이유를 해명해준다. 그러나 '대화'는 핵심 쟁점을 회피하는 하나의 방식이다. 사회적으로 구성된 분노는 '진짜' 분노인가? 앨리슨과 브렌트는 분명히 대화에 참여했다. 그들의 말다툼은 현재의 그들 관계에서 문제를 빚거나, 변환시키거나, 악화하거나, 완화하는 사회적 역할을 했다. 그러나 그렇다고 그들의 분노가 덜 실감이 나게 느껴진 것은 아니었다.

물론 앨리슨과 브렌트의 대화는 가상적이다. 이제 그들의 이야기 대신 현대의 몇몇 진짜 사례들로 주의를 전환하도록 하자. 먼저 앞서 이야기했던 앤서니 M의 사례에서 시작해보자. 그는 사랑하는 사람들 혹은 자신의 기대를 충족시키지 못한 사람들에게 퍼붓는 맹렬한 격분을 억제할 수 있게 되기를 원했다. 그는 확실히 분노를 느낀다. 주관적으로, 마음속으로 그렇다. 사회구성주의자는 그의 분노를 어떻게 해석할 것인가? 앤서니가 사회 부적응자가 아니라고 가정할 때(당연히 그가 사회 부적응자일 수도 있다), 그의 분노는 그가 맺고 있는 관계들, 그가 속한 문화, 그리고 그 둘을 헤쳐 나가는 그의 방식들 속에서, 그리고 바로 그런 방식들을 통해 창조된 것이 었다. 불교치료사로서 1장에서 이 사례에 대해 견해를 밝힌 바 있는 피터 뱅카르트는 사회구성주의적인 평가를 한다. 앤서니는 "올바르고, 존중받 고, 복종하는 것"을 소중히 여기는 사회에서 산다. 이런 가치들은 일군의 "엄격한 성차性差적 문화 규범"에 속한다. "그래서 그 화난 남자는 자신을 올 바르고 합당하고 용인되는 것들을 수호하는 최후의 보루로 여겼을 뿐만 아니라, 무수한 도덕적 침해를 당하는 정밀 표적 신세로도 바라본 것이다." 이렇게 보면, 앤서니는 다양한 문화 규약에 의존하고 있는 셈이다. 그 규 약은 특히 아직도 우리에게 아주 많이 남아있는 전통, 즉 남성은 고결하고 신성한 분노를 표현할 의무가 있다는 전통에서 비롯된 것이다.

앤서니보다 훨씬 더 가학적인 남자들을 상대하는 가정상담사 런디 뱅크 로프트Lundy Bancroft는 아이에게 성인기까지 지속될 가치관과 신념을 심어 주는 이른바 사회화의 작동 방식에 관해 상대적으로 하향식 관점을 갖고 있다. 뱅크로프트의 관점에서 남을 학대하는 남자들은 "그가 자라난 가족, 그의 이웃, 그가 본 텔레비전과 그가 읽은 책, 그가 들은 농담, […] 그리고 그에게 가장 큰 영향을 미친 본보기 어른들"이 창조한 것이다. 그는 그런 문화의 산물이며, 뱅크로프트 치료법의 주안점은 그 문화가 주입한 가치 들을 변화시키는 데 큰 방점이 있다.

그러나 우리를 사회화하는 모든 제도 안에 학대가 내재되어 있지는 않 을 것이다. 심지어 학대자들을 사회화한 것으로 보이는 제도들이라 해도 마찬가지이다. 사회적 영향은 한 방향으로만 작동하지 않는다. 그것은 영 향을 받는 어린이, 청소년, 성인에게 다양한 의미를 지니며 다양한 파급력을 미친다. 밴크로프트는 우리 사회의 어떤 구석들은 학대자들과 공모 상태에 있고 그들을 부추긴다고 생각한다. 예를 들면, 그는 전통적으로 법률이 아내에 대한 남편의 권리를 떠받쳐왔다고 지적한다. 가정 폭력에 대한 처벌은 "1990년대 이전에는 흔치 않았다." 그는 에미넴의 〈킴Kim〉을 인용하며 여성 폭력을 몸소 입증하는 잘나가는 연예인들을 비난한다. "앉아, 쌍년아 / 다시 움직이면 열나게 패버릴 테니까." 그러나 법적 규정들이 사람들의 삶에서 더 많이 중요하다거나 혹은 에미넴의 노래를 듣는 사람은 모두 그의 가사를 같은 방식으로 받아들일 거라고 가정하는 것이 과연 올바른 일일까?

⸱⸱⸱

뱅카르트나 밴크로프트 같은 이들이 제기한 분석은 과하게 일반적이라는 것이 문제다. 마치 문화적 입력값이 같으면 누구나 같은 감정을 출력하리라는 말처럼 들린다. 그러나 사실은 전혀 그렇지 않다. 개개인의 상황을 더 완전하고 구체적으로 이해하기 위해서는 거대한 추상적 개념을 넘어서야 한다.

마찬가지로 전체 사회에 관해 일반화한다는 말은, 실은 부분적으로만 모두에게 적용될 뿐 아마도 완전하게는 아무에게도 적용되지 않을 그런 포괄적인 사회적 규칙들을 고려한다는 의미이다. 애버릴은 통계적 평균치를 들여다보고 특이한 값들은 버림으로써 이 방법론상의 쟁점에 대처했다. 그는 매우 동질적인 사람들의 집단에 질문지를 주면서 분노의 순간을 기록하라고 요청한 다음 그들의 응답에서 공통분모를 분석했다. 그것도 하나의 전략이다. 하넬로레 베버Hannelore Weber는 다른 전략을 사용한다. 그녀는 사람들에게 무엇이 분노를 유발했으며 그들 생각에는 무엇이 적절한 대응이었는지 단도직입적으로 물었다. 그녀가 얻은 최상의 결과는 부적절한 원인과 대응에 대해 질문했을 때 나왔다. 놀랄 만큼 많은 사람이 굳이 분노를 일으킬 가치가 없었다는 비용수익 분석을 내놨다. 요컨대 그들은 메데이아의 광포한 분노란 무의미하고 역효과를 일으킬 뿐이라고 생각했던, 마사 누스바움의 사유 노선을 따르는 신스토아주의자들이었다(3장 참조).

역사가로서 나는 정서 공동체를 통해 생각하는 쪽을 선호한다. 그것은 앤서니 같은 사람들이나 우리 모두가 살면서 감정을 느끼는 미시적 맥락을 깊이 고찰한다는 의미이다. 이에 대한 탐구를 철저히 제대로 수행한다는 것은 자서전, 전체 저술 목록, 구전되는 이력들과 인터뷰, 창조적 작업에 관해 탐구한다는 의미가 될 것이다. 그것도 특정한 단 한 사람의 것이 아니라 그 사람의 친구, 가족, 동료의 것들까지 모두 포함해서다. 그것은 사람들을 그들 삶의 엄연한 핵심 안에 가능한 최대로 깊게 담가 놓는 것을 의미한다. 오로지 그럴 때만 우리는 그들과 그들 사회의 수없이 많고 때로는 모순적이기도 한 감정 규범과 가치가 무엇인지 알아낼 수 있다. 또 서로 다른 감정 공동체들이 피상적으로 유사한 종류의 분노를 실행에 옮길 수도 있다. 그럴 때도 그 느낌 자체는 매우 다른 가치와 의미를 지니게 될 것이고, 따라서 다르게 경험될 것이다. 중세 프랑스에 공존했던 정서 공동체들에 관해, 세 가지 아주 짧은 사례를 제시함으로써 내가 의미하는 것이 무엇인지 설명해보겠다.

기사부터 시작해보자. 중세 때 적에게 포위되어 물리칠 수 없게 된 전사는 자기 위의 영주에게 달려가 도움을 청한다. 그는 '슬프게, 눈물을 자아내며, 공경하는 마음으로' 더 지체 높은 분에게 다가가 그런 식으로 영주

의 분노를 유발하려 애쓴다. 성공하면, 그 윗사람도 함께 분노하며 공동의
적에게 공격을 가했다. 전형적으로 이런 사건은 일종의 해결책을 도모하
며 마무리되었는데, 모든 파벌 사이에서 우정과 사랑의 의례들로 특징지
어지는 평화 협정을 맺는 경우가 흔했다.

이제 이를 7장에서 논의한 수도사들의 불평불만과 비교해보자. 수도사
들에게도 적이 있다. 적에 맞서기 위해 그들은 성인들의 유물과 틀림없이
십자가 예수상도 함께 놓여있을 교회 제단 앞에 겸허한 모습으로 나아가,
신의 귀에 들리도록 적에 대한 저주를 외치며 적을 물리치기 위한 도움을
얻고자 했다. 이 두 가지 분노 패턴에는 여러 가지 유사점이 있지만 그런
유사점이 분노의 경험이나 의미를 다 똑같은 것으로 만드는 것은 아니다.
말레이반도의 세마이족이나 캐나다 북부의 우트쿠족처럼 수도사들 역시
'화를 낸' 것이 아니었다. 다만 그들은 신의 노여움을 내려주십사 빌었을
뿐이다. 그들이 가진 분노의 주관적 느낌이 어떻게 싸우러 나가는 전사의
그것과 정확히 같을 수 있었겠는가?

마지막으로 같은 시기에 툴루즈 백작 궁정에서 음유시인들이 노래한 분
노를 살펴보자. 그들의 노래는 여인에 대한 강렬한 사랑을 표현했으나 그
감정에 배신감의 토로와 두려움이 끼어들었다. 자신의 사랑이 순수한 것
이었으나(그렇다고 주장했다), 여인의 애정은 변덕스럽고 거짓된 것이었다.
음유시인들은 분노를 노래했지만, 'anger'라는 단어가 딱 들어맞는 건 아
니었다. 그들은 'ira'라는 단어를 사용했다. 그들의 언어에서(남프랑스에서
주로 쓰이던 고대오크어) 이 단어는 분노와 슬픔을 함께 뜻했으며, 때로는 그
둘의 혼합을 뜻하기도 했다. 대략 '슬픈 분노', '화난 슬픔'처럼 복합적인 관
념을 제시하는 것 말고는 그 단어를 번역할 길이 없다. 라이몬 데 미라발
의 시에 나오는 한 대목이다.

여인들이 저지른 잘못들 때문에,

사랑의 공로는 타락하고 만다네.

여인들은 너무도 많은 속임을 드러내니

가장 충실한 연인이라도 슬프게 분노하네.

툴루즈에서 음유시인들이 노래한 분노는 슬픔과 뒤섞였다. 당시에 일부 사람들은 그들의 노래가 자전적이라고 생각했지만, 과연 음유시인들이 정말로 자기 내면의 느낌을 기술하고 있었던 걸까 당연히 의심해볼 수 있다. 오히려 그들의 노래는 당시의 일반 대중, 무엇보다 그들의 후원자들이 일반적으로 이해하고 감지했던 특별한 종류의 분노를 표현한 것이었다고 생각하는 편이 타당하다. 그런 의미에서 그들의 분노는 음악가들, 시혜자들, 그리고 다양한 궁정 사람들과 그 주변을 어슬렁거리는 자들이 은밀히 공모하여 빚어낸, 이른바 구성된 감정이었다. 철학자 캐슬린 히긴스Kathleen Higgins는 음유시인의 음악은 물론이고 이 주제에 관한 한 에미넴의 힙합 가사들까지도 포함하여, 음악이 생물학적 기반을 가질 뿐만 아니라 문화적으로 구성된 것이라 볼 수 있는 다양한 방식을 탐구하였다. 최종 판단을 내리기는 쉽지 않지만, 어쨌든 연주자와 청중, 그리고 청중 속 개개인의 상호 '조율'이라는 발상은 유익해 보인다. 춤추고, 고개를 끄덕이고, 발을 두드리는 것은 문화와 선천적 내장 둘 다에 의존하는 '연대감'을 고취한다(또한 그런 느낌의 징후들이기도 하다). 같은 이치로, 같은 종류의 음악에 같은 방식으로 조율되지 않은 사람들은 그것이 낯설다고 생각한다. 하지만 중세의 몇몇 정서 공동체들에 대한 우리의 조사에 관해 결론을 내리자면, 툴루즈 궁정에서 유흥 시간에 표현된 분노는 전투 준비가 되어있는 전사들의 분노나 신에게 탄원하는 수도사들의 분노와는 매우 달랐다는 것이다.

'ira'의 다의성은 사회구성주의자들이 매우 진지하게 받아들이는 종류의 사실이다. 분노는 우리 사회의 사회적 구성물이다. 일부 사회가 그와 비슷한 것을 전혀 갖지 않는 경우도 이론상 가능하다. 우리는 이미 세마이족과 우트쿠족이 절대로(혹은 사실상) 화를 내지 않는다는 것을 보았다. 그런데도 두 문화는 분노를 가리키는 말이 있다. 인류학자 캐더린 러츠Catherine Lutz는 이팔루크ifaluk(남서 태평양의 작은 섬) 사회를 연구한 저서 『부자연스러운 감정들Unnatural Emotions』에서, 그런 어휘들의 배후에는 엄청난 차이가 있다는 사실을 보여주고 싶어 했다. 그녀의 많은 목표 가운데 하나는 'anger'라는 영어 단어를 순수한 실제의 감정을 가리키는 말로 손쉽게 사용하는 것에 이의를 제기하는 것이었다. 어째서 고늡오크어의 'ira' 같은 다른 말들은 복합어로 설명되어야 할까? 오히려 'ira'가 진짜 감정이고, 'anger'는 그 'ira'에서 슬픈 마음을 빼버린, 속을 발라낸 단어인 건 아닐까? 이팔루크에서는 아무도 'anger'를 말하지 않는다. 아무도 영어를 쓰지 않으니 그건 명백하다. 그러나 그 점을 지적할 때 러츠가 의미한 것은 단지 그 단어 사용 이상의 문제였다. 그녀가 의도한 것은 'anger'에 따라다니는 가정, 은유, 연상, 원인, 치유, 행동, 그리고 그 밖의 모든 것에 딱 들어맞는 이팔루크의 단어는 없다는 것이었다.

이팔루크 사람들에게 대략 'anger'로 번역할 수 있는 단어로 'song'이 있다. 그러나 러츠는 'song'은 서구의 분노와 같지 않으며 이 책이 지금까지 힘들여 서술해온 여러 가지 의미를 지닌다고 말한다. 'song'은 언제나 도덕적 죄악과 연결된다. 어떤 이가 도덕 질서를 망가뜨렸는데, 다른 이가 그런 와해를 승인하지 않는다면 그는 'song' 상태에 있는 것이다. 러츠는

'song'의 의미를 대략 '정당화할 수 있는 분노'라는 표현으로 번역했다(이런 측면에서 그녀는 'anger'라는 영어 단어의 사용에 동의한다). 그녀는 서구의 분노 개념에는 정당화할 수 있는 분노 같은 의미가 포함되어 있음을 완벽히 인지하고 있다. 그러나 그녀는 이팔루크에서는 도덕적 분노가 사람들 사이의 관계를 규제하지만, 서구에서는 도덕적 분노가 개인의 권리에 관한 것이라고 주장하면서 그 둘의 차이를 세심하게 구분한다.

앞서 본 바와 같이, 서구의 분노 역시 관계를 구축하는 역할을 한다. 하지만 이팔루크의 'song'은 언제나 도덕적 판단과 연결되기 때문에 사정이 다르다. 봉건 영주 주엘은 자신의 농노를 자유 신분으로 풀어주는 문제에 관해 협의한 바가 없었다는 것에는 화를 냈지만, 그런 신분 해방 자체가 신성한 금기를 위반한 것이라고 주장하지는 않았다. 'song'이 정의나 사회질서와 관계가 있다는 점은 그것을 느끼는 사람을 권력자의 지위로 상승시킨다. 'song'은 누구나 표현할 수 있기는 하지만, 타인의 감정적 삶에 하향식 구조물을 부과하는 이팔루크 족장들의 특권인 경우가 가장 흔하다. 그런 구조물의 부과는 위반자를 따돌리거나 뒤에서 험담을 늘어놓거나 하는 등의 방식으로 폭력 없이 성취된다. 위반한 사람은 두려워하게 되어있다(그리고 실제로도 그렇다). 그 사람은 결국에는 사과할 것이고 어쩌면 벌금을 물거나 혹은 'song' 상태에 있는 사람에게 선물을 보낼 것이고 그럼으로써 사건은 종결된다. 일상에서 수많은 사회적 의무들을 이행할 때 사람들은 타인의 'song'을 피하려고 기계적으로 노력한다. 이런 식으로 'song'의 분노가 아이러니하게도 이팔루크를 평화로운 왕국으로 만든다.

러츠가 'song'이 영어의 'anger'와 다르다는 점을 강조하고 더불어 'song'에 들어있는 분노를 아플 때 느끼는 병난 느낌tipmochmoch이나 멸시 당했을 때 느끼는 불쾌감tang과 세심하게 구별하는 등의 연구 결과를 보여준 것은 언어학자들이 사회구성주의적 관점으로 경도될 수 있음을 암시한다. 몇몇은 실제로 그렇다. 애나 비어즈비스카Anna Wierzbicka는 서로 다른 감정 어휘들은 그런 감정들이 경험되는 방식에 관한 본질적인 무언가를 표현한다고 주장한다. 그녀는 우리에게 "다른 문화의 경험 범주들을 영어에서 사전적으로 정의하는 이런저런 감정의 아류 정도로 해석하지 말 것"을 경고한다. 반면, 졸탄 코베체시Zoltan Kovecses는 "많은 서로 무관한 언어들이" 분노를 구성하는 핵심적인 은유를 공유한다고 주장한다. "화난 사람은 압력이 가해진 용기容器이다." 이로부터 연관성이 있으면서 그보다 더 복잡한 은유가 생성된다. "분노는 용기 안에 들어있는 뜨거운 용액이다." 영어에서 이런 비유의 결과물은 다음과 같다.

> ― 그의 억눌린 분노가 그의 내면에서 분수처럼 솟아올랐다.
> ― 빌리는 그저 뜨거운 김을 내뿜고 있을 뿐이다.
> ― 내가 그에게 말을 걸었을 때, 그는 그냥 폭발해버렸다.
> ― 나는 발끈해서 뒤집어졌다.

같은 발상을 받아들인 일부 역사언어학자들은 1066년 노르만의 영국 정복 이전에 지배적인 영어 형태였던 고대 영어에서 분노에 대한 다른 준거적 은유들을(괴로움과 팽창을 표현하는 것들) 발견한다. 그런 연구들은 사회가 현실을 이해하고 더 나아가 결과적으로 개인과 세계 내에서 감정의 역할을 이해하는 결정적 방식들로 은유를 받아들이는 한에서, 사회구성주의와 조화를 이룬다. 하지만 코베체시는 적어도 분노의 경우에는 "압력이 가해지는 용액"의 은유가 우리의 "실제 생리"와 어울린다고 주장한다. 그는 폴 에크만과 그의 동료들이 수행한 여러 연구를 인용한다. 이들 연구는

"미국인 피험자와 미낭카바우 피험자(서西 수마트라의)나 둘 다 분노했을 때 피부 온도와 맥박수가 올라간다"라고 주장한다. 이로써 우리는 갈레노스주의가 이야기하는 몸으로 되돌아가는 셈이다. 그러나 다른 학자들은 화난 사람의 심박수와 수축기 혈압이 겁이 난 사람과 크게 다르지 않으며 얼굴 피부 온도는 상승하지만, 손가락 온도는 떨어진다고 보고한다.

사회구성주의는 얼마나 유용한가? 그것은 이를테면 저주를 퍼붓는 수도사들과 말싸움하는 부부들처럼, 까딱하면 '비합리적'으로 보이기 쉬운 감정과 행동 안에 어떤 목적이 들어있는지 이해하는 데 확실히 도움이 된다. 더불어 사회구성주의는 심리적 구성주의와도 찰떡궁합이다. 심리적 구성주의는 참신한 예측과 개념화를 얻기 위해 늘 새로운 신경 통로를 창조하며 항시 발달 중인 뇌를 상정하는데, 그런 예측과 개념화에는 가족, 학교, 노래 등을 통해 도입되는 것들도 포함된다는 점에서 사회 규범의 중요성을 확증해주기 때문이다. 하지만 사회구성주의는 또한 기본 감정 이론과도 통하는데, 특히 후자가 표정이나 뇌 영역의 보편성보다 표현 규칙을 강조할 때가 그렇다. 그리고 사회구성주의는 행화주의자들이 생물학적 기반의 뇌 시스템을 조절하는 피질의 역할을 강조할 때도 그들과 아주 잘 어울릴 수 있다.

더 나아가 사회구성주의는 양육과 본성의 이분법은 진정한 대립 관계가 아니며 실은 훨씬 더 복잡한 실상을 단순화한 것임을 상기시킨다. 생물학적 개체로서 우리 몸이 내가 누구이고, 어떻게 움직이고, 처신하고, 말하고, 느끼는지 어느 정도 규제하는 것은 사실이다. 그러나 주변 환경이 우리 몸을 모양 짓는다는 것도 또한 사실이다. 후성주의자들은 외부 조건들이 어떻게 일부 유전자는 끄고 일부 유전자는 켜는지, 그리고 어떻게 또 다른 일부 유전자는 수정하는지 보여주었다. 이런 변화 중 일부는 유전될 수 있다. 이런 연구 결과의 사회적 함의를 예의주시한 인류학자들은 '표현형 적응'에 관하여 논한다. 예를 들면, 도시에서 빈곤한 이웃 주민은 특히 행동, 인지, 건강에 대해 [유전성] 유기체-형성 효과를 지닌 생태적 지위에 상응한다. 브라질에서 빈곤이 낳은 결과들에는 비만, 골격 강건성 저하, 그리고 특정 심리적 장애가 포함된다. 정서적 자아는 몸의 다른 모든 측면만큼이나 주위 환경에 민감하다.

그러나 사회구성주의에 불만이 있는 사람도 또한 많다. 사회구성주의는 감정을 창조하는 개별 행위자의 중요성을 인정하면서도, 그럴 때조차 어떤 일반 공식을 찾는 경향이 있다. 이를테면, 바트야 메스키타Batja Mesquita 와 동료들은 개인 간 대치를 경험하는 방식에 관해 일본인과 미국인 피험자들을 면담했다. 두 문화 모두 그 경험은 분노와 연결되었다. 그런 다음 그들은 연구 결과를 이렇게 요약했다.

"북미의 맥락에서는 불쾌한 침해 상황들에 대해 개인의 자율성과 자존감에 위협적이라고 하는 프레임이 씌워졌으며 […] 자아를 다시 긍정하고 상대방에게 앙갚음함으로써 그것을 해소해야 했다. 반면 일본인의 맥락에서 침해적 사건들은 관계에 대한 위협으로 곧잘 해석되었고 그렇기에 상대방의 동기에 대한 더 나은 이해가 요청되었다. […] 이런 상황에서 적절한 행동은 침착함을 유지하는 것이었다."

인류학자 앤드류 비티Andrew Beatty는 이와 같은 거창한 일반화에 반대한다. 그는 각각의 개별 사례를 나름의 완전한 특수 서사들을 통해 생각할 것을 제안한다. 그 서사에는 저마다 숨은 이야기와 내력이 있고, 그 안에 거주하는 생활인들이 '대표적인 인물'이 아닐 수도 있다. 그는 서구인이라면 마땅히 분노를 기대했을 법했으나 관련자들은 그렇게 느끼지 않았던 자바 섬에서의 사건들을 기술한다. 비티는 "자바 사람들은 화를 내지 않는다"라고 결론 내리고 싶은 충동에 저항한다. 그는 각각의 상황을 완전히 단독적인 사건으로 다룰 것을 고집한다. 그는 그런 한 가지 사건에 관한 이야기를 전한다. 어느 날 오후 이웃의 어떤 농부가 자기 집을 찾은 비티를 활짝 웃으며 환영했다. 그런데 얼마 지나서 비티는 자기가 오기 직전에 그 불쌍한 사내가 자신의 유일한 생계 원천인 버펄로가 독극물을 먹고 죽어있는 모습을 발견했다는 사실을 알게 되었다. (마침내 농부가 비티에게 설명한 바에 따르면) 그런 소행을 저질렀을 만한 자가 누구인지 금방 떠올랐지만, 농부는 그 손실이 "자신이 마땅히 감수해야 할 것으로써, 자기를 '깨어나게' 해줄 운명의 일격"이라고 판단했다. 그는 딸이 목숨을 건진 것에 안도했다. 비티는 농부가 분노를 느꼈으나 다만 겉으로 드러내는 일을 삼갔을 뿐이라는 식으로 추론하지 않는다. 오히려 농부는 "일종의 초탈 혹은 영향받기의 거부를 성취한 것이었다. 염려하지만 영향받지는 않는 것이다." 그는 분노를 삼가거나(세네카가 조언했던 것처럼) 버리려 하거나(석가모니라면 그리했을 것처럼) 전이하려(마사 누스바움이 좋아하는 것처럼) 노력하지 않았다. 왜냐하면 비티의 견해에 따르면 그는 분노를 완전히 무시했기 때문이다. 이 결론에 도달하기 위해 비티는 그 특수한 인간이 그 특수한 시간에 연루된 사건 전반을 그것이 전개되는 그대로 들여다보아야 했고, 그 사람을 아주 잘 알아야 했다. 비티는 소설가처럼 생각하는 인류학자였고 다른 사람들도 역시 그렇게 하기를 원했다.

농부의 사례에서는 분노가 아예 빠져있다. 다른 예시들에서는 분노의 증거가 아주 풍부한데, 이때도 또한 사회구성주의는 정확히 말해 그 감정의 위력과 격정을 지워버렸다는 비난을 들었다. 여러 해 동안 인류학자 레나토 로살도Renato Rosaldo는 필리핀의 일롱옷Ilongot 부족 사람들 사이에서 다른 사람을 살해하는 동기 중 하나가 사별인 이유를 이해할 수 없었다. 슬픔에 빠진 일롱옷 남자들은 많은 계획과 준비를 거쳐 희생자를 기다렸다가(희생자가 누가 되든 상관없다) 그 사람의 머리를 잘라 땅바닥에 내팽개치기 위한 행동에 나섰다. 그들은 이런 식으로 자신의 분노를 "떨쳐낸다"라고 말했다. 비록 사람 사냥이 일롱옷 부족의 "가장 돌출적인 문화 관행"이기는 하지만, 로살도는 사회적 욕구나 기능의 측면에서 이 행동을 이해할 어떤 열쇠도 발견할 수 없었다. 유용한 인류학적 설명이 될 만한 어떤 일반화도 찾지 못한 것이다. 대신 그는 자신의 개인적 경험에서 일롱옷 부족의 사람 사냥의 이유를 발견했다. 마찬가지로 빼어난 인류학자인 그의 아내가 어이없는 사고로 사망했을 때였는데, 당시 로살도는 격노와 비탄, 그리고 다른 일군의 "강력한 본능적 감정 상태들"에 압도되었다. 비록 직접 사람 사냥을 나가지는 않았지만, 그는 그제야 일롱옷 부족의 비탄 속에 잠재해있는 강력한 분노를 이해할 수 있었다.

이를 출발점으로 해서 로살도는 사회구성주의의 특정 아류들이 감정을 고찰하는 유난히 무정한 방식들이라며 비판한다. 비티처럼 그 역시 인류학자들이 의례화된 행동 바깥에서 구조화되지 않은 채로 자동 발생하는 활동들을 고찰할 것을 요청한다. 그는 감정의 이례적인 힘을 늘 염두에 두면서 시간의 흐름 속에서 펼쳐지는 "진부한 행동들"을 고찰하기를 원한다.

마지막으로 사회구성주의는 도덕적 중립성 문제에서도 비판을 받아왔다. 이것은 윌리엄 레디William Reddy가 제기하는 불만이다. 레디는 권력자들이란 언제나 자신의 감정을 나머지 사람들에게 강제한다고 주장한다는 점에서 본인도 사회구성주의자에 가깝다. 그는 "감정적 지배체제"는 권력자들을 떠받치는 "규범적 감정들의 집합"이라고 말한다. 더 나아가, 그는 상향식 사회구성은 그가 소위 "감정적 은신처"라고 부르는 것을 통해 발생한다고 본다. 사람들은 그곳에서 지배체제의 구조들로부터 해방된 공간을 개척한다. 하지만 레디는 사회구성주의가 사회나 정치 질서를 비판할 방법을 전혀 제공하지 않는다는 점에서 그 이론의 윤리적 함의들을 거부한다. 만약 모든 것이 사회적으로 구성된다면, 관찰자는 도덕적 판단을 선언할 수 있는 객관적 위치에 올라설 길이 없다. 첫째, 관찰자 자신의 판단도 구성된 것이며, 둘째, 관찰자가 다른 사회와 그 사회의 관행을 비난하거나 칭찬할 수 있는 도덕적 권위를 가질 방법이 전혀 없기 때문이다. 레디는 도덕적 판단을 내릴 수 있는 객관적 잣대를 발견했다고 주장한다. 그것은 이러저러한 감정이 좋거나 나쁘다거나, 감정을 이러저러한 방식으로 표현해야 한다는 것이 아니다. 오히려 "감정적 자유"가 선이라는 것이다. 그것은 자신의 감정을 바꿀 수 있는 자유, 우리가 배우고 자라면서 우리 삶의 목표를 바꾸어 가듯이 자신의 감정을 다시 생각하고 다시 형성하는 자유이다. 다른 많은 방식으로 느낄 수 있는 여지를 제공하는 사회가 그렇지 않은 사회보다 더 자유로운 사회이고, 레디의 입장에서는 더 나은 사회이다.

그러나 여기서도 어떤 사회가 자유로운지 판단 내려야 하는 사람은 관찰자이다. 만약 분노 표현에는 미국인이 세마이족 사람보다 더 자유롭지만, 공포 표현에는 세마이족 사람이 더 자유롭다면, 더 큰 자유를 누리는 사회는 어느 쪽인가? 그리고 부끄러움을 표현하는 자유도 사랑을 표현하는 자유 못지않게 도덕적으로 훌륭한 것인가? 물론 레디는 단지 표현 그 이상의 자유를 의미한다. 그는 "목표를 바꿀 수 있고, […] 전향의 경험을 견디거나 틀어지게 할 수 있는" 자유를 의미했다. 이것들은 정신적 과정들이기는 하지만 그중 대부분은 세계 안에서 어떤 행위를 반드시 수반한다.

하지만 아마도 관찰자는 마땅히 이렇게 물을 수 있을 것이다. 모든 이가 자신의 목표를 전적으로 자유롭게 바꿀 수 있고 그럼으로써 자신이 찬동하는 바를 바꿀 수 있는 사회라면, 다른 사회보다 도덕적으로 더 나쁘거나 낮다기보다는 우선 사회적으로 너무 혼란스러운 것은 아닐까?

○

사회구성주의자들은 분노가 인간 본성의 자연스럽고 사실상 기본적인 일면이라는 일반적 견해에 반대한다고 주장한다. 최근 독일의 이민자 공격 증가 현상을 생각해보라. 《뉴욕 타임즈》에 실린 한 기사에서 기고자들은 그런 공격성을 "분노나 공포 같은 부정적이고 원시적인 감정"을 엿듣는 페이스북의 운영방식 탓으로 돌렸다. 하지만 사회구성주의자의 시각에서 보자면, 페이스북은 '원시적'인 무언가를 이용하고 있는 것이 아니라, 페이스북 자체가 '분노와 공포는 쉽게 엿듣게 된다'는 사회적으로 구성된 가정을 사람들에게 주입하고 있는 것이다. 사회적 연결망은 소수가 만들어낸 감정들을 가져다가 그들이 마치 다수에 속하는 것처럼 보이게 하는 방식으로 부풀리고 있다. 이런 소수에 의한 감정적 지배체제를 생산해낸 것이 바로 페이스북이다.

chapter. 12

찬양받는
분노

:
지금
우리는
왜 분노하는가

분노에 관한 책을 쓰고 있다고 친구나 지인에게 말을 꺼낼 때마다 거의 한결같이 이런 반응이 나왔다. "그거 아주 시의적절하군!" 혹은 "그래, 확실히 그 주제를 다룰 필요가 있어!" 판카지 미슈라Pankaj Mishra가 말한 대로, 소위 분노의 시대에 살고 있다는 발상이 오늘날 우리에게 널리 퍼져있다. 그러나 피터 스턴스와 캐럴 스턴스가 미국에서 분노의 수용이 쇠퇴하고 있다는 내용을 책에 실었던 1980년대에도 똑같은 이야기가 있었다. 스턴스 부부는 "제멋대로의 분노 분출"처럼 보이는 것들이 실은 "정형화되지 않은 몇몇 출처에서 얻은 단서들"을 잘못 읽은 것에 지나지 않는다며 이의를 제기했다. 당시 사람들의 분노 반대 운동은 빅토리아 시대 사람들이 시작한 이래 그들 시대에도 뒤처지지 않고 계속되는 중이라고 부부는 생각했다.

오늘날에도 비슷한 상황일 가능성이 있다. 설령 대중의 눈에는 모든 이가 화난 것처럼 보이거나 모든 이가 화났다는 선언이 나올지언정 아주 오래된 표준들은 아직도 존속한다. 오늘날 분노를 옹호하는 조언 서적들은 거의 없고 분노 관리 강좌는 성황을 이룬다. 그러함에도 불구하고 현재 분노가 매우 크게 존중받고 있으며 적어도 일부 무리는 분노를 찬양하기까지 한다고 생각할 훌륭한 이유가 있다. 그리고 전혀 새로운 현상도 아니지만, 오늘날에는 우리를 둘러싼 미디어가 그 현상을 증폭시키고 있다.

물론 전적으로 새롭지는 않다. 미슈라는 가브리엘레 단눈지오Gabriele D'Annunzio(1938년 사망)의 사례로 그의 책을 시작한다. 단눈지오는 시인이자 미래학자이자 원형적 파시스트였는데, '피우메 자유국Free State of Fiume'을 건국했고, 폭력, 죽음, 희생을 통한 '남성성'의 회복을 창도했다. 미슈라의 말에 따르면, 단눈지오는 "유럽의 분노한 부적응자들을 위한 기회주의적 선지자"였다.

그렇다면 그 부적응자들이 분노를 찬미했던 것일까? 아니면 그런 분노는 단지 단눈지오에 대한 그들의 찬사 배후에 있던 무언의 감정일 뿐이었을까? 미슈라는 1900년 무렵의 정치적 민족주의와 경제적 세계화의 운동들이 우리 시대 분노의 전례들이었다고 주장하면서, 단눈지오가 대중영합주의자들의 선구자라고 생각한다. 오늘날 독일의 '분노 정치'에 관한 우파 젠센Uffa Jensen의 책도 매우 유사한 주장을 펼친다. 두 저자 모두 19세기에 근대성은 사회성의 전통적 보호막들인 마을, 공동체, 가족으로부터 서구인들을 끌어내 분노, 불안, 원한의 거대한 소용돌이 속에 집어 던졌다고 주장한다. 그때와 똑같은 힘이 오늘날 사람 사는 세상의 모든 구석과 틈새마다 영향을 미치고 있다. 미슈라에 따르면, 무장 테러 단체 ISIS와 단눈지오의 후예들은 같은 족속에 속한다. 젠센은 19세기의 반유대주의가 지금시대 극우의 등장을 위한 예행연습이었다고 주장한다.

나 또한 전반적으로 동의하며 필요할 때마다 그런 주장들에 동의하는 의사표시를 할 것이다. 그러나 나는 다른 측면에 좀 더 집중하고 싶다. 즉, 오늘날 우리는 단지 분노를 채택할 뿐만 아니라 분노를 찬미하고, 요구하고, 비준하고, 칭송하는 담론을 보유하고 있다는 것이다. 나는 이런 종류의 분노가 과거에 뿌리를 두고 있기는 하지만, 우리의 현대적 삶의 일부인 불안정, 불행, 불안에서만이 아니라 거의 주목받지 못한 다른 무언가로부터도 유래했다고 생각한다. 그것은 바로 우리의 명예가 모욕과 비방을 당했다는 느낌이다. 우리는 그런 느낌을 천명하고 그런 느낌을 인정해달라고 요구할 필요가 있다. 사실 우리에게 더는 결투란 없으며, 명예라는 말의 사용 자체가 많이 감소했다. 아마도 저 멀리 떨어진 문화권에서 '명예 살인' 같은 것을 언급하는 경우가 고작일 것이다. 그러나 내쫓기고, 무시되고, 경멸받는 명예, 한마디로 '디스'되는 명예에 대한 감각이 널리 퍼져있는 것 같다. 많은 측면에서 그것은, 분노란 내게 상처를 입힐 권리가 없는 누군가의 의도적 행위 때문에 상처를 입고 그것을 지각했을 때 드러내는 반응이라는, 고대의 정의로 되돌아가게 한다. 모욕감을 증폭시키고 우리에게 화를 내라고 부추기는 인터넷, 케이블 TV, 캠페인, 그리고 라디오의 수다 덕분에 우리는 이 책에서 개괄한 또 다른 오래된 전통들, 즉 분노를 단념하고, 통제하고, 비판해온 전통들을 시야에서 놓치기 시작한 상황이다.

과거에 분노는 주로 공공연히 비난받던지, 아니면 기껏해야 특별히 엄격한 상황들에서나 정당화되었다. 과연 그것이 찬미받기도 했던가? 물론 약간은 그러기도 했다. 하지만 그것은 오로지 분노를 느끼고 표현할 만한 '자격이 있는' 사람들이 분노를 느꼈을 때뿐이었다. 주로 남자들, 더 정확히는 엘리트 남자들이 그런 사람들이었다. 다른 사람들도 안달하고 격노할 수 있었겠지만, 그들의 분노는 진정한 것이 아니었고, 존엄한 것도, 정의로운 것도 아니었다. 분노를 일곱 가지 치명적인 대죄 중 하나로 칭한 중세의 성직자들이 그러면서도 또한 사람들이, 아니 모든 사람이 죄악 앞에서는 마땅히 분노해야 한다고 생각했던 것은 맞다. 그러나 우리가 잠깐 멈춰서 정확히 누가 실제로 정당하게 화낼 권리를 가졌냐고 묻는다면, 그 답은 남성 성직자 혹은 남성 전사뿐이었다. 일부 중세 여인들도 정당하게 분노했지만, 그들에 관해서는 주로 성인聖人 언행록 등을 통해서나 알 뿐이다. 그런 여성은 모든 사람 가운데서도 최고의 엘리트, 즉 성인에 포함된 사람들이었다.

그런데 상황이 바뀌었다. 우리가 중세 후기에 민중의 울부짖음 속에서 보았던 것처럼, 저항 운동들은 점차 분노를 생득권生得權이라고 주장하게 되었다. 결국 흄, 스미스, 그리고 여타 계몽주의 사상가들의 철학에서 분노는 도덕적인 역할을 부여받았다. 루소의 저술에서 불의에 맞서는 분노는 모든 남성의 권리이자 의무였다. 그리고 모든 여성도 마찬가지였다. 요컨대 분노는 17세기와 18세기 동안 이론적으로 민주화되었다. 프랑스 혁명기에 이르러 저술가들은 프랑스 국민이 바스티유를 습격한 것은 '정당한 분노'의 행사라고 주장할 수 있었다. 그때에조차 이것은 꽤 고립된 담론이었다. 대체로 프랑스혁명의 수사학은 '인간과 시민의 권리'에 관심이 있었기 때문이다.

미국 혁명가들은 '격정은 질풍'이라고 말했다. 그들이 염두에 둔 생각은 영국의 펑크록 가수 존 라이든John Lydon이 1986년에 〈일어나Rise〉라는 곡을 녹음했을 때 갖고 있던 생각과 대단히 유사한 것이었다. 그 가수는 끊임없이 "분노는 에너지야"라는 후렴구를 반복했다. 당신이 누구인지, 무엇이 옳은지 그른지, 흑인지 백인지, 그런 건 중요치 않다고 그는 노래했다. 우리는 "종이에 써진 글은 거짓말"이라는 것을 알 필요가 있고, "쉿스템shitstem('shit'과 'system'을 혼합해 만든 조어로 '엿 같은 체계'를 의미-옮긴이)"과 싸워야 하며, 분연히 일어나 길을 나설 필요가 있다. 우리에게는 분노의 에너지가 필요하다. "분노는 에너지야"는 그의 자서전의 주제가 되었다.

미국 혁명가들이 호소한 격정과 라이든의 가사를 비교한 것이 시시해 보일 수도 있다. 그러나 나는 그렇지 않다고 본다. 라이든은 아파르트헤이트 치하의 남아프리카를 생각하고 있었다. 이런 가사에 담긴 의미는 바로 그것이었다. "저들이 내 머리에 전기선을 꽂는다 / 내가 한 일과 한 말 때문이란다 / 그리고 그런 감정들일랑 치워 버려 / 어느 모로 보나 모범적인 시민들아." 라이든은 이런 말들이 "아파르트헤이트 정부가 사용하던 고문 기법들을 언급한 것"이라고 설명한다. 간단히 말해 라이든은 남아프리카에서 고문당한 사람의 고통을 자신의 개인적 상처로 전환한 것이었다. 그것이 그를 화나게 했고, 그는 대단히 공공연하고 시끄럽고 열정적인 노래

〈일어나〉에서 사람들에게 분노하라고 외쳤다. 1960년대의 여성 운동은 "개인적인 것이 정치적이다"라는 구호를 널리 알렸다. 오늘날 라이든이나 다른 많은 이들에게 보이듯, '개인적 분노'는 정치적 목소리를 끌어내기 위해 선택한 용어이자 은유이자 스타일이다. 사람들은 모든 정치 스펙트럼을 가로질러 자신의 목소리가 들리기를 원한다.

2018년 9월 도널드 트럼프 전 대통령이 지명한 연방대법관 후보자 브렛 캐버너Brett Kavanaugh는 성추행 문제로 비난을 받자 뚜렷한 분노를 표출하며 미국 상원 법사위에 출석해 증언했다. 시시때때로 그는 폴 에크만 풍의 얼굴을 흉내 내며, 경멸적인 미소를 짓고, 입을 비틀고, 눈썹을 찌푸렸다. 그는 자신이 당한 '능욕'을 표현했다. 그는 '트럼프 대통령과 2016년 대선 패배에 대한 빤한 울분으로 장작을 지펴 정치적 타격'을 획책한 민주당 사람들을 비난했다. 캐버너의 공개 진술 이후에 그 자신이 "절대 약한 모습 드러내지 말라"는 금언의 신봉자인 트럼프는 틀림없이 매우 기뻤던 것 같다. 다른 이들도 칭찬 대열에 합류했다.

정치 스펙트럼의 반대쪽 끝에 있는 사람들, 즉 트럼프 반대자들 또한 정반대의 이유에서 분노를 느끼고 있었다. 이것은 특히 캐버너를 비난했던 크리스틴 블레이시 포드Christine Blasey Ford의 주장에 공감한 여성들에게 해당하는 말이다. "여성으로서, 사랑하는 부모로서, […] 나는 화가 난다. 아니 그 이상이다."라고 작가인 제니퍼 위너Jennifer Weiner가 다가올 상원 청문회를 생각하며 《타임즈 선데이 리뷰Times Sunday Review》 1면에 기고한 글에 적었다. "나 자신이 […] 부글부글 끓어오르는 분노에 사로잡혀 있음을 깨닫는다. 내 손이 절로 불끈 쥔 주먹이 된다. 턱을 악문다. 밤마다 이가 갈린다." 그녀의 분노 표현은 갈레노스나 다윈에게 바로 따온 것이라고 봐도 무방할 정도다. 하지만 그들이 생각하던 분노와는 달리 위너의 분노는 시스템을 향한 분노였다. 그녀가 소위 구닥다리 프랫 보이스old frat boys(대학 내에 남자들로 구성된 동아리나 사교 단체에 소속된 남성 우월적 사고방식을 가진 대학생을 가리키는 용어-옮긴이)라고 부르는, 우리 사회를 좌우하면서 성희롱에 가담하거나 혹은 적어도 못 본 체하는 남자들을 향한 분노였다. 그녀는 특수한 한 개인에게 화가 난 것이 아니었다. 도널드 트럼프도 아니고, 브렛 캐버너도 아니고, 그를 인준할 공산이 커 보이는 공화당 상원의원들에게도 아니었다. 그녀는 우리 사회의 현주소라 할, 그 남학생 클럽하우스 전체를 불살라 버리고 싶어 했다.

어쩌다 우리는 어느 편 가릴 것 없이 모든 사람이 분노를 칭송하고 있는 현시점에 도달하게 된 것일까? 19세기 후반과 20세기에 여러 국가는 민족주의를 핑계 삼아 여태껏 독자적으로 전수되어온 수많은 지방 문화들을 하나의 이상화된 동질적 민족 안에 통합시키고자 했다. 깊게 뿌리 내린 편견들이 그런 낯선 통일성을 거역하는 방식으로 작동했다. 새로운 사이비 과학의 인종 개념들이 그런 편견들을 뒷받침했고, 그것은 종교마저도 인종적 범주로 만들어버렸다. 그것이 바로 19세기에 독일인들이 자신 있게 유대인의 '민족정신Volksgeist'에 관해 글을 쓸 수 있었던 이유였다. 그 정신이란 유대인과 결코 떨어질 수 없는, 심지어 기독교로 개종하더라고 그럴 수 없는 그 무엇이었다. 그들은 결코 나머지 독일 사회와 통합할 수 없으며, 그 이유는 바로 그들은 그 본성상 독일 사회의 이방인들이기 때문이었다.

고대인들은 서로 다른 인종들에 관해 이야기했고, 국경 너머에 있는 자들을 멸시했다. 그러나 인종이 유전된다는 생각, 지울 수 없는 (우월한 혹은 열등한) 문화의 책임 소재가 그런 인종에 있다는 생각, 인종이 그 인종에 속하는 모든 개인을 특징짓는다는 생각, 인종은 생물학적이고 벗어날 길이 없는 것이라는 생각, 이런 발상들은 유럽의 발명품이었다. '피의 순수성'은 15세기 스페인의 이단 심문소가 개종한 유대인이 기존의 스페인 사회에 동화하는 것을 막기 위해 (대중 정서의 지지를 듬뿍 받아가며) 사용한 구호였다. 인종적 프로파일링은 프랑스혁명의 여파로 유럽의 귀족사회가 점차 설 자리를 잃어가고 있던 19세기에 더 절박해졌다. 아르튀르 드 고비노Arthur de Gobineau(1882년 사망)는 "모든 문명은 백인종에서 유래한 것이고, 백인종의 도움 없이 누구도 존재할 수 없으며, 사회를 창조한 고귀한 집단 자체가 우리 종의 그 가장 찬란한 부류에 속하는 것일진대, 바로 그 피를 보존할 때만 비로소 사회는 위대하게 빛을 발하는 것"이라고 하는 강력한 주장을 펼쳤다. 그레고어 멘델Gregor Mendel(1884년 사망)의 유전성 발견 덕분에 우생학자들은 정신 건강, 범죄성, 지능, 도덕성이 다양한 인종 내에 특징적이고 불변하는 방식으로 분포하며 유전된다고 주장하기에 이르렀다. 우생학자들은 인간종들의 '통제된 육종'과 '도태'를 자기들 프로그램의 일부로 삼았다.

인종 신화를 근절하기 위해 인류학자들, 과학자들, 그 밖에 많은 이가 오랫동안 수행한 사회 운동은 오직 제한적인 성공만을 거두었을 뿐이다. 미국 인구조사국은 사람들에게 자신의 인종을 확인하라고 요청하고는 있으나, '인종'은 생물학적 근거가 있는 것이 아니며 다만 사회적으로 구성된 범주일 뿐이라는 생각에 대해서도 최소한 이렇게 입에 발린 소리는 한다. 즉, "인구조사 질문지에 포함된 인종 범주들은 전반적으로 인종에 대한 사회적 정의를 반영하는 것이며 […] 인종을 생물학적으로나 인류학적으로

나 유전적으로 정의하기 위한 시도는 아니다." 따라서 질문지 양식에서 하나 이상의 인종에 표시하는 것이 가능하다. 아무리 그렇더라도 어쨌든 인종이 고정되어 있다는 생각은 우리의 인식 속에 스며들어 있다.

인종적 사고방식은 많은 사람이 자신을 하나의 인종과 가차 없이 동일시하고, 자기네 인종이 합당한 명예를 부여받지 못했다고 느끼면서, 다른 인종의 등장 그 자체가 자기네 인종의 존엄성에 상처를 입힌다고 주장하게끔 유도했다. 이것이 정치 집회에서 극우 시위자들이 끊임없이 되풀이한 백인 민족주의 구호, "너희는 우리를 대신하지 못할 거야You will not replace us!"의 전주곡이다. 가장 부끄러운 사례는 2017년에 버지니아주 샬러츠빌Charlottesville에서 남북전쟁 당시 남부 연방 측 장군이었던 로버트 E. 리Robert E. Lee 동상 철거에 반대하며 벌어진 시위였다. 그 자리에서 이 구호는 "유대인은 우리를 대신하지 못할 거야!"로 바뀌어 외쳐지곤 했다. 극우파에게 리는 '백인'의 투사였고 따라서 동상을 끌어 내리는 일은 '백인종'에 대한 모욕이었다.

"너희는 우리를 대신하지 못할 거야!"라는 이 구호는 프랑스의 극우 작가 르노 카뮈Renaud Camus가 제안한 것으로, 그의 책 『거대한 대체Le Grand Remplacement』(2011)를 통해 대중적으로 알려진 발상에서 유래한 것이다. 카뮈는 중부 유럽 이민자들이 프랑스 사회를 대체하고 있다고 주장했다. 그리고 같은 부류의 사건이 미국에서도 벌어지고 있었다. "나라를 세운 사람들의 후예가 갑자기 자신들이 소수자로 전락했음을 알게 된 것이다." 누구나 '통합', '동화', '다문화' 같은 이론적인 추상적 개념들을 사랑하지만, 실제로 그런 개념들이 실천으로 옮겨지면 대부분 두려워한다고 카뮈는 적었다.

실제로 캐나다의 극우 활동가인 로렌 서던Lauren Southern은 한 유튜브 영상에서 시각 효과를 활용해 이 '공포'를 생생히 전달한다. 그녀는 이민자 사회의 '미친 듯이 높은 출생률'을 입증하는 이미지와 도시 통계를 보여준다. 수많은 사람이 무리 지어 장벽을 뛰어넘고 국경 너머로 쇄도하는 이미지들을 보여준다. 그녀는 '서구의 가치들'이 사라질 것이라고 한탄한다(그 가치들이 무엇인지는 말하지도 않으면서!). 서던은 화가 나있지만, 그녀의 분노는 아주 예쁜 얼굴을 하고 있다. 세네카와 달리, 아마도 그녀는 거울을 들여다보며 무안해하지는 않을 것이다. 그녀의 분노는 '저들'이 곧 '우리'를 대체할 지경에 이르렀음을 알지 못하는 저 어리석은 인간들에 대한 동정심과 당혹감으로 포장되어 전달된다. 그녀의 분노는 장기간 지속할 수 있는 분노이다. 이민자들이 눈에 보이는 한 서서히 불타오르며 계속될 것이다. 우파 젠센이 지적한 대로, 오늘날 분노는 "불의에(진짜건 상상이건) 의해 즉각 폭발하고 그 후로 계속해서 바로잡히기를 바라게 되는 영구적 조건"이다. 그러나 젠센이 또한 지적한 바와 같이, 이 지속하는 분노는 "꽉 찬 감정으로서 밖으로 터져나갈" 길을 찾는다. 우리는 샬러츠빌의 백인 민족주의 시위자들이 외쳐대는 귀에 거슬리는 구호에서 그런 분출을 목격했다. 명예 손상이라는 도덕적 모멸감이 그들의 타오르는 분노에 기름을 부었다. 모두가 백인을 '경시'한다는 생각이 악랄하게 이용되었다. 여기서 모두란 백인종이 아니거나 백인이지만 정치적으로 자유주의적인 모든 사람을 말한다. 같은 기조에서 백인 지상주의 저널인 《아메리칸 르네상스American Renaissance》의 창립자 자레드 테일러Jared Taylor는 《뉴욕 타임즈》가 아시아계인 사라 정Sarah Jeong을 편집진에 발탁했다며 맹비난했다. "사라 정의 임명은 저 이중 잣대를 기억나게 했다. 보호 대상 계급에 대한 경시는 혐오스럽지만, 백인에 대한 경멸은 괜찮단 말인가."

테일러가 느낀 '경시', 《뉴욕 타임즈》나 그 밖의 여러 곳이 표출하고 있다고 감지한 그 경멸은 앨리 혹쉴드가 루이지애나 거주 극우 신봉자 무리의 감정에 관해 쓴 책에서 탐구한 분노의 중심에 자리한 상처이기도 하다. '일류 언론사'가 백인의 명예를 훼손했다고 포장된 그 사건은 그들의 분노에 땔감이 되었다. 그들은 '레드넥redneck(교양 없는 백인 노동자를 가리키는 말-옮긴이)'이라는 용어에 발끈한다. 그들은 자랑스러운 기독교적 가치관과 삶의 양식이 포위 공격을 받고 있다고 느낀다. 그들은 자기들이 열심히 노력하고 희생하는 강인한 도덕적 기질의 소유자들이라고 믿는다. 그러함에도 불구하고 그들은 거의 인정받지 못한다. 혹쉴드는 일종의 신화같은 이야기 안에서 그들의 '깊은 속내'를 발견한다. 그들은 아메리칸드림을 이루게 될 순서를 참을성 있게 기다려왔으나 결국 훨씬 저급한 다른 자들이 새치기로 끼어드는 광경을 지켜보는 신세가 됐다고 느낀다는 것이다. 자신들이 낸 세금으로 복지 혜택을 누리는 사람들, 차별철폐 운동 덕분에 단지 흑인이라는 이유로 앞질러 출세한 사람들, '여성, 이민자, 난민'처럼 벼락출세한 사람들이 바로 그 '저급한' 자들이다.

그러나 어째서 그녀의 루이지애나 조사 대상자들은 자기들을 병들게 하고 환경을 오염시키고 일자리를 빼앗고 쥐꼬리만 한 임금을 주고 연금을 삭감하는 산업계의 손아귀에서 입어온 상처에는 분노하지 않는가? 그들은 확실히 그런 일들을 잘 인식하고 있다. 그들은 한때 물고기를 잡고 놀던 깨끗한 물과 순박한 땅을 지금은 잃어버렸다는 사실을 절실하게 통탄한다. 이 의문의 해답은 이것이다. 그들은 그런 상처를 불명예로 느끼지 않기 때문에 견디는 것이다. 그들은 발전을 믿으며 그것이 보답을 줄 것이라고 받아들인다. 그들은 환경을 오염시키는 회사들에 대해 자기네와 같은 목표를 마음에 품고 있는 이웃으로 여긴다. 실제로 그들은 석유 회사나 여타 산업체에서 일하는 자신들이, 비록 그런 대기업들과는 비교조차 할 수 없을 만큼 소규모이긴 하지만, 어쨌든 마찬가지의 사업가라고 생각한다. 이들 루이지애나 주민에게 진정한 모욕은 '자유주의자들'과 그들이 지지하는 연방 프로그램들에서 발생한다. 그들의 시각에서는 열심히 일하는 '백인 이성애자 기독교도 남녀'들의 명예를 정부가 실추시켰다.

공포, 증오, 분노를 품고 "너희는 우리를 대신하지 못할 거야!" 후렴구를 외치라고 부추기는 무리가 유럽과 미국에서만 생겨나고 있는 것은 아니다. 앞서 밝힌 대로 미얀마에서는 불교도들이 로힝야 회교도들을 죽이고 강간하며 라카인주에서 몰아내고 있다. 비록 불교 자체에 타인을 죽이거나 축출하는 일의 공로를 인정하는 오랜 전통(저 서양의 구호와는 전혀 무관한)이 존재하기는 하지만(1장 참조), 어쨌든 미얀마는 서구의 인종주의와 그 구호들에도 마찬가지로 강한 영향을 받았다.

언론인 프랜시스 웨이드Francis Wade는 미얀마에 관한 책에서 회교도들이 9세기에 처음 라카인에 도착했을 때는 쉽게 흡수되었다고 지적한다. 당시의 국경은 쉽게 들락날락할 수 있었는데, 라카인 주민은 이웃한 뱅골의 정치체제를 향해 서쪽으로 이동하였고, 대신 그곳으로 동쪽에서 이민자들이 이주해 들어왔다. 당시에 독립 왕국이었던 라카인의 통치자는 비록 불교를 선호하긴 했으나 온갖 종류의 민족의식과 종교를 개의치 않고 환대했다. 그 다양성을 좀먹은 자들이 바로 영국인이었다. 19세기에 버마를 차지한 영국은 그 군주국을 멸망시키고 라카인의 독립을 빼앗았다. 이번에도 역시 (유럽과 남북미에서처럼) 국가적 통합이란 지금껏 별개로 있던 지역 문화들을 흡수하고 동화하는 것을 의미했으며, 그 '해결책'이라는 것 역시 건성이었다. 인종이 생물학적 실체라고 확신하면서 식민 통치에 유리한 분리 정책을 주입하려 애쓴 영국은 버마에 거주한다는 139개의 민족 집단 혹은 인종을 일일이 나열하였다(실제로는 창조했다). 점령자들이 만들어낸 인종 분리는 식민 착취 이전에는 전례가 없었음에도 그대로 수용되어 당연시되었다. 심지어 반식민지 독립운동에서도 그러했다. 혁명가들이 목청껏 외친 구호는 "인종, 언어, 불교도의 종교!"였다.

로힝야의 회교도들은 1962년에 시민권을 박탈당했다. 당시 정권을 잡은 군부는 오로지 '우월한 인종' 즉, '불교를 믿는 인종'에게만 공무를 위임했다. 그러나 구체적으로 로힝야를 겨냥한 폭력이 시작된 것은 미얀마 군사 정권이 민간 정부에 일부 권력을 이양하고 1년이 지난 2012년이 되어서였다. 웨이드가 폭력 사태에 관해 불교도들을 인터뷰했을 때, 한 승려가 이렇게 선언했다. "우리는 우리 뼈로 울타리를 세워 우리를 지킬 필요가 있습니다." 다른 말로 하면, 살상을 저지르고 있는 사람들은 자기들이 아니며, 불교 자체를 말살하려 하는 자들은 바로 회교도들이라는 것이다. "불교는 진리와 평화를 지지합니다." 승려는 말을 이어나갔다. "따라서 만약 불교문화가 소멸한다면, 진리와 평화도 마찬가지로 차례차례 소멸할 것입니다. […] 그것은 불교의 몰락이 될 수 있습니다. 그러면 우리 인종은 제거될 것입니다." 로힝야 정착지를 불사르는 일에 가담했던 어떤 라카인 마을 사람은 이렇게 설명했다. "만약 내가 내 종족을 보호하지 않는다면, 종족은 사라질 것입니다." 근본적으로 이 사람들은 백인 지상주의적인 구호를 따라 부르고 있는 셈이다. "너희는 우리를 대신하지 못할 거야!"

○

그 본질상 민주주의는 내 목소리를 들어주고 내 생각을 헤아려주리라는 기대를 하게 만든다. 그런데 1990년대 이후 베를린 장벽 붕괴의 여파로 이런 희망이 더 큰 활력을 얻게 되었다고 판카지 미슈라는 이야기한다. "대망의 민주주의 혁명이 [⋯] 전 세계를 휩쓸었고, 부와 지위와 권력에 대한 동경을 자극했다. [⋯] 낡은 사회적 위계를 깨고 평등주의의 야망이 자유로이 분출했다." 그런 야망 덕분에 사방팔방에서 희생자의 언어가 튀어나왔다. "너희는 우리를 대신하지 못할 거야!" 구호는 이런 상황에서 발언권을 얻어야 하는 극우의 절박한 욕구와 더불어, 그들 지지자의 관점에 의하면 단지 다르다는 이유로 자신들을 모욕한 자들에게 복수하고픈 욕망을 반영한다.

많은 여성에게 '민주주의 혁명'은 투표권 쟁취 투쟁이나 그 후 1960년 대 여성 해방 운동 등에서 보듯이, 미슈라가 언급한 전환점보다 훨씬 이른 시기에 시작했다. 하지만 아주 최근 들어서야 비로소 그 혁명은 남성 스타일에 더 가까워진 분노의 수사학 및 새로운 형태의 분노와 합체되었다.

그런 일이 아주 최근에서야 벌어지게 된 부분적인 이유는 비록 분노가 에너지일 수는 있으나 그것이 에너지를 얻는 유일한 방법은 아니기 때문이다. 미국과 프랑스의 혁명이 '권리'를 강조했듯이, 19세기와 20세기 초의 여성 참정권 운동 역시 그러했다. 미국적인 모습을 띤 최초의 여성권 협의회는 '감성 선언서Declaration of Sentiments' 낭독으로 회의를 시작했는데, 여기에는 분노가 완전히 빠져있었다. 독립선언서를 본뜬 그 선언서는 "모든 남성과 여성은 동등하게 창조되었다"라고 하는 '자명한' 진리들로 시작했다. 선언서는 "절대적 독재주의" 정부하에서 여성의 "참을성 있는 관용"을 언급했다. "남성이 여성에게 가하는 반복적인 손상과 권리침해"를 열거하였고, 여성이 "학대받고, 억압당하고, 가장 신성한 권리들을 부당하게 박탈당한다"라고 느끼고 있음을 주장하였다. "자연의 위대한 가르침"뿐만 아니라 권리의 언어를 통해서도 힘을 얻은 이들 여성은 확실히 자신들의 지위 격하를 이야기했지만, 그에 대해서는 "적이 가진 가장 예리한 무기인 경멸과 조롱을 버티어낼 수 있도록 갑옷에 단단히 쬠쇠를 채우는" 방식으로 반격에 나섰다." 그들은 잔 다르크의 종교적 열정과 용기를 받아들일 것을 촉구했다.

권리, 자연의 가르침, 성인의 용기 등등의 호소들은 사실상 한물간 것들이다. 오늘날 우리는 힘을 얻는 다른 모형들을 보유하고 있으며, 이번에도 역시 그것이 반드시 분노는 아니다. 타라나 버크Tarana Burke가 2007년에 미투 캠페인을 시작했을 때, 그녀는 단지 보호받지 못하는 집단에 속한 성폭력 생존자들에게 다가가고 싶었을 뿐이었다. 이 운동이 트위터의 해시태그가 되고 2017년에 여배우 앨리사 밀라노Alyssa Milano 덕에 유명해지고 난후에도, 그것은 분노보다는 고통, 슬픔, 치유, 공감에 훨씬 더 관심을 가졌다. 그러나 2005년에 녹음된 한 파일에서 자기 입으로 직접 여성들에 대한 성폭력을 자랑스레 떠벌렸던 도널드 트럼프가 대통령에 당선되면서, 미투 운동은 고조된 여성의 격분을 이해하게끔 만들었다.

다시 한번, 여성 참정권 운동과의 비교는 무엇이 바뀌었고 무엇이 그대로인지 이해하는 데 유용할 수 있다. 1911년에 여성정치연합the Women's Political Union이 발행한 선전지는 뉴욕주에서 전과자에게도 있는 투표권이 여성에게는 없다는 점을 지적했다. 함께 실린 삽화는 누가 봐도 품위가 있어 보이는 두 숙녀가(한 사람은 아기를 안고 있고, 다른 하나는 학사모와 가운을 입고 있는) 투표소 앞에서 관리자에게 제지당하는 모습을 보여주었다. 그러면서 관리자는 죄수 복장을 한 사람들이 늘어선 줄을 향해서는 앞으로 나오라고 몸짓하며 투표용지를 나눠주고 있다. 정치연합의 여성들은 화가 났던 것일까? 명시적으로는 아니었다. 그들은 복수의 정신에 자극받은 것이 아니라고 선언했다. 그들은 형기를 마친 범죄자가 투표권을 갖는 것에 동의했다. 하지만 "우리는 뉴욕주의 모든 유권자에게 자신 있게 도전한다. 어째서 여성들을 강간한 4명의 남성을 그들 색욕에 희생된 사람들 위에 군림하는 정치적 통치자로 만들어야 하는지 합당한 이유를 하나라도 제시해보라."

아마도 우리는 이 선전지가 분노를 전하고 있다고 말할 것이다. 이런 글들을 평가하는 방식이란 그런 것이기 때문이다. 그러나 선전지는 여성의 분노를 찬양하지 않았다. 실은 정반대였다. 그리고 이 여성들이 지지자들에게 호소하고 싶어 했을 때 사람들이 기대한 것도 바로 그것이었다. 그래서 만약 분노를 표출했다면 오히려 역효과를 낳았을 것이다. 영어 단어 '쨍쨍거리는 사람scold'을 떠올려보라. 화난 사람을 가리키는 이 단어는 언제나 화난 여성을 깔보는 말로 쓰였다. '화난 흑인 여성'의 이미지를 상기해보라. 그것 역시 언제나 부정적이었다. 혹쉴드가 관찰한 스튜어디스들은 화가 났을 때 감정을 억누르고 대신 미소를 짓기 위해 힘겨운 감정 노동을 벌여야 했다. 극우 캐나다인 로런 서던도 유튜브 영상에서는 절대 눈살을 찌푸리거나 째려보지 않았다. 실제로 그녀는 온화함의 전형이었다. 상원 법사위원회에 출석해 브렛 캐버너를 고발한 크리스틴 블레이시 포드Christine Blasey Ford는 10대 시절 캐버너가 자기를 덮쳐서 억지로 침대로 끌고 갔으며 손으로 입을 틀어막아 소리를 못 지르게 했다고 차분하게 진술했다. 그러나 그녀는 결코 그 사건이나 그 사건이 나머지 인생에 남긴 트라우마적인 영향에 분노한다고 말하지 않았다. 실제로 그녀는 단 한 가지 감정만을 인정했다. 의회에 나와 발언한다는 데 따른 '공포'였다. 그녀는 유화적이었고 목소리가 조금 떨리기는 했어도 울지는 않았다. 그녀는 모두진술을 마치고 나면 카페인이 조금 더 필요할 수도 있겠다고 미소를 지으며 농담을 던졌다. 여기에 예의 바르게 한마디 덧붙이기도 했다. "혹시 가능하다면 말이에요." 상원의원 척 그래슬리Chuck Grassley가 마이크를 좀 더 가까이 당기라고 요청했으나 그렇게 되지를 않자 그녀는 이렇게라도 그 부탁에 응했다. "제가 몸을 구부리지요." 공격을 당했다는 기억이 진짜라는 것을 어떻게 아느냐고 물었을 때, 그녀는 간단한 과학적 교훈을 담아 기억의 본성에 관해 이렇게 대답했다. "해마에서 지워질 수 없는 거예요."

여성은 화날 때 어떻게 처신해야 하는지에 대해 들어온 말들은 이런 것이었다. "아무도 모르게 하고, 농담이나 하고, 상냥하고 이성적이고 연약한 모습을 유지할 것." 레베카 트레이스터Rebecca Traister가 청문회가 끝나고 주말에 발간된 《타임즈 선데이 리뷰》 1면에 이렇게 썼다. 대조적으로 남자들은 호통을 치고, 고함을 지르고, 입을 삐죽거리고, 격렬하게 울부짖을 때 오히려 사람들의 존중을 받는다고 그녀는 주장했다.

트레이스터는 미국 문화에서 남성과 여성의 서로 다른 분노 표현 규칙을 묘사하고 있었다. 그녀는 또한 여성이 더 남성처럼 행동해야 한다고 역설하고 있었다. 그녀의 불만은 여성 참정권 운동의 불만과 크게 다르지 않았다. 즉 남성들이 여성의 평등과 존엄을 짓밟았다는 것이다. 그러나 그녀는 분노 담론을 채택한 것에 비해 권리의 수사학은 그리 많이 사용하지 않았다. 그녀는 여성은 남성과 똑같은 분노를 느끼며 여성도 남성처럼 그런 분노를 사용해야 한다고 말하고 있었다.

여성과 남성이 서로 다른 감정 표현 규칙을 가진다는 말이 틀릴 때도 있다. 세마이족, 우트쿠족, 포어족의 경우는 남자건 여자건 분노를 드러내지 않기로 되어있다. 그러나 스턴스 부부가 폭로한 것처럼, 분노 관리의 전통이 깊게 뿌리 내린 미국에서는 그런 성적 동등성이 통용되지 않는다. 남자는 여자보다 더 까칠하게 굴어도 된다. 오히려 그럴 때 더 존중받기도 한다. 남자에게는 특정 배경과 장소에 따라서는 분노를 표현하는 것이 자기 뜻대로 목표를 달성하기 위한 효과적인 도구가 된다. 이를테면 상원 사법

인준 청문회에서 공화당 상원의원 린지 그레이엄Lindsey Graham이 보여준 행동이 그렇다. 그레이엄은 '남성적 모범'을 증명하면서, 법사위원회의 여성 의원 4명 중 하나인 민주당의 다이앤 페인스타인Diane Feinstein 의원에게 불성실하다며 고함을 질러댔다. 그는 그녀에게 손가락질하고, 얼굴을 찌푸리며, 청문회를 '협잡'이라고 비하했다. 캐버너에게 인사를 건넨 그는 "당신과 당신 가족이 겪었을" 일을 상상하며 눈물을 흘렸다. 이때 페인스타인의 처신은 어떠했는가? 그녀는 아무 말도 하지 않았다. 세상 어디서나 사람들은 감정규칙을 따른다. 그러나 남성의 분노가 능변에다 대결적인 성격이 있고 권력과 결부되어 위신을 지닌다고 한다면, 민주화된 세상의 맥락에서 일부 여성들도 남성이 가진 것과 똑같은 전투적 분노 표현의 권리를 주장하고 싶을 것이다.

다른 말로 하면, 특히 분노는 권력 지향의 은유가 된 것이다. 그리고 다시 한번 고전적 정의를 되풀이하자면, 우리는 오늘날 많은 여성이 일반적인 남성적 특권과 권력으로부터 모욕을 당한다고 느낄 뿐만 아니라(여성 참정권 운동이 그랬던 것처럼), 자신을 표현하고 명예를 되찾기 위해 남성적인 분노 처신의 양식을 채택하고 싶어 한다고 말할 수 있을 것이다. 그것이 바로 캐버너 청문회가 끝난 후 그런 생각을 지닌 여성 2명이 상원의원 제프 플레이크Jeff Flake가 탄 엘리베이터에 뒤따라 올라타 그를 향해 고함친 것이 의미심장했던 이유이다. 한 사람은 그에게 손가락질했고, 다른 하나는 자기 얼굴을 보라고 윽박지르면서 그가 "여성은 이 일을 대수롭지 않게 여긴다고 모든 여성에게 떠들어댄 것"을 비난했다.

물론 그렇게 여성의 분노를 찬양한 전례들이 있다. 샌드라 호크먼Sandra Hochman이 연출한 다큐멘터리 〈여성의 해the Year of the Woman〉(1973)는 1972년 민주당 전당 대회에서 이렇게 노래하고 있는 여성들을 벌써 보여준 바

있었다. "내 눈은 영광스러운 여성 격노의 불꽃을 보았다네 / 아주 오랜 세월 계속 끓어오르다 이제 이 시대에 활활 타오른다네 […] / 분노가 우리를 파고들어, 우리는 더는 왕들에게 머리 숙이지 않으리." 이와 유사하게, 오드리 로드Audre Lorde가 1981년 〈전미여성학연구 학술대회〉에서 맡은 기조연설은 인종주의의 정의에서 시작해 이렇게 이어졌다. "인종주의에 대한 나의 반응은 분노입니다. […] 배제에 대한, 아무도 이의를 제기하지 않는 특권에 대한, 인종적 왜곡에 대한, 침묵과 학대, 고정관념 만들기, 수동성, 이름 잘못 부르기, 배신, 그리고 포섭에 대한 분노입니다." 이것은 죄악에 대한 신의 정당하고도 지당한 분노로서, 고결한 사람들이 인간적 의무로 받아들이는 분노이다. 여성들이 당시에 호소했고 오늘날에도 장려하는 분노는 많은 측면에서 기독교 전통의 먼 증손뻘에 해당한다. 그러나 오늘날 에코 효과를 일으키는 미디어 공간에서 그 분노는 일제히 부르는 제창으로 증폭된다.

여성의 정치적 분노에 관한 책 『선과 광기Good and Mad』에서 트레이스터는 이런 종류의 격노를 개인적인 인간관계에 한정된 분노, 즉 부처의 시대 이래로 많은 사상가의 생각을 사로잡아온 그런 종류의 분노와 구분한다. 그녀가 이야기하는 분노는 존 라이든John Lydon의 분노이다. 그녀는 "싸움의 승리를 위해 더 맹렬해지고 긴급해질 필요가 있을 때" 그런 분노가 "강렬하고 절박한 힘"을 주입해줄 수 있는 능력이 있다고 칭찬한다. 트레이스터에 따르면, 사회적으로 생산된 분노가 사회 변화를 끌어낸 모든 운동, 여성의 권리를 위해 제기된 모든 소송에 땔감을 공급했다. 여성참정권론자들이 들으면 놀랄 소리였을 것이다. 그렇기는 하지만 어쨌든 오늘날 많은 여성 운동의 배후에 정당한 분노에 대한 감각이 자리하고 있는 것은 사실이다.

현재 여성의 분노를 찬양하는 경우는 대부분 공적인 원인을 향해 분출한 공적인 격노를 칭송하는 모양새를 띠고 있다. 그러나 공과 사의 구별은 흐릿해지기 십상이다. 1970년대 '여성주의 의식 함양' 운동에 대한 에스더 카플란Esther Kaplan의 기억을 고찰해보면, 그녀는 "그런 여성은 남편을 떠났다"라고 강조한다. 그녀 말에 따르면, 사회 운동은 "단지 세상을 급진적으로 변화시킬 뿐만 아니라, 우리를 급진적으로 변화시킬 수 있는" 잠재력을 지니고 있다. 분노가 공적인 문제일 때도 그 표현은 우리의 사사롭고 내면적이고 가정적인 삶의 모든 양상에 스며들어 그 공간을 가득 채운다.

거꾸로 트위터와 페이스북을 사용하는 우리 시대에는 사적인 분노가 공적인 찬사의 소재가 될 수 있다. 조지타운대학교에서 안보학을 가르치는 한 교수는 캐버너 청문회에서 상원의원들이 드러낸 남성적 문화에 격분하였다. 나중에 그녀는 이렇게 트윗을 날렸다. "연쇄 강간범의 직함 사칭을 정당화하는 힘깨나 쓴다는 백인 남성들의 [저] 합창을 보라. 저들 모두는 여성주의자들의 비웃음 속에서 비참한 죽음을 맞이해 마땅하다." 나중에 그녀는 이렇게 설명했다. "나는 이런 체제에서 느낄 수밖에 없는 불쾌감을 똑같이 창조하는, 그런 언어를 창조하고자 의도한 것입니다. 법사위원회에 자리 잡은 그 남자들 모두가 성폭력 생존자들에게 엄청난 충격을 주었을 때 내가 느낀 격노와 상처는 이루 말로 다 할 수가 없습니다." 여기서 그 사건이 불러일으킨 상처와 분노의 언어는 신의 노여움이라기보다는 침해당한 아리스토텔레스의 고결한 분노로 우리를 되돌아가게 한다.

이 말은 마땅히 버클리대학교의 고전학자 줄리아 시사Giulia Sissa에게도 해당한다. 그녀는 메데이아라는 인물상을 다시 그리면서 요컨대 그녀를 영웅시했다. 그 이유는 그녀가 이아손이 저지른 거대한 잘못들을 바로잡고 있어서가 아니라 자신의 분노를 두려워하지 않기 때문이다. 아니, 그녀는 자신의 분노를 오히려 자랑스러워한다. 시사는 여성의 질투, 연인에게 버림받은 모든 여성의 성애적인 연모에서 비롯된 분노를 찬양한다. 그녀는 분노를 비난하면서 메데이아를 괴물로 만든 세네카를 강하게 꾸짖는다. "이제 내가 바로 메데이아다!" 시사는 이렇게 자랑스레 선포한다. 그녀는 미칠 듯이 격노한다. 그녀가 책에서 아주 상세히 주장한 바와 같이, 서구 문명이 전개되어오는 내내 남성의 시샘은 언제나 '허용'되어 왔으나 여성의 시샘은 조롱받고, 비난받고, 심지어 금지되기까지 했다. 시사는 그 전통을 거부한다. 그녀는 분노를 고귀하게 하고, 구원하고, 찬미하기 위해 자신만의 사적인 분노를 일으켜 공적인 것으로 만든다. 그러는 과정에서 그녀는 여성의 '금지된' 수치스러운 시샘에도 남성의 시샘이 늘 요구해온 것과 똑같은 명예가 부여되기를 희망한다.

○

2017년 초 워싱턴 D. C.에서 트럼프의 대통령 당선과 취임에 저항하는 함성을 외치기 위해 열린 첫 번째 여성 행진Women's March에서, 첫 연사로 나선 아메리카 페레라America Ferrera는 여성 운동을 BLM운동(BLM은 '흑인의 목숨도 중요하다Black Lives Matter'의 약어로, 흑인 소년을 죽인 백인 방범대원의 무죄 판결에 의해 촉발된 흑인인권운동이다-옮긴이)과 연계했다. 그녀는 이렇게 선포했다. "우리는 흑인 형제자매에 대한 체계적인 살인과 감금에 종지부를 찍을 것을 요구합니다. […] 우리는 모두 다 함께 우리 공동체의 한 사람 한 사람 모두의 생명과 존엄을 위협하는 모든 조처에 단 하나도 남김없이 맞서 싸우고, 저항하고, 반대할 것입니다." 하지만 사실상 BLM운동에 들어있는 싸움, 저항, 반대의 수사학은 상대적으로 목소리가 약하다. 확실히

2013년에 그 운동이 처음 등장했을 때 정서적 주제는 사랑이었다. "흑인들이여, 나는 여러분을 사랑합니다. 나는 우리를 사랑합니다. 우리의 삶은 중요합니다." 캘리포니아에서 활동하는 작가이자 사회운동가인 앨리시어 가르자Alicia Garza가 비무장한 흑인 고등학생 트레이본 마틴Trayvon Martin을 살해한 범인이 석방되었다는 소식을 접하고 올린 글이다. 가르자의 친구 패트리스 쿨러스Patrisse Cullors가 '#blacklivesmatter'라는 해쉬태그를 만들었다. 이 운동은 미주리주 퍼거슨에서 한 경찰관이 마이클 브라운Michael Brown이라는 청년을 살해한 또 다른 사건의 여파로 급류를 탔다.

"트레이본 마틴의 죽음과 뒤이은 살인자의 석방에 격분한 […] 우리는 거리로 나섰다. 1년 후 우리는 함께 퍼거슨까지 'BLM자유대장정'에 착수했다."라고 BLM웹사이트는 알리고 있다. 사실 BLM운동이 퍼거슨 저항운동에서 그렇게 두드러진 역할을 했는지는 분명치 않다. 부분적인 이유는 젤라니 콥Jelani Cobb이 지적한 대로 운동 조직이 분산되어 논쟁에 휩싸였기 때문이다. 퍼거슨에 분노가 존재하기는 했지만, 다른 감정도 또한 많이 있었으며 그 밑바탕에 깔린 주제는 공동체 정신이었다. 인근 세인트루이스에서 온 한 시위자의 말에 따르면, "우리는 모두 이 일에 관해 똑같은 고통과 분노를 느꼈다. 우리는 모두 그날 함께 힘을 합쳤다." 어떤 지역시민권 운동가는 저항운동에 본인이 참가했음을 전하면서 거리에서 브라운의 피를 보고 생긴 트라우마를 이야기했다. 경찰서 앞을 행진하면서 "모두가 화가 났다. 나도 화가 났다. […] 경찰견들이 공격을 준비하는 모습을 실제로 본 것은 이때가 처음이었다. […] 나는 그런 일촉즉발의 상황에서 최대한 침착함을 유지하려 노력했지만, 어린 흑인 아이들을 향해 으르렁거리는 경찰견들을 보고 있으니 내 안에 분노와 격분이 가득 차올랐다. […] 나는 경찰들에 대고 직접 고함을 지르기로 작정했다." 분노는 확실히 BLM운동본부가 참여한 최근의 저항운동에서 모습을 드러낸 한 가지 정서이다. 한 기록자가 2016년에 적은 바와 같이, 이 운동은 "구타당하고, 감금되고, 모욕당하고, 학대받은 적이 있는 평범한 흑인들의 심원한 분노"와 관계가 있다. 그렇다 하더라도 이 조직이 그 심원한 분노를 특별히 찬양하는 것은 아니다. 이 운동의 웹사이트는 치유에 관해 이야기한다. 그리고 "한 명 한 명의 모든 사람이 보이고, 들리고, 지지받는다고 느끼는 문화"에 대한 헌신을 함께 이야기한다. 이 운동이 주장하는 가치들은 포용, 유대, 공감, 차이에 대한 존중이다.

트레이스터의 책 『선과 광기』가 출간된 후에 가르자의 사회로 진행된 대담에서 두 사람은 자기들이 화났고, 많은 여성이 화났고, 자기들이 그런 사실을 찬양한다는 데에 동의했다. 그러나 그들이 이야기한 것은 어떤 종류의 분노였을까? 실제로 가르자가 트레이스터에게 결정적인 질문을 던졌다. "왜 분노인가요? 그냥 조직을 만들거나, 무언가를 지지하거나, 실제 행동을 택하는 것은 왜 안 되죠?" 트레이스터는 글쓰기에 착수하기 전부터 머리에서 분노가 '부글부글 끓어올랐다'라고 묘사하면서, 바로 그와 같은 형태를 띤 분노가 지금까지 진행되어온 일들을 성사시킨 원리로 밝혀졌다고 답했다. 그녀가 분노에 관해 글을 쓰기로 작심했을 때, "정말로 중요한 문제라서 꼭 말해야겠다고 불현듯 생각했던 것들이 모든 게 다 맞아떨어졌어요." 하지만 가르자는 그렇게 확신하지 못했다. 그녀의 관점에서, 그리고 BLM운동의 관점에서, "일반 대중이 운용하고 있던 분노의 다른 영역이 존재합니다. […] 그리고 그런 분노의 다른 영역들은 서로 맞아떨어지지 않았습니다."

가르자가 옳았다. 모든 분노가 다 같지 않으며, 심지어 모든 정치적 분노도 다 같은 것이 아니다. 그 분노들은 매우 다른 기원과 목표를 가지며,

따라서 다르게 느껴진다. 아니, 다르게 느껴져야 한다. "너희는 우리를 대신하지 못할 거야!"는 "우리는 강해질 거야!"와 같지 않으며, 그 둘은 "너는 내 앞에 끼어들지 못해!"와 구분된다. 첫 번째 구호는 배제적이며 증오와 뒤섞인 것이다. 두 번째 구호는 잠재적으로 포용적이고 용기와 융합할 여지가 있다. 세 번째 구호는 향수, 슬픔, 비탄의 합성물이다. 하지만 이들 구호에 정말로 들어있는 공통적인 요소는 옳음의 감각, 신이 우리 편이라는 느낌이다. 바로 그 이유에서 이 모든 찬양받는 분노는 그것을 느끼는 사람들의 눈에 전반적으로 선하고 옳아 보인다. 덕분에 그들은 흔들리지 않는다. 그 분노는 그 정서의 오랜 역사를 지배해온 단기적이고 쉬이 후회하는 분노와는 매우 다르다.

심지어 이들 별개의 각 집단 내에서도 분노들이 아주 똑같지는 않다. 좌파 여성들이 외치는 "우리는 강해질 거야"의 위치를 생각해보라. 트레이스터는 분노를 권력의 도구로 보고 힘없는 사람들(혹은 힘이 덜 센 사람들)이 분노의 양식과 위력을 드러내주기를 원한다. 그녀는 민주주의가 작동하고 사람들이 (특히 여성들이) 힘을 얻고, 투표하고, 공직에 출마하고, 다른 여성들을 조직하고 함께 전략을 세우게 되기를 갈망한다. 분노는 "생산력 혹은 촉매제"일 수 있다고 그녀는 말한다. 그러나 문화 비평가인 로라 킵니스Laura Kipnis는 자기가 화난 이유는 여성이 힘을 갖지 못해서라거나 남성이 여성에게 성적 폭력을 저지르고도 용케 비난을 피해서라기보다는 공적 자원이 사회적 프로그램들을 위해 지출되지 않고 있어서라고 말한다. 소라야 체말리Soraya Chemaly는 여성들이 정치적 대의들에 대해서 못지않게 가정 내 전선에서도 분노해야 한다고 생각한다. 가르자는 주로 "영향력이 강하고, 책임성이 있으면서, 효과적인" 운동을 건설하는 일에 관심이 있다. 만약 분노가 그런 일에 쓸모있는 도구라면, 아무 문제도 없이 좋은 것이다.

그런데 만약 사정이 그렇지 않다면, 분노는 진짜 쟁점이 아니다.

마찬가지로 우파에서도 혹쉴드가 인터뷰한 루이지애나 사람들의 감정이 정확히 똑같은 것은 아니었다. 그녀의 조사 대상자 중 일부는 지역 일자리를 제공한 회사에 시비를 걸지 않는다는 충성 감각에 고취되어 있었다. 심지어 그런 일자리에 끔찍한 위험이 도사리고 있는데도 그랬다. 다른 이들은 그냥 단념하고 한복판에 있는 공해 기업들의 요구를 인정하고 수용했다. 마지막으로 또 다른 이들은 자신들의 영웅적인 남성성, 자신들의 저돌적인 태도를 그 어떤 불평의 목소리도 내지 않아야 할 훌륭한 이유로 삼았다. 이렇듯 다양하면서도 힘겹게 얻기는 마찬가지인 가치들의 버팀목이 되어주는 분노들이 바로 그들의 분노였다.

종교철학자 존 질레스 밀헤이븐John Giles Milhaven은 그의 책『선한 분노Good Anger』에서 "순전히 건설적인 분노라면 그 어떤 유형의 것이든" 논쟁을 벌일 생각이 없다고 말한다. 이유는 "우리는 그런 분노의 가치에 관해 의문을 던질 필요가 없기 때문이다. 변화나 해방을 위한 분노는 그 안에 선이 들어있다." 그에게는 그런 분노의 윤리적 선함이 명백하다. 완전히 거부해야 하건(세네카나 불교도들의 경우처럼) 혹은 올바른 시점에 올바른 방식으로 올바른 사람들을 향해 표현된 분노일 때 현명하게 받아들여야 하건(아리스토텔레스와 그의 후계자들의 경우처럼), 하여간 전통적으로 분노가 도덕의 문제로 여겨져 온 것은 사실이다. 그러나 오로지 경건한 신적 분노와 연결될 때만 분노는 엄격하고, 영속적이고, 흔들리지 않는 태도가 된다. 오늘날 모든 정치 집단은 자기들의 분노가 '순전히 건설적'이라며 자기들이 원하는 것은 그저 '변화나 해방'이 전부일 뿐이라고 주장한다. 문제는 그들이 서로 극단적으로 다른 정의, 개선, 자유의 개념들을 갖고 있다는 것이다. 정당한 분노라는 휘장을 따내기 위해 수많은 (일반적으로 세속화된) 죄악 개념들이 서로 경쟁할 때 우리는 막다른 골목에 다다른 것 같다.

내가 볼 때 이 쟁점은 여성 행진에서 두드러지게 나타났다. 당시 아메리카 페레라는 여성 운동과 미국 내 흑인들의 대의를 연결하는 것 이상의 일을 해냈다. 이민자와 여성 둘 다를 대변해 연설하면서 그녀는 자신의 고통에 애석해했고, 자신의 존엄과 권리를 천명했다. 그녀는 지금 막 권력을 횡령한 그 '증오와 분리의 플랫폼'을 통탄했다. "그러나 대통령이 곧 미국은 아닙니다. 그의 내각도 미국이 아닙니다. 의회도 미국이 아닙니다. 우리가 미국이며, 우리는 여기서 계속 살아갈 것입니다."

이와 함께 우리는 좌파건 우파건 모두가 거의 똑같은 언어를 사용하고 있다는 사실을 애처롭게 관찰할 수 있다. 둘 다 자신의 잃어버린 명예를 애도한다. 자신의 명예가 내쳐지고, 무시되고, 경멸받는다고 생각한다. 페레라의 수사학은 샬로츠빌에서 시위자들이 외치는 구호, 극우 인사 로렌 서던의 장광설, 프랑스 이론가 르노 카뮈가 한 말들의 거울 이미지이다. 페레라가 한 "대통령은 미국이 아닙니다. […] 의회는 미국이 아닙니다. 우리가 미국입니다."라는 말은 "이슬람교도는 우리를 대신하지 못해", "유대인은 우리를 대신하지 못해"라는 말에 위험천만하게 가깝다. 그리고 그녀의 "우리는 여기서 그대로 있을 것입니다" 발언은 정확히 극우가 두려워하고, 혐오하고, 거부하는 언질이다. 사실 트럼프 대통령이나 의회 등등은 미국이다. 아니 적어도 미국의 부분들이다. 많은 미국인에게는 바로 그들이 자신들의 명예와 존엄을 회복하는 방식을 대표하는 것처럼 보이기 때문이다.

그렇다면 비록 분노들이 다 똑같지는 않지만, 그것들이 모두 공통분모, 공통의 담론을 지향하는 것처럼 보인다. 그래서 한쪽은 억압당하는 사람들을 구원할 사회 정의를 위해 싸우고 다른 한쪽은 자기들의 영역 보존을 고대한다는 식으로 좌파와 우파를 나누게 하는, 대단히 실질적인 차이들이 어느 정도 흐릿해지는 것 같다. 양측 모두 1976년도 영화 〈네트워크〉에서 처음 유명해진 구호에 기쁜 마음으로 다시 귀를 기울이는 것처럼 보인다. 이 영화는 분노에 대한 훗날의 가치 평가를 미리 내다보고 풍자했다. 영화에서 배우 피터 핀치Peter Finch가 내뱉은 "정말 끝장나게 화가 치밀어I'm mad as hell"라는 유명한 대사는 대중문화에서 나름의 고유한 생명력을 지니게 되었다. 그것은 웹 시리즈 〈영터크The Young Turk〉를 다룬 다큐멘터리의 제목이 되었고, 유에스걸스U.S. Girls, 펑코어스The Funkoars, 토르Thor가 부른 노래들의 제목이 되었고, 딕시 칙스the Dixie Chicks가 부른 〈착해질 준비는 아직 안 됐어Not Ready to Make Nice〉의 후렴구가 되었다. 뉴스룸에서 피터 핀치가 격노하는 장면에서 따온 짧은 클립은 수많은 GIF(짧은 동영상을 가리키며 우리나라에서는 흔히 '움짤'이라고 부른다-옮긴이)의 소재로 사용된다. 호주 ABC 방송은 〈샤운 미캘레프, 끝장나게 화나다Shaun Micallef's Mad as Hell〉라는 프로그램을 방영한다. 화제가 된 시사 뉴스를 풍자적으로 조명하는 프로그램이다. '끝장나게 화가 나다'라는 말은 저항의 상징으로 쓰인다. 이 말은 신문의 머리기사에 지속해서 등장한다. 이 구절이 의미하는 것은 무엇인가? 사실 아무 의미가 없다. '끝장나게 화가 치밀다'라는 표현은 값진 것이건 쓸모없는 것이건 모든 분노를 다 찬양한다. 이것은 모든 저항에 무조건 붙일 수 있는 꼬리표이다.

오늘날의 다양한 정치적 분노의 배후에 과연 무엇이 자리하고 있는 것일지 알아내기 위해 아리스토텔레스의 분노 정의로 되돌아가는 것이 유용하다면, 아리스토텔레스의 분노와 우리의 분노를 구별하는 것 또한 마찬가지로 유용할 것이다. 아리스토텔레스는 분노가 유쾌하기도 하고 불쾌하기도 하다고 생각했다. 그것은 우리를 멸시한 자들에 대한 고통스러운 복수의 욕망이기 때문에 불쾌하다. 그것은 복수에 대한 기대의 달콤함으로 인해 유쾌하다. 복수의 현실적 가능성이 바로 우리가 '우리보다 훨씬 더 우월한 힘을 지닌 자들'에게 화를 낼 수 없는 이유가 된다. 왜냐하면 그런 상대에게는 비길 수 있는 전망도 거의 없기 때문이다. 더 나아가 아리스토텔레스는 만약 우리가 어떤 특정한 사람들이 아니라 민족이나 집단 일반을 향해 분노를 느끼는 것이라면, 그럴 때 분노라는 단어를 쓰는 것은 잘못이라고 말했다.

그렇다면 아리스토텔레스의 분노는 아주 단기적이고 실천적인 성격을 띠는 것이었다. 누군가가 나를 멸시하면, 이번엔 내 차례로 그를 모욕하고 그런 다음 그 문제는 넘어간다. 혹은 어떻게 모욕을 줄지 궁리한 다음 다른 어떤 날에 실행에 옮긴다. 그러나 "너희는 우리를 대신하지 못할 거야!"의 분노는 단기적인 것이 아니다. 왜냐하면 그것은 아주 많은 무리들을 겨냥하기 때문이다. 실제로 그 구호의 논리적 귀결을 받아들인다면, 거기서의 '너희'는 '우리'가 아닌 모든 사람이다. 매우 다른 이유에서 트럼프를 향한 여성의 분노도 역시 지속성을 띤다. 왜냐하면 이 경우에는 분노가 단지 트럼프라는 특정인을 향한 것이 아니라 트럼프주의가 지지하는 것들, 즉 낙태 권리의 폐기, 이민자 축소, 기후 변화 부인, 교육 예산 삭감 등을 향해 있기 때문이다.

아리스토텔레스는 우리 시대의 다양한 분노를 통합하는 요소가 명예 손상에 대한 감각임을 이해하는 데 도움을 줄 수 있다. 그러나 그는 우리를 딱 거기까지만 인도할 뿐이며 그래서 오로지 그에게만 의존할 수는 없다. 그러면 분노를 찬양하는 현 세태를 이해하기 위해 이번에는 사회구성주의적 분노 개념을 떠올려보라. 우리 사회와 우리 자신이 우리의 분노를 공동으로 구성한다. 오늘날 우리는 엄청나게 다채롭고 유용한 분노 대본들을 보유하고 있으며 새로운 목표와 목적에 들어맞게 새로운 대본들을 공들여 지어낼 수도 있다. 미국 사회에서 분노는 전통적으로 공격성과 연결되기 때문에 일부 여성들이 주장하는 새로운 대본은 '미국식'으로 화를 내는 것이다. 분노는 또한 전통적으로 관계에 무언가 이상이 생겼음을 신호하는 역할도 해왔기 때문에, 우리가 이번 장에서 본 모든 화난 사람들은 공공의 무대에 올라가 많은 집단이 참여할 협상에 기꺼이 임할 태세가 실제로 되어있다.

자신들이 '신의 편'이라고 생각하는 분파들은 경직된 자세를 고수하는 위험성을 가지고 있다. 여성적 분노의 열렬한 추종자인 트레이스터도 이렇게 경고한다. 분노에는 "분명히 한계와 위험이 있다. 당연히 분노는 마음을 좀먹을 수 있다. 불의와 불평등에 대한 분노는 여러 가지 측면에서 정확히 땔감과 같다. 필수적인 촉매제로서 분노는 고귀하고 까다로운 십자군 운동을 추동할 수 있고, 또 어느 정도 수준까지는 반드시 그래야만 한다. 그러나 그것은 또한 쉽게 불이 붙는 폭발물이기도 하다." 그녀가 십자군의 은유를 사용한 것은 몹시 나쁜 처사다. 그 단어가 많은 회교도에게 얼마나 꺼림직한 말인지 모른단 말인가? 그러나 정말로 중요한 점은 트레이스터가 상정하고 있는 적들(권력을 쥔 남성들, 극우파 등) 역시 본인들도 정의를 위해 분투 중이라고 생각한다는 것이다. 그리고 그 단어에 대한 그들의 정의가 그녀의 정의와 다르다는 것이다. 그래도 어쨌든 그녀의 요점은 충분히 이해된다. 그렇다면 분노를 찬양하는 현 세태에 대한 결정적인 도전은 가연성 높은 그 폭발물의 인화점 뒤로 물러나 대화를 시작해보자고 요청하는 일이 될 것이다.

결론

나의 분노,
우리의 분노

이제 마지막으로 한 번 더 인형을 때리는 예전 내 모습, 그 작은 소녀를 떠올려주기 바란다. 나는 화가 났던 걸까? 나의 20세기 미국인 어머니의 관점에서는, 맞다, 나는 화가 난 것이었다. 나의 공격성이 그것을 증명했고, 어머니는 그것을 싫어했다. 하지만 어쩌면 화가 난 게 아닐 수도 있었다. 어쩌면 내 인형이 양탄자에 오줌을 쌌을 수 있고, 그래서 세네카가 했을 법한 말로 표현하자면, 나는 인형에게 '합당한 처벌'을 가하던 것일지도 모른다. 혹은, 내가 화가 난 건 맞지만, 거기에 훌륭하고 정당한 이유가 있었을지 모른다. 이를테면, 마치 내가 소녀 아우구스티누스라도 되는 것처럼 인형의 구원을 위해 인형의 죄악을 바로잡는 일에 전념했던 것일 수 있다. 데카르트나 흄 같은 철학자들이 성숙한 윤리적 감수성을 발전시키려면 꼭 필요하다고 생각한 분노 경험을 어린 소녀인 나 역시 쌓아가는 중이었을 수 있다는 생각도 가능하다.

이런 사례들이 보여주는 바와 같이, 대부분의 분노 논의의 중심에는 도덕성이 자리하고 있다. 분노는 좋은 것인가, 나쁜 것인가? 옳은가, 그른가? 사회가 우리의 분노를 구성하거나 혹은 적어도 분노의 구성에 가담한다고 확신하는 사회과학자들도 분노의 도덕적 차원을 고려한다. 분노가 하향식으로 부과된다고 주장할 때보다 지역 공동체들이 분노를 상향식으로 만들어낸다는 이론을 제시할 때 아무래도 분노에 더 많이 찬성하는 셈이 된다. 많은 사람들이 분노가 관계를 재조정하거나 세상의 불의를 바로잡는 방식으로 작동할 때, 그것을 긍정적으로 바라본다. 또 다른 이들은 명랑한 체하게 하는 감정노동을 개탄하면서도, 분노를 조절하거나 그냥 마음에 담아둘 수 있는 사람들을 존경한다.

과학자는 대부분 분노란 근절할 수 없는 인간 본성의 근본 요소라고 생각한다. 그러면서도 그들은 또한 분노가 이바지하는 목적들을 생각한다. 갈레노스에 의하면 분노는 오늘날 같으면 자율신경계라고 부르는 것이 유발하는 것이었다. 그의 용어를 사용하자면, 분노는 몸에 생기를 불어넣는 정신의 징후였다. 너무 강한 분노는 신체적인 손상을 초래했다. 그러나 어떤 분노는 늘 필요했다. 살아있는 인간은 피 안에 약간의 불 같은 뜨거움을 요구하기 때문이다. 하지만 다윈과 더불어 새롭고 설득력 있는 이론이 다른 모든 이론을 압도했다. 이른바, 분노가 종의 기원과 진화에서 그 소임을 수행했다는 이론이다. 이후로 지금까지 분노에 관한 모든 과학 이론은, 기본 감정을 상정하는 이론이건, 심리적 구성주의건, 혹은 행화주의건 저마다 자신들의 이론이 충실한 다윈주의 이론임을 주장한다.

따라서 절대적 거부부터 최고의 따뜻한 환영에 이르기까지, 큰 편차를 보이는 분노의 도덕적 의미들과 분노를 바라보는 광범위한 태도들을 모면할 길은 없다. 그리고 우리가 자신의 분노에 대한 어떤 길잡이를 발견할 수 있는 곳도 정확히 바로 이 광폭의 스펙트럼 내에서다. 왜냐하면 이 스펙트럼은 분노가 단일한 어떤 '것'이 아님을 보여주기 때문이다. (부처가 이론화했던 것처럼) 증오의 한 측면으로서 분노는 (아리스토텔레스가 생각했던 것처럼) 쾌락과 고통이 뒤섞인 분노와 같지 않으며, 이 분노들은 혹쉴드가 인터뷰했던 루이지애나 극우주의자들의 애잔한 격노와 일치하지 않는다.

이 모든 분노가 오늘날 우리 사회에 공존한다. 하지만 우리는 그 모든 것을 우리의 마음과 흔한 어투 안에서 한데 뭉개고 그 혼합물의 모든 면면마다 '분노'라는 꼬리표를 붙이는 경향이 있다. 이것은 대단히 딱한 일이다. 실제로 이 책의 목적은 과거에 존재했고 오늘날에도 여전히 남아있는 많은 종류의 분노를 알아보고자 하는 것이었다. 분노의 도덕성은 매우 다양한 모습을 띤다. 이를 통해 내가 의미하는 바는 두 가지다. 하나는 개인적인 분노이고, 다른 하나는 정치적 분노이다.

1789년에 미국 헌법을 채택하기 전 벌어진 논쟁에서 제임스 매디슨James Madison은 다양한 주들을 통합하는 것이 "내부 파벌에 대항하는 안전장치"를 제공할 것이라고 주장했다. 파벌이라는 말로 그가 의미한 것은 "정념이나 관심에서 나온 어떤 공통된 충동"으로 함께 연대하여 생명력을 얻음으로써 다른 집단들과 상충하거나 혹은 "공동체의 영속적이고 집합적인 이해관계"와 상충하는 위치에 처하게 된 사람들의 무리였다. 그는 유일한 한 가지 가능한 방법, 즉 자유를 빼앗는 방법으로 파벌주의를 근절하고 싶지는 않았다. 왜냐하면 그는 "대중 정치의 친구"였기 때문이다. 하지만 그는 모든 사람에게 "똑같은 의견, 똑같은 정념, 똑같은 관심"을 제공해줄 그 어떤 현실적인 방법이 존재한다고도 또한 상상하지 않았다. 그의 해결책은 한 파벌이 다른 파벌에 자신의 의지를 주입하는 일을 막아줄 정부 체계였다.

"정념이나 관심에서 나온 어떤 공통된 충동"으로 하나가 된 집단에 대해 말할 때 매디슨은 사실상 내가 정서 공동체라는 말로 의미한 바를 이야기한 것이었다. 나는 단지 그의 '~~이나'를 '~~과'로 바꾸고자 한다. 즉 정념과 관심은 함께 간다는 뜻이다. 우리는 오늘날 대단히 다양한 분노와 관심 덕분에 에너지를 얻은 집단들로 우리가 쪼개져 있음을 발견한다. 저마다 자신들이 옳고, 정의롭고, 근사하다고까지 생각한다. 저마다 자신의 관심사를, 그리고 분노 해소 방식에 관한 생각을 다른 모든 이에게 주입하고 싶어 한다. 이것은 막다른 골목이다. 모든 자유를 억누르는 것 말고는 길이 없으나 그것은 해결책이라 부르기 어렵다. 사람들은 자유로워야 하며, 그것은 불가피하게 사람들이 저마다 다양한 분노를 지니게 됨을 의미할 것이다. 그러나 그것이 반드시 다른 모든 이의 분노에 반대해야 함을 의미하는 것은 아니다. 매디슨은 서로 다른 정념과 관심을 확인하고 조율하기 위한 제도적 해결 수단이 있었다. 나는 분노가 단지 어떤 하나의 '것'이 아님을 인정하고, 오늘날 존재하는 많은 분노의 가치와 뿌리를 이해하며, 다윈이 그랬던 것처럼, 다양성 그 자체의 순수한 가치를 진화와 변화의 조건으로 인정함으로써, 이런 정치 체계에 활력을 불어넣을 수 있다고 제안하고 싶다.

이런 생각이 실제로 함의하는 바는 무엇일까? 아마도 그것은 우리가 기꺼이 아이들에게 분노란 단 하나의 표정으로 드러나는 것이 아니며, 다른 감정들과 다양한 형태로 조합을 이루어 나타나게 된다고 가르쳐야 하리라는 의미가 될 것이다. 라디오, 텔레비전, 인터넷, 비디오 게임 등 오늘날의 우리를 구현한 데 일조한 모든 매체는 분노에 대한 다원주의적 관점 안에 내재한 여러 가지 가능성에 주의하게 될 것이다. 우리 자신도 우리가 품고 있는 여러 종류의 분노를 인식하게 될 것이며, 마음을 열어 다른 이들의 분노와 관심사를 배우고 심지어 그것들을 승인하고 적응하게 될 것이다.

격언을 고쳐 써보자면, 정치적인 것은 곧 개인적이다. 우리는 가정, 학교, 경험 등등의 산물이다(우리의 성향과 기질이 이를 매개한다). 나도 안다. 사람들은 분노가 어떤 느낌인지 잘 안다고 생각하며 거기에 변화의 여지는 없어 보인다. 그러나 그런 앎이란 대략 우리가 받아들인 것에 부합하는 대로 가르치고 그것에 꼬리표를 붙여서 유념하게 된 결과물이다. 윌리엄 레디William Reddy는 감정을 "단기적인 지평 내에서 주의 전환 능력을 초과하는 사유 내용의 목표 연관적 활성화"로 정의했다. 우리가 어떤 한 특정 순간에 느끼는 특수한 분노는 화가 날만한 사유 내용의 목표 연관적 활성화로 생각할 수 있으나, 그때 그 사유 내용은 본인이 지금 인화점에 도달해 있다고 상상할 수 있는 내용보다 더 크고 더 깊고 더 복잡한 것일 수 있다. 우리 주변은 인정받고자 투쟁하고 있는 온갖 당파들로 가득 차있다. 다양한 분노를 알아보고 생각해보는 것은 우리의 주의력을 증대할 수 있는 한 가지 훌륭한 방식이다.

그래서 이 책을 썼다. 과거의 분노들은 오늘날도 여전히 우리와 함께 있다. 단지 현대 심리학자들이 수행하는 수많은 분노 치료법에서만이 아니라(그중 몇 명을 앞선 장들에서 논의한 바 있다), 주변의 많은 정서 공동체들 안에서도 그렇다. 그 장소는 책 속일 수도 있고, 우리 이웃이나 인터넷의 불협화음이나 혹은 세상의 다른 어떤 곳일 수도 있다. 서점 서가에 꽂혀있는 수많은 심리적 자조에 관한 서적이든 온라인으로 조언하는 블로그든 그 어떤 것 하나도 전적으로 새로운 생각들을 제시하지 않는다. 모두가 과거의 전통에 의존한다. 이런 전통들을 더 많이 알수록, 다시 말해 그 전통들의 유래나 도덕적 함의나 한계를 더 많이 이해할수록, 우리의 삶을 더 잘 헤쳐 나갈 수 있게 될 것이다.

세네카나 갈레노스나 제임스 애버릴을 아는 것이 정말로 내게 도움이 될까? 그렇다, 도움이 된다. 그것은 인형을 때린 내 행동을(그리고 다른 많은 유사한 순간들을) 덜 부끄러워할 수 있게 도와준다. 그리고 내가 느끼는 분노가 언제나 정당한 것은 아니라는 사실을 기꺼이 직면하게 해주며, 어떤 특수한 상황에서 내가 상대하고 있는 분노를 다른 상황들에서 가졌던 분노와 정확히 맞아떨어진다고 넘겨짚지 않고 그저 새로운 종류의 분노로 인식할 수 있게 해준다.

마찬가지로 내가 이런 종류의 앎이 몸의 정치 역학에 쓸모가 있으리라고 정말 주장할 수 있을까? 다시 말하지만, 만약 파벌의 본성과 위험성에 관한 매디슨의 판단이 옳다면, '분노들'의 분열적인 성질에 관해 더 많이 의식할수록 우리는 더 적극적으로 해소 방안을 협상하고 모색하게 될 것이다.

17세기에 할리팩스 경Lord Halifax, George Savile(1695년 사망)은 '트리머the Trimmer'라는 개념을 제공했다. 그것은 선원이 상황에 맞게 돛을 이리저리 조절하듯 자신의 견해를 수정하는 사람을 가리킨다. 그가 말한 트리머의 의미는 절대왕정의 논리(그의 시대에 매우 유행한)에 도전하면서, 한편으로 독재에 굴복하지 않고 다른 한편으로 "사람들의 정념과 관심으로 인해 벌어지는 투쟁과 다툼"에도 굴복하지 않으면서, 국가라는 배의 진로를 유지하는 것이었다. 사람들은 타협할 줄 알아야 비로소 트리머가 될 수 있다. 트리머는 바람이 불어오는 길을 보고 태킹과 자이빙을 통해 그 바람을 활용한다. 맞다, 우리는 목표 달성을 원한다. 또한 맞다, 분노가 목표에 도달하는 하나의 간편한 도구가 될 수 있다. 그러나 우리의 목표는 이 세계 안에 있으며, 그 물길을 헤쳐 나가려면 소용돌이를 일으키는 근원적인 쟁점들을 이해할 필요가 있다. 나는 우리의 파벌적 "투쟁이 […] 헌법을 약화하거나 망가뜨린다기보다 그것을 지탱하고 강화하며, 그렇게 단련된 전체 프레임은 파열되거나 해체되는 대신 더 훌륭하고 더 조밀하게 짜 맞춰진다"라고 본 점에서 할리팩스에 찬성한다.

우리는 일반적으로 자신의 정서 공동체 안에서 편안해하지만, 그렇다고 그 안에 갇힐 필요는 없다. 실제로 그런 보호막에 둘러싸여 안주한다는 것은 자신의 현실과 그 안에 담긴 개인적이고 정치적인 잠재력을 부정한다는 의미이다. 그러니 더 큰 그림을 기쁘게 받아들이자. 너무 화내지 말고.

감사의 글

먼저 이 책이 속한 시리즈의 편집자 리처드 뉴하우저와 존 제프리스 마틴에게 고마움을 전하고 싶다. 이들은 책을 써나가는 단계 단계마다 쉼 없는 격려와 유용한 제안과 실질적 도움을 주었다. 최종 원고가 거의 마무리될 때쯤 출판사가 섭외한 익명의 외부 검토자가 사려 깊은 따뜻한 견해를 많이 개진해주었다. 다음 분들에게 큰 빚을 졌다. 앤드류 비티, 줄리아 브레이, 더글라스 케인스, 제시카 캘리콧, 에레즈 드골란, 로버트 덴탄, 잔 두 몰린, 루크 페르난데스, 주헤어 가잘, 엘렉스 골럽, 제이미 그레이브즈, 린 헌트, 마이클 리브, 수전 맷, 데미언 패트릭 닐리스, 잰 플램퍼, 로즈 스피커먼, 디오니소스 스타타코풀로스, 페이스 윌리스, 그리고 그레이엄 윌리엄스. 이들 모두 넘치는 조언과 도움을 주었다. 이 책의 구석구석 전부에 관여한 리카르도 크리스티아니에게 이 책을 바친다. 격려의 이메일을 수시로 보내준 내 자매 나오미 호네트에게 감사한다. 그리고 멋진 내 남편 톰에게 감사한다. 남편은 초고를 읽고 의견을 제시해주었고, 다른 그 무엇보다도, 확고한 사랑과 후원을 보내주었다.

분노하는 자,
누구인가

『중용』에 희로애락喜怒哀樂이라는 말이 나온다. 사람이 인생을 살아가면서 그때그때 느끼게 되는 모든 감정과 삶의 이치를 한 마디로 압축한 표현이 바로 희로애락으로서, 쉽게 말해 기쁘고, 화나고, 슬프고, 즐거운 네 가지 감정을 일컫는다. 물론 사람들은 이 네 범주에 집어넣기 어려운 미묘한 감정도 많이 느끼는 것 같고, 이 네 범주에 속하는 감정이라 해도 사람마다 다 똑같이 느끼는 것도 아닌 것 같다. 그러니 인간의 감정에 관해 아무리 사소한 것이라도 어떤 일반론을 감히 꺼내놓기란 무척 조심스러운 일이긴 하다. 그렇기는 해도 과감하게 이 네 가지 범주의 감정에 대해서 긍정 부정의 이분법을 적용하는 가장 단순한 진단을 한번 내려보자.

우선 기쁨喜과 즐거움樂은 어떤가? 이 둘은 달리 생각할 여지 없이 모두에게 긍정적인 감정이 아닐까 싶다. 혹시 지나치게 즐거운 일만 추구하다가 길게 보아 피해를 보는 부정적 결과를 불러올지도 모르니 자제할 필요가 있다고 말하고 싶은 사람도 있겠고, 세상사 새옹지마라고 좋은 일에 마냥 기뻐만 할 것은 아닐 수 있다고 말할 수도 있겠으나, 어쨌든 기쁨과 즐거움은 우리가 늘 느끼고 싶어 하는 감정임에는 틀림이 없다. 한편 슬픔哀은 확실히 부정적인 감정이라 할 만하다. 슬픔의 감정을 일으키는 일들은 대개 사랑하는 대상과의 이별이나 회복하기 어려운 상실을 수반한다. 그래서 슬픔은 사람을 기운 빠지게 하고, 심하면 세상에 대한 환멸과 삶의 의미에 대한 부정적 태도로 이어질 때도 있다. 물론 우리가 슬픈 영화를 즐겨 보는 데서도 알 수 있듯이 슬픔은 마음의 정화를 불러오기도 하고 슬픈 일을 잘 이겨내고 나면 오히려 삶의 애착을 더 키울 수도 있다고도 말할 수 있겠지만, 어쨌든 슬픔은 우리가 늘 피하고 싶어 하는 감정임에는 틀림이 없다. 자, 그러면 화恣는 어느 쪽인가? 차오르는 분노는 누구나 원하는 긍정적인 감정인가, 모두가 거부하는 부정적인 감정인가?

일단 화가 인간이라면 누구나 느끼는 가장 기본적인 감정에 속한다고 본 것부터가 무척 흥미롭다. 인간은 왜 기본적으로 그리 심하게 화를 내는 동물일까? 그것은 진화론적으로 말하자면, 화를 내는 것이 어쨌든 무언가 인간에게 이로운 점이 있다는 말이 아닌가? 기쁨이나 즐거움에 대해서는 시비를 걸고 싶은 마음도 없고, 혹여 슬픔에 대해서는 비슷한 의문을 가져볼 수도 있겠지만, 슬픔이야 자아를 인식하는 유한한 존재로서 인간이 처한 숙명적인 현실의 자연스러운 부산물이라 말할 수 있지 않을까 싶다. 하지만 분노는 왜 인간 감정에 기본 사양으로 장착된 것일까? 이번에 새삼스레 느낀 것이지만 나머지 세 감정에 비해 분노 감정은 영어 표현이 무척 많았고 우리말에서도 그 감정과 관련된 표현이 정말 무궁무진하게 많다는 점 또한 매우 흥미롭다. 화나다, 성나다, 노하다, 분하다, 골나다, 분노하다, 울분을 터뜨리다, 울화가 치밀다, 울화통이 터지다, 피가 끓어오르다, 피가 거꾸로 솟다, 눈이 뒤집히다, 손이 부들부들 떨리다, 치가 떨리다, 뒷목잡다, 혈압이 오르다, 원통하다, 분통이 터지다, 얼굴이 붉으락푸르락하다, 분기탱천하다, 천인공노하다, 역정을 내다, 부아가 치밀다, 격노하다, 격분하다, 노여워하다, 눈에 핏발이 서다, 노발대발하다, 진노하다, 노기를 띠다, 공분을 자아내다, 의분을 일으키다, 열받다, 열이 오르다, 비분강개하다, 절치부심하다, 분개하다, 등등 그냥 생각나는 대로, 인터넷에서 쉽게 보이는 대로 적어본 것이 이만큼이다. 여기에 덧붙여, 꼭지가 돌다, 뚜껑이 열리다, 회까닥 돌아버리다, 빡치다, 딥빡치다, 개빡치다, 등과 같은 거칠고 속된 표현들도 많다. 왜 화난 감정을 표현하는 말들은 이리도 많을까?

어쩌면 분노의 양면적인 성격이 이런 흥미로운 사실들을 조금은 설명해주지 않을까 생각한다. 분노를 주체하지 못해 비이성적인 행패를 부리고 결국은 타인은 물론 자신의 인생까지 망치고 마는 어이없는 사람들을 봐서는 화는 분명 부정적인 감정처럼 보인다. 참을 인자 셋이면 살인도 면한다는 속담도 있지 않던가. 하지만 곰곰이 생각해보면 이 속담의 교훈이 화를 절대 내지 말라는 뜻은 아닌 것 같다. 그저 화가 나더라도 이성을 완전히 잃지는 말아야 하며 폭력적으로 분노를 표출하는 지경까지는 가지 않게 자제하라는 말 정도로 들린다. 실제로 화는 앞서 본 세 감정과 달리 긍정적이다, 부정적이다, 딱 잘라 말하기가 곤란해 보인다. 도로 위에서 분을 이기지 못해 위험천만한 보복 운전을 감행하는 사람들은 분노 조절에 어려움이 있는 일종의 성격장애 환자로 치료의 대상처럼 여겨지지만, 인류가 이루어낸 위대한 진보의 역사에는 언제나 그 배후에 누군가의 분노, 민중의 피 끓는 의분이 있었다. 일제의 부당한 침탈에 비분강개하지 않았다면 유관순이나 안중근의 희생과 의거도 없었을 것이고 부패한 절대 권력에 맞선 우리 국민의 분노와 저항이 없었더라면 오늘날 우리가 이룬 민주화는 감히 꿈꿀 수 없었을 것이다. 불의를 보고도 분노하지 않는다면, 오히려 비겁한 것이고 심지어 그 불의와 결탁한다는 혐의마저 받을 수 있다. 멀리서 찾을 것도 없다. 요즘 대중 매체의 시사 고발 프로그램이나 국가 기관에 호소하는 국민 청원 등을 통해 국민의 공분을 사는 사건이 널리 알려져 국민의 분노가 치솟으면, 그만큼 문제의 해결과 피해자 구제가 신속히 이루어져 사회 정의를 좀 더 빨리 구현할 수 있다. 그러니 어떻게 분노를 단지 개인적인 성격상의 결함으로만 치부할 수 있겠는가.

바버라 로젠와인은 이 책『분노란 무엇인가』에서 바로 이런 화난 감정의 미묘하고도 복잡한 양상을 역사적인 맥락에서 차근차근 추적하고 다시 현대 과학과 다양한 사회과학 이론의 관점에서 검토한다. 분노 감정을 바라보는 위대한 인물이나 사상·종교의 다양한 시각과 서로 다른 해석, 그리고 흥미로운 일화들이 이 감정에 대한 우리의 이해를 돕는다. 분노라는 감정 자체를 아무도 보유할 수 없게 되어 있다는 어느 부족 이야기도 무척 흥미롭다. 로젠와인은 글을 매듭지으면서 우리에게 당부한다. 분노란 결코 단일하고 고정적인 개념으로 취급해서는 안 되며, 분노 감정에 대한 획일화된 해석을 시도해서도 안 된다고 말이다. 그래야 우리는 개인적인 차원에서건 사회적인 차원에서건 사람들의 분노로 인해 발생하는 부작용을 최소화하고 그 분노를 조금 더 나은 인간관계와 사회발전의 밑거름이 될 건강한 감정으로 보존할 수 있을 것이다. 분노하는 자 누구인지 이해하기 위해 찬찬히 되짚어볼 만한 제안이다. 누가 화낸다고 그저 화만 내지 말고.

분노란 무엇인가

1판 1쇄 인쇄	2021년 8월 15일
1판 1쇄 발행	2021년 8월 25일

지은이	바버라 로젠와인
옮긴이	석기용

발행인	황민호
본부장	박정훈
책임편집	김순란
마케팅	조안나 이유진 이나경
국제판권	이주은 한진아
제작	심상운

발행처	대원씨아이㈜
주소	서울특별시 용산구 한강대로15길 9-12
전화	(02)2071-2017
팩스	(02)749-2105
등록	제3-563호
등록일자	1992년 5월 11일

ISBN	979-11-362-8368-9 03100